DEL POLICIAL CLÁSICO AL POST-NEOPOLICIAL

Purdue Studies in Romance Literatures

Editorial Board

Íñigo Sánchez-Llama, Series Editor Beth Gale
Elena Coda Laura Demaría
Paul B. Dixon

Howard Mancing, Consulting Editor
Floyd Merrell, Consulting Editor
R. Tyler Gabbard-Rocha, Production Editor

Associate Editors

French
Jeanette Beer
Paul Benhamou
Willard Bohn
Thomas Broden
Mary Ann Caws
Allan H. Pasco
Gerald Prince
Roseann Runte
Ursula Tidd

Italian
Fiora A. Bassanese
Peter Carravetta
Benjamin Lawton
Franco Masciandaro
Anthony Julian Tamburri

Luso-Brazilian
Marta Peixoto
Ricardo da Silveira Lobo Sternberg

Spanish and Spanish American
Catherine Connor
Ivy A. Corfis
Frederick A. de Armas
Edward Friedman
Charles Ganelin
David T. Gies
Roberto González Echevarría
David K. Herzberger
Emily Hicks
Djelal Kadir
Amy Kaminsky
Lucille Kerr
Howard Mancing
Floyd Merrell
Alberto Moreiras
Randolph D. Pope
Elżbieta Skłodowska
Marcia Stephenson

PSRL volume 93

DEL POLICIAL CLÁSICO AL POST-NEOPOLICIAL

La estética del crimen en la narrativa mexicana, 1940–2020

María Carpio Manickam

Purdue University Press
West Lafayette, Indiana

Copyright ©2025 by Purdue University. All rights reserved.

Cataloging-in-Publication Data on file at the Library of Congress.

Cover image: Man walking in a mystic dark city: francescoch/iStock via Getty Images Plus

978-1-62671-124-2 (hardcover)
978-1-62671-125-9 (paperback)
978-1-62671-126-6 (epub)
978-1-62671-127-3 (epdf)

Para mi querida abuela, Liduvina Rentería García, por todo su amor, guía y consejos durante la niñez y por enseñarme el valor de la tenacidad. Para mis hijos Mayra, Paco y Jahaziel por ser la esencia de mi vida.

Contenido

xi Agradecimientos
1 Introducción
   10 Desglose de los capítulos

Parte I
17 Capítulo uno
   El nacimiento del policial clásico en los Estados Unidos
   20 La evolución del policial clásico hacia el *hardboiled* en los Estados Unidos

23 Capítulo dos
   La evolución de la narrativa criminal en México: Del policial clásico al género neopolicial y el post-neopolicial
   27 El panorama sociopolítico mexicano de la segunda mitad del siglo veinte
   31 El género negro (*hardboiled*) en México
   33 La década de los ochenta: La evolución del género negro hacia el neopolicial
   35 Las repercusiones del neoliberalismo en la sociedad y la literatura mexicana
   37 La era del narcotráfico y sus efectos en la literatura
   41 La narrativa criminal de las fronteras norte y sur del país
   43 El post-neopolicial: Una nueva forma estética de narrar el panorama del siglo veintiuno

45 Capítulo tres
   El neopolicial de Paco Ignacio Taibo II: Heteroglosia y dialogía en *Días de combate*
   48 La voz del asesino serial
   51 El discurso autoritativo del criminal: Un reflejo del discurso hegemónico
   54 El discurso híbrido del asesino: Una expresión de sus ideologías
   56 La yuxtaposición de voces: Una dialogía artísticamente organizada

63 Capítulo cuatro
   La Mara de Rafael Ramírez Heredia: Nuevas vertientes narrativas del post-neopolicial

68 La construcción de los espacios narrativos
77 La reelaboración del lenguaje: Oralidad y recursos retóricos
81 El discurso del criminal: ¿Víctima o victimario?
84 La (de)construcción del texto

87 Capítulo cinco

¿Víctimas o victimarios? Representaciones de lo abyecto en *Yodo* de Juan Hernández Luna: Paradigmas del post-neopolicial

89 La descentralización del espacio narrativo
90 Narración del crimen desde la perspectiva del victimario
92 La (de)construcción del sujeto masculino: Del caos al orden y del orden al caos
103 El fin del neopolicial y el nacimiento del post-neopolicial

Parte II

107 Capítulo seis

La contribución de las escritoras mexicanas a la narrativa criminal: De los tímidos hilvanes de los años cuarenta hacia la narrativa despiadada del siglo veintiuno

107 Introducción
111 La mujer mexicana en el panorama social, político y cultural del siglo veinte
112 La mujer mexicana en el ámbito literario
114 Las escritoras mexicanas y el género policial

117 Capítulo siete

Las pioneras del policial mexicano 1940–1960: María Elvira Bermúdez y Margos de Villanueva

117 El policial clásico de María Elvira Bermúdez
128 El policial clásico tardío de Margos de Villanueva en *22 horas*

135 Capítulo ocho

Las autoras del policial mexicano 1970–1990: Un acercamiento a las novelas de Rosa Margot Ochoa, Ana María Maqueo y Carmen Boullosa

135 Introducción
140 Anacronismo en *Corrientes secretas* de Rosa Margot Ochoa
145 Las autoras del policial mexicano 1980–1990

146 Mujeres que matan: La narrativa criminal de Ana María Maqueo
151 Las autoras del género negro a finales del siglo veinte
154 La escritura como herramienta de reconstrucción de identidad femenina en *La Milagrosa* de Carmen Boullosa

161 Capítulo nueve

La narrativa criminal femenina del siglo XXI: Representaciones estéticas de la violencia contra la mujer

161 Introducción
163 La lucha de las mujeres en la era de la tecnología
165 Las autoras mexicanas de la narrativa criminal del siglo veintiuno
168 Factores que han contribuido al éxito de las escritoras de la narrativa criminal del nuevo milenio
170 La narrativa despiadada de Myriam Laurini: Prostitución infantil en *Qué raro que me llame Guadalupe*
175 Violencia doméstica y machismo en *Trajinar de un muerto* de Susana Pagano
183 La pedofilia en *El Monstruo pentápodo* de Liliana Blum
188 Deconstruyendo el canon literario en *La muerte me da* de Cristina Rivera Garza
189 Metaficción y feminicidio en *Muerte caracol* de Ana Ivonne Reyes Chiquete

197 Capítulo diez

Revalorización del personaje femenino: La incursión de las escritoras mexicanas en la narconovela

199 La subversión de la violencia contra la mujer en *Perra brava* de Orfa Alarcón
201 Violencia sexual y prostitución en *Crueldad en subasta* de Malú Huacuja del Toro

205 Observaciones finales
209 Notas
225 Obras citadas
243 Índice

Agradecimientos

Quiero agradecer a todas las personas que me brindaron su apoyo para que este proyecto de investigación se hiciera realidad. Sus observaciones, consejos y sugerencias facilitaron la producción de este libro. La primera parte de este estudio proviene de mi disertación doctoral en la University of Oklahoma, por lo cual doy mis sinceras gracias a mi director de tesis, Dr. José Juan Colín, así como a los miembros del comité, Dra. Nancy LaGreca, Dr. Grady Wray y Dr. Marcelo Ríoseco. De igual forma, quisiera agradecer los árbitros anónimos, así como a la Dra. Gwen Kirkpatrick y Dr. Samuel Manickam por leer las primeras versiones del manuscrito y por darme sus recomendaciones para mejorarlo. Un millón de gracias por toda su ayuda al equipo editorial de Purdue University Press: Joyce Detnzer, Justin Race y Tyler Gabbard-Rocha. También quiero agradecer al Department of Spanish y The College of Liberal Arts and social Sciences de la University of North Texas por el apoyo económico para sufragar los gastos de impresión.

Introducción

Cuando el género policial clásico de la herencia del estadounidense Edgar Allan Poe hiciera su debut en México por primera vez en la década de los años cuarenta del siglo pasado, pocos se imaginaron que este género considerado por la crítica como literatura de quiosco llegaría a evolucionar en lo que hoy es la narrativa criminal del siglo veintiuno.

El caso de México en cuanto a la narrativa detectivesca es un tanto peculiar. En primer lugar, el policial clásico llega tardíamente a este país cuando en los Estados Unidos y Europa el policial al estilo clásico ya había evolucionado desde 1929 hacia el género negro o *hardboiled* con la publicación de *Cosecha roja* de Dashiell Hammett. Segundo, los autores mexicanos preferían la fórmula de Poe (el enigma del cuarto encerrado y un detective que usa el raciocinio y la deducción para resolver el caso) y se apegaron a ésta por más de veinte años (1940–1960). A pesar de su retraso, esta fue una época de experimentación en la cual los escritores mexicanos trataban de apropiarse de un género extranjero mediante la creación de personajes, espacios y tramas locales. Algunos autores con más éxito que otros, lograron que el policial clásico mexicano encontrara un lugar en el gusto del público lector quien prefería las traducciones de Poe, Sir Arthur Conan Doyle y otros. Entre los autores pioneros del policial clásico en México ampliamente reconocido por la crítica literaria, figuran Pepe Martínez de la Vega, María Elvira Bermúdez, Rodolfo Usigli y Antonio Helú.

En la segunda mitad del siglo veinte, el detective del policial clásico que resuelve con éxito el enigma, atrapa al criminal y lo entrega a un cuerpo policiaco justo y honrado, ya no cabía por completo en el panorama de corrupción política y desconfianza del pueblo mexicano hacia sus gobernantes. Por lo tanto, tal y como sucedió en los Estados Unidos, un cambio en el policial

Introducción

clásico mexicano era imperante si se quería retratar la realidad con más precisión. Así, aunque llega a México tardíamente, la fórmula del género negro—enfoque en los espacios urbanos, el detective corrupto que surge de la clase de bajos recursos económicos, el lenguaje soez, el suspenso a manera de *thriller* y un alto contenido de realismo—se convertiría en el género literario que mejor denunciaría las cuestiones sociopolíticas del México de la década de los años sesenta: las manifestaciones en defensa de los trabajadores y en contra de la corrupción gubernamental, así como la matanza de Tlatelolco, entre otras. Rafael Bernal, quien ya había incursionado en el policial clásico, fue el primero en adoptar la fórmula del género negro con su novela *El complot mongol* (1969). A pesar del éxito de esta novela, el género negro mexicano quedó prácticamente en estado pasivo por casi una década. Algunos autores preferían la fórmula del policial clásico, especialmente las pocas escritoras que incursionaron en un género literario dominado por los varones: María Elvira Bermúdez, Margos de Villanueva, Rosa Margot Ochoa y Ana María Maqueo.

Con la publicación de *Días de combate* (1976) de Paco Ignacio Taibo II y otras novelas de la serie protagonizada por el detective Héctor Belascoarán Shayne, se asentó una base más perdurable para el género negro en México. Para esta época el género negro ya era reconocido mundialmente a pesar de ser calificado por algunos como lectura sin valor literario. Para identificar la narrativa mexicana en particular y diferenciarla del estadounidense y el europeo, Taibo II acuñó el término *neopolicial* el cual más tarde sería adoptado por la crítica para referirse a la novela negra latinoamericana. Hay que aclarar que ambos términos neopolicial y género negro han sido empleados indistintamente por la crítica tanto en México como en Latinoamérica y el caribe. En nuestro caso, para evitar confusiones, emplearemos el término neopolicial para referirnos a la narrativa negra que se adhiere a la fórmula de Taibo II y ganó popularidad desde 1976 hasta el 2000 aproximadamente.

El neopolicial sería la nueva herramienta literaria para retratar la realidad del abuso gubernamental durante la década de los años ochenta (las secuelas de la matanza de Tlatelolco, la guerra sucia). Aunque el neopolicial se sostiene en la fórmula de su antecesor, el género negro, hay algunas diferencias. El detective lucha quijotescamente contra la corrupción del sistema hegemónico y las instituciones gubernamentales. Asimismo, deambula por los barrios, calles, restaurantes y bares de la urbe, pero a diferencia del género negro al estilo de Hammett, el detective se solidariza con los más desamparados. El neopolicial incluye los nombres específicos de las calles de la ciudad de México la cual es comparada con un monstruo que todo lo devora. Los personajes secundarios cobran importancia y en muchos de los casos colaboran con el detective en la investigación. Durante las décadas de los ochenta y noventa, otros autores como Martín Solares, Juan Hernández Luna y Rafael Ramírez Heredia, para mencionar los más sobresalientes, seguirían el modelo neopolicial de Taibo II, consolidando así el género en México.

A pesar de su éxito, el neopolicial no permaneció estático ante los cambios sociales políticos y culturales de finales de la década de los años noventa. Su transformación se manifiesta en las diversas formas de crear historias criminales las cuales se nutrían de su contexto espacial y temporal. En el norte del país, por ejemplo, Élmer Mendoza, inaugura la *narconovela*, un subgénero del neopolicial que emerge para plasmar en la literatura el aumento del narcotráfico en varias áreas geográficas del país. En esta década los escritores de la frontera cobran visibilidad con sus tramas basadas en la violencia y la criminalidad de sus estados de origen (Monterrey, Tijuana, Mexicali, Ciudad Juárez). Otros autores adoptaron formas híbridas entre el neopolicial y la narconovela (el detective se adentra en los espacios del narcotraficante) y hasta la ciencia ficción, género que empezaba a ganar popularidad a finales del siglo veinte. Muchas de estas publicaciones, sin embargo, serían de calidad literaria dudosa que pasaría sin dejar huella. Otras, en cambio, resultarían de un alto valor literario, cuestión que consideraremos en los respectivos capítulos de este libro.

Con el inicio del nuevo milenio, la fórmula del neopolicial perdería relevancia ante la intensificación de la violencia y el crimen; resultado de la guerra gubernamental en contra de los líderes del narcotráfico. La investigación de parte de un detective iluso en un ambiente cargado de complicidad entre narcotraficantes y policías ya no era creíble. Mientras que el detective y la investigación formal empiezan a ser excluidos en algunas novelas, la narconovela y el protagonismo de la figura del narcotraficante continúa ganando popularidad con su máximo representante, Élmer Mendoza y otros autores importantes como Gabriel Trujillo Muñoz, Bernardo Fernández "BEF", Eduardo Antonio Parra y Antonio Solares, entre otros. El crimen y la violencia también serían recreados desde diversas perspectivas alejadas del estilo del neopolicial y la narconovela. Sin embargo, hay que tomar en cuenta que las nuevas formas de contar la realidad mexicana no fueron radicales, más bien, como sucedió durante la evolución del policial clásico al género negro y después al neopolicial, la transformación fue paulatina: inicia en la década de los noventa, se intensifica en la primera década del siglo veintiuno y se consolida a partir del 2010 aproximadamente.

Aunque varios estudiosos del género neopolicial han documentado en diversos grados la evolución de este género durante los años noventa, no sería hasta la segunda década del siglo veintiuno que las nuevas tendencias serían más notorias al manifestarse en conjunto en un considerable corpus de novelas. La creación de personajes, ambientes, lenguaje y situaciones se torna más descarnada y sangrienta en la narrativa de algunos autores (otros prefieren seguir con la fórmula del neopolicial). Algunas tramas siguen le estructura lineal del neopolicial mientras que otras son fragmentadas con el uso de una pluralidad de voces o el pastiche a partir de diferentes géneros literarios (cartas, diarios, poemas). Imperan también los personajes fragmentados, el detective desaparece y en su lugar se otorga voz al criminal quien cuenta su historia desde la celda o su espacio personal. De igual forma, se descentraliza la ciudad de México como el espacio narrativo por antonomasia del neopolicial dando lugar a los espacios fronterizos que ya habían empezado a emerger a finales del siglo veinte. Mientras que el neopolicial enfatizaba la denuncia explícita y directa en el discurso del detective y otros personajes, en la narrativa criminal del siglo veintiuno las cuestiones sociales y políticas se denuncian implícita e indirectamente por medio del protagonismo del criminal, la creación de situaciones e imágenes impactantes para demostrar el resultado directo de la corrupción política, la violencia, así como la desigualdad social y de género.

Tres décadas (1990–2020) han pasado desde los primeros vislumbres de las nuevas tendencias de la estética del crimen. Nuestro examen de un vasto corpus de novelas publicadas durante este período nos ha permitido teorizar diez características primordiales en las cuales se basa la fórmula de la nueva narrativa criminal mexicana del siglo veintiuno: 1) la estilización del crimen mediante las innovaciones en la estructura, el lenguaje y el ambiente; 2) la descentralización del espacio narrativo de la ciudad de México y su expansión hacia otras áreas del país; 3) la denuncia implícita (en vez de explícita) de los problemas sociopolíticos mediante el uso de recursos retóricos (metáforas, hipérboles, personificaciones, paradojas); 4) la construcción de personajes abyectos y caóticos que caen, en algunos casos, en lo esperpéntico; 5) la reelaboración de los personajes femeninos y el protagonismo de éstos para configurar el empoderamiento de la imagen de la mujer en la sociedad; 6) la extinción del detective; 7) el enfoque en el punto de vista y voz del criminal y su espacio privado (en vez de las esferas públicas); 8) los discursivos fragmentados; 9) la multiplicidad de narradores; 10) la incorporación de temáticas nunca antes abordadas en el policial mexicano: la pedofilia, la trata de blancas, la violencia contra la mujer, los feminicidios y la prostitución infantil, entre otras. Al incorporar en su narrativa las nuevas formas de contar las realidades del México del nuevo milenio, los autores y las autoras desafían la opinión despectiva que consideraba el policial latinoamericano como literatura de quiosco; asunto que los críticos del género, Amelia Simpson, Mempo Giardinelli, Ilan Stavans, William Nichols, José F. Colmeiro, Glen S. Close, Gabriel Trujillo Muñoz, Miguel Rodríguez Lozano, Leonardo Padura Fuentes y Persephone Braham, entre otros, reconocieran en sus respectivos estudios del género policial y el género negro.[1]

A la par con estos cambios, también se hizo indispensable reemplazar el término "neopolicial" con otro concepto que mejor identificara las nuevas tendencias escriturales. En cuanto a esto, es digno mencionar que hacemos eco a las palabras de Rodríguez Lozano cuando reconoce que "No es el fin de este trabajo polemizar sobre el concepto "neopoliciaco" y sus alcances, el cual en su momento funcionó para las obras de Taibo II y algunos otros autores. Sin embargo, ya resulta rebasado sobre todo al considerar las más recientes publicaciones" (*Pistas* 14). Tomando esto en consideración, y para promover un enfoque en los estudios futuros del género criminal (sobre todo las aportaciones de las mujeres), hemos acuñado el término *post-neopolicial* para identificar el corpus de textos del siglo veintiuno que exhiben las diez características previamente mencionadas. Utilizamos el prefijo *post* (y sus implicaciones semánticas según la *Real Academia Española*: detrás de, o después de) para señalar todas aquellas novelas de corte criminal que surgen a partir del siglo veintiuno cuya base proviene

Introducción

de las temáticas centrales (crimen y violencia) de su antecesor, el neopolicial.

Ahora bien, es digno mencionar otros detalles importantes del post-neopolicial. La dualidad estructural del relato policiaco (el relato del crimen y el relato de la investigación), elemento primordial del género negro y el neopolicial, se desintegra en el post-neopolicial, cumpliendo así lo que Todorov ya había reconocido anteriormente en cuanto a la maleabilidad del género: "The contemporary thriller has been constituded around a method of presentation but around the milieu represented, around specific characters and behavior; in other words, its constitutive character is in its themes" (citado por Colmeiro 44). El post-neopolicial evita el reduccionismo del neopolicial. Incluso, las versiones más recientes de la narconovela escritas por mujeres cabría, si se quiere, dentro del nuevo rubro debido a la desmitificación de la figura del narcotraficante vs el empoderamiento de los personajes femeninos.[2]

Es menester ponderar que la transformación del género ha sido paulatina y las nuevas formas ficcionales del crimen son, como explica Ángel Rama en cuanto a la transculturación narrativa, "una herencia renovada, pero que todavía puede identificarse con su pasado" (29). Con la propuesta del término post-neopolicial no pretendemos ser exhaustivos, pues las dimensiones de la narrativa del crimen parecen ilimitadas y seguramente las representaciones estéticas de las convulsiones sociales y políticas del país mexicano seguirá evolucionando para adaptarse a los procesos más recientes. Tampoco proponemos que el neopolicial esté totalmente finalizado ya que es posible que algunos autores continúen con la fórmula de Taibo II.

La transformación de la narrativa criminal del siglo veintiuno ha llamado la atención de varios estudiosos, sin embargo, hasta donde sabemos, no se ha publicado un estudio completo donde se analice un corpus de novelas que manifiestan el grupo de características que ya hemos señalado. Con el objetivo de demostrar con más detalle cada una de las características del post-neopolicial, analizaremos un corpus de novelas cuyo estilo cabe bajo este rubro. En *La Mara* (2004), de Rafael Ramírez Heredia, así como *Yodo* (2003) de Juan Hernández Luna, comparamos y contrastamos en detalle las características entre el neopolicial y el post-neopolicial. Esto establecerá la base para el análisis de las novelas del siglo veintiuno escritas por las mujeres: *La Milagrosa* (1993) de Carmen Boullosa (incluimos esta novela porque la autora ya estaba rompiendo con la fórmula del neopolicial), *Trajinar de un muerto* (2001) de Susana Pagano; *Qué raro que me llamen Guadalupe* (2008) de Myriam Laurini, *Perra brava* (2010) de Orfa Alarcón, *Muerte caracol* (2010) de Ana Ivonne Reyes Chiquete; *El monstruo pentápodo* (2017) de Liliana Blum. Por cuestión de espacio, otras novelas que clasificamos como post-neopolicial serán mencionadas panorámicamente.

Algunos críticos han planteado diferentes términos para identificar las nuevas tendencias de la narrativa criminal en México y otros países. Sin embargo, durante la primera década del siglo veintiuno las nuevas formas de contar la realidad aún estaban en proceso o había insuficientes textos que manifestaran todas las características del post-neopolicial. Por lo tanto, los términos propuestos, aunque importantes, no incluyen todas las tipologías en su conjunto que este estudio propone. Aun así, dichos estudios ya habían empezado a detectar las innovaciones del género criminal y son dignos de reconocimiento. Nina Pluta, por ejemplo, en "El género seudocriminal. Inspiraciones policiacas del cambio de siglo" (2009), propone el término "seudocriminal" y lo aplica a las novelas *Amphitryon* (2000) de Ignacio Padilla y *En busca de Klingsor* (1999) de Jorge Volpi por sus aspectos metafísicos de la herencia borgiana. Aunque este término puede ser aplicado a esas novelas en particular, si tomamos en cuenta que el prefijo 'seudo' significa "falso", las historias del post-neopolicial basadas en la violencia y el horror psicológico de una realidad palpitante del México contemporáneo no cabrían dentro del rubro "Seudocriminal" (crimen falso). Por su parte, Fabián Mossello en *El discurso del policial: reconfiguración del género en la sociedad contemporánea* (2014) sugiere el término "antipolicial" para identificar la nueva narrativa. Mosello escribe un excelente ensayo sobre las obras de Friederich Dürrenmatt y acertadamente cataloga su policial como "antipolicial" por su corte metafísico y nihilista. Sin embargo, el enfoque es limitado a estas dos áreas sin tomar en cuenta los aspectos estructurales, las nuevas expresiones lingüísticas y formas estéticas de denuncia social que han estado emergiendo desde la publicación de su artículo. Diego Trelles Paz en su artículo "Novela policial alternativa hispanoamericana (1960–2005)" propuso el término "Novela policial alternativa" en su estudio de la novela

Introducción

Los detectives salvajes (1998) de Roberto Bolaño. Trellez destaca algunos rasgos básicos del género negro ya conocidos (enfoque en el crimen, final abierto, investigación irresuelta, crítica social y oralidad), pero también analiza la discontinuidad del detective y la hibridez en el texto como dos elementos clave de las nuevas formas de contar las realidades del siglo veintiuno. Adicionalmente, en un párrafo al final del artículo describe brevemente "la estructura circular" y "los personajes apócrifos". En este estudio, tomamos en cuenta las importantes propuestas de estos críticos y ampliamos la lista de características mediante usar las novelas que se publicaron en el segundo decenio del siglo veintiuno.

El estudio más reciente de las nuevas tendencias del policial mexicano en específico, y en nuestra opinión el más completo hasta el 2008, lo realizó Miguel Rodríguez Lozano en *Pistas del relato policial en México* (2008). Rodríguez Lozano expande las propuestas de Giardinelli en *El género negro* (1984), así como la importante contribución de Gabriel Trujillo Muñoz en *Testigos de cargo* (2000) y los estudios de Vicente Francisco Torres en *Muertos de papel; un paseo por la narrativa policial mexicana* (2003). En su libro, Rodríguez Lozano delinea algunas de las tendencias en las novelas de finales del siglo veinte y los primeros años del siglo veintiuno (la pérdida de la hegemonía de la ciudad de México como el espacio central de la narrativa, la inclusión de los escenarios periféricos—sobre todo las fronteras norteñas—, la desaparición del detective), características que, como ya mencionamos previamente, habían empezado a aparecer en el neopolicial de finales de los años noventa y se intensificaron en los textos de las nuevas generaciones de autores del siglo veintiuno.[3] Para apoyar sus argumentos, Rodríguez Lozano explora panorámicamente un vasto grupo de textos con el propósito de construir "un corpus general viable para futuros enfoques particulares" (*Pistas* 7). Su estudio inicia en 1980 y se detiene en el 2006, ampliando así el estudio de Trujillo Muñoz y Torres. Es ahora imperante un estudio que comprenda las características de la narrativa de los últimos catorce años y sobre todo que incluya a más profundidad las aportaciones de las escritoras a la narrativa criminal.

Nuestro estudio, aunque se nutre de las investigaciones de los críticos ya mencionados, es el primero en abordar cronológicamente en un solo libro las diversas facetas por las cuales ha atravesado el género policial en México a lo largo de los últimos ochenta años

(1940–2020): el policial clásico (1940–1960); el género negro (1969–1979); el neopolicial (1980–2000); la narconovela (1990 al presente) y el post-neopolicial (2000 al presente). Estas fechas, claro está, no pretenden ser categóricas; más bien son aproximadas para ofrecer al lector una idea de la temporalidad de cada género o subgénero. No solamente extendemos la lista de las características ya existentes de las nuevas tendencias estéticas del crimen del siglo veintiuno, también hacemos un estudio minucioso de varias obras paradigmáticas del post-neopolicial. Pero lo más importante, esta es la primera monografía que reúne las autoras mexicanas del género criminal por un período de 80 años. Llenamos así el vacío de los estudios de las aportaciones femeninas al género criminal; una ausencia que aún predomina a pesar del incremento de autoras durante los últimos años.

En base a las consideraciones anteriores, este trabajo tiene tres propósitos centrales: 1) hacer un recorrido de la historia del policial mexicano desde 1940 hasta el 2020; 2) analizar un corpus de novelas que despliegan la nueva estética de la narrativa criminal mexicana del siglo veintiuno bajo el rubro del post-neopolicial— una necesidad evidente ante el incremento del corpus de novelas cuyas tendencias similares engruesan el material de análisis para una propuesta teórica de las nuevas representaciones estéticas del crimen; y 3) analizar las aportaciones de las mujeres a la narrativa criminal y delinear la evolución de sus obras desde las pioneras de 1940 hasta las escritoras del siglo veintiuno; un estudio holístico que a estas alturas ya es imperativo.

Si bien nos hemos esforzado por incluir tantas novelas y autores como nos fue posible, sabemos de antemano que es improbable conocer (e incorporar en un solo libro) el vasto número de novelas de corte criminal publicadas en México. De igual forma, reconocemos que el análisis de una selección de obras específicas que aquí hacemos es arbitrario (como sucede en cualquier trabajo de investigación). Y aunque algunas novelas se analizan más extensamente que otras con el propósito de comparar y contrastar las características del neopolicial con las del post-neopolicial, esperamos que dicho análisis, así como las novelas apenas mencionadas, estimulen a otros críticos a llevar a cabo investigaciones más amplias.

Es nuestro deseo que la sección dedicada a la narrativa criminal de autoría femenina, rescate a las escritoras que han permanecido en la invisibilidad y promueva los estudios de sus obras. Asimismo,

Introducción

esperamos que nuestras propuestas sobre las características específicas del post-neopolicial expandan y contribuyan al andamiaje de los estudios de la narrativa criminal desde una dinámica y óptica actualizada del género en México (y por extensión de Latinoamérica y el Caribe).[4]

Desglose de los capítulos

Este estudio se divide en dos secciones: la primera abarca los capítulos 1–5 en donde ofrecemos una vista panorámica de la historia del género policial en el extranjero, su llegada y establecimiento en México, así como su evolución hacia las nuevas tendencias escriturales del siglo veintiuno. En esta sección también analizamos en detalle las novelas *Días de combate* (1976) de Paco Ignacio Taibo II; *La Mara* (2006) de Rafael Ramírez Heredia, y *Yodo* (2003) de Juan Hernández Luna. La segunda sección comprende los capítulos 6–10 y se enfoca en la contribución de las escritoras mexicanas a la narrativa criminal desde 1940–2020. Tomando en cuenta las intersecciones culturales, sociales, políticas y de género que han afectado específicamente a las mujeres en México, consideramos más apropiado estudiar sus obras en una sección por separado. De ese modo, y desde un enfoque feminista, cultural, social y postcolonial, abordamos las cuestiones que han restringido la contribución de las mujeres a la escritura criminal, así como los cambios sociales y culturales del nuevo milenio que han permitido algunas autoras moverse de la periferia al centro de un género literario que ha sido dominado por los varones desde 1940.

En el Capítulo 1, titulado "El nacimiento del policial clásico en los Estados Unidos", sintetizamos los orígenes de la narrativa criminal, su implementación como género literario a finales del siglo diecinueve con la fórmula del policial clásico de Edgar Allan Poe y Sir Arthur Conan Doyle (para mencionar los más relevantes), así como los aspectos sociales e históricos de 1930 que transformaron el policial clásico hacia el *hardboiled* (conocido como género negro en español) con sus principales representantes (Dashiell Hammett y Raymond Chandler). Esta información establece el contexto para un mejor entendimiento de los inicios del policial en México y su subsecuente desarrollo.

En el Capítulo 2, con el título "La evolución de la narrativa criminal en México: del policial clásico al género neopolicial y el post-neopolicial", delineamos la llegada del policial clásico a México y como éste fue apropiado por los autores pioneros. Adicionalmente, explicamos el contexto sociopolítico y cultural del panorama mexicano de las tres últimas décadas del siglo veinte del cual se nutriría el género negro y su sucesor, el neopolicial. También abordamos los cambios ocurridos bajo las consecuencias del neoliberalismo y la proliferación del narcotráfico el cual dio origen a la narconarrativa, un subgénero que emerge del neopolicial durante la década de 1990.

El Capítulo 3 lleva el tema "El neopolicial de Paco Ignacio Taibo II: heteroglosia y dialogía en *Días de combate*". Seleccionamos esta novela por las siguientes razones: primero, Taibo II es la piedra angular del neopolicial y no se puede hacer un estudio completo de la evolución del género criminal en México sin tomar en cuenta su aportación. Segundo, aunque algunas novelas de Taibo II han sido plenamente analizadas, especialmente su contenido social y político, hacen falta más estudios en los aspectos estructurales y discursivos. Por esa razón, usando una variedad de marcos teóricos, en nuestro estudio tomamos un acercamiento a la fragmentación de la estructura narrativa, los aspectos discursivos y la multiplicidad de voces narrativas propias de la dialogía textual que conlleva una forma de denuncia sociopolítica tanto implícita como explícita. Adicionalmente, analizamos la yuxtaposición de los múltiples discursos del victimario y la psicología del asesino serial. Todo esto con el fin de demostrar cómo el neopolicial de Taibo II ya estaba transgrediendo la fórmula de su antecesor, el género negro,[5] cuestión importante para nuestra propuesta sobre el post-neopolicial del siglo veintiuno.

El Capítulo 4 se titula "*La Mara* de Rafael Ramírez Heredia: nuevas vertientes narrativas del post-neopolicial". Hasta la publicación de *La Mara* (2006), Ramírez Heredia había seguido el estilo tradicional del género negro (*Trampa de metal*, 1974) y el estilo del neopolicial (*Muerte en la carretera*,1985). En *La Mara*, en cambio, emplea técnicas narrativas más complejas para crear el panorama social, político y cultural mexicano del nuevo milenio. Esta novela manifiesta las diez características del post-neopolicial que hemos propuesto, por lo tanto, merece un estudio detallado a la luz de dichos parámetros. Para esto analizamos tres aspectos fundamentales de su estructura: los espacios narrativos, el lenguaje y la representación del criminal como víctima y victimario. Demostramos cómo

Introducción

la reelaboración de estos elementos transforma el esteticismo de una ficción criminal que ya no se identifica con el neopolicial de Taibo II, sino apunta hacia un deseo de renovación ya ineludible para expresar desde acercamientos más novedosos la violencia, el abuso del poder, la marginación y la pobreza, entre otros.

El Capítulo 5 se titula "¿Víctimas o victimarios? Representaciones de lo abyecto en *Yodo* de Juan Hernández Luna: paradigmas del post-neopolicial." Hemos escogido este texto porque, al igual que *La Mara*, en éste se exponen los paradigmas del post-neopolicial. Partiendo de las teorías del psicoanálisis, así como el caos y el orden en la literatura, estudiamos las construcciones estilísticas del espacio, ambiente, lenguaje y la construcción del protagonista como personaje abyecto. De especial interés es el análisis de la fragmentación de los sujetos como manifestación del caos de la sociedad mexicana ante la implementación del neoliberalismo y los efectos de la corrupción e impunidad política. En apoyo a nuestros argumentos sobre las nuevas tendencias en la narrativa criminal del siglo veintiuno, hacemos una comparación entre los abecés que identifican al neopolicial vs las nuevas tendencias del post-neopolicial y destacamos las características de este último que lo alejan de su antecesor. Estas comparaciones ayudarán a entender el análisis de las novelas del siglo veintiuno de autoría femenina cuyas tendencias innovadoras se identifican con el post-neopolicial.

La segunda sección del libro abarca los Capítulos 6–10 y se enfocan en la trayectoria de las contribuciones de las escritoras a la narrativa criminal. Iniciamos en los años cuarenta con la pionera María Elvira Bermúdez y concluimos en el 2020 con las autoras del nuevo milenio. Demostramos como el contexto social, político y cultural forjó las diversas expresiones estéticas del cuento y la novela policial escrito por mujeres. Asimismo, recalcamos las pugnas a las cuales las escritoras se han enfrentado en su intento de penetrar en el círculo literario dominado por los hombres, especialmente el policial. Exploramos cómo las autoras abordan las temáticas que afectan principalmente a las mujeres: aborto, prostitución, violencia de género, cosificación femenina, feminicidios, restricción hegemónica.

El Capítulo 6 titulado "La narrativa criminal de autoría femenina: de los tímidos hilvanes de los años cuarenta hacia la narrativa despiadada del siglo veintiuno", explica el contexto histórico de la mujer mexicana en el panorama social, político y cultural del siglo veinte. Asimismo, su participación en el ambiente literario en general y la narrativa criminal en particular. Esta información establece el contexto para comprender las circunstancias que mantuvieron a las mujeres en prácticamente un estado de inactividad literaria hasta finales del siglo veinte.

En el Capítulo 7, "Las pioneras del policial mexicano, 1940–1960: María Elvira Bermúdez y Margos de Villanueva," estudiamos cuatro cuentos de Bermúdez de su colección *Detente, sombra* (publicados tardíamente en 1984); de Villanueva consideremos la novela *22 horas* (1955). Es importante mencionar que en la década de 1960 hay un aparente vacío en el policial escrito por mujeres. Por esa razón no incluimos autoras de esa época, aunque no descartamos la posibilidad de la existencia de aquellas que han permanecido en la invisibilidad.

En el Capítulo 8, "Las autoras del policial mexicano 1970–1990: un acercamiento a las novelas de Rosa Margot Ochoa, Ana María Maqueo y Carmen Boullosa", analizamos cuatro novelas: *Corrientes secretas* (1978) de Ochoa; *Crimen de color oscuro* (1986) y *Amelia Palomino* (1989) de Maqueo; y *La Milagrosa* (1993) de Boullosa. Veremos cómo a pesar de las ideas liberales del feminismo de la tercera ola, la publicación de la novela criminal de autoría femenina aún era insuficiente en comparación con los escritores. Las únicas contribuciones disponibles se mantenían un tanto alejadas del estilo duro del neopolicial y más bien se apegaban al estilo tradicional del policial clásico a pesar de que éste ya había sido opacado por su sucesor. ¿Sería que a las autoras no les interesaba crear historias usando un lenguaje obsceno, espacios y personajes decadentes típico del género neopolicial? ¿o sería que las editoriales rechazaban sus escritos? Eso y más será contestado en este capítulo.

En el Capítulo 9, "La narrativa criminal femenina del siglo XXI: representaciones estéticas de la violencia contra la mujer," analizamos las novelas *Qué raro que me llame Guadalupe* (2008) de Myriam Laurini; *Trajinar de un muerto* (2001) de Susana Pagano; *El monstruo pentápodo* (2017) de Liliana Blum; y *Muerte caracol* (2010) de Ana Ivonne Reyes Chiquete. También mencionamos brevemente *La muerte me da* (2007) de Cristina Rivera Garza. Desde una perspectiva feminista, nos enfocamos en las técnicas narrativas de estas autoras para abordar temas controversiales tales como la pedofilia, la trata de blancas y la prostitución infantil. También exploramos cómo los cambios sociales a raíz del uso de

Introducción

la tecnología y las redes sociales han favorecido el éxito de algunas escritoras del nuevo milenio, aunque todavía queda mucho por hacer.

Cerramos este libro con el Capítulo 10 titulado "Revalorización del personaje femenino: la incursión de las escritoras mexicanas en la narconovela". Destacamos los aportes de Orfa Alarcón con *Perra brava* (2010) y *Crueldad en subasta* (2015) de Malú Huacuja del Toro. Exploramos como sus historias basadas en el mundo del narcotráfico exponen la objetivación femenina. En el caso de Alarcón analizamos el empoderamiento del personaje femenino y como se reinventa para deconstruir la figura del narcotraficante. En la novela de Huacuja, por otra parte, vemos como la autora expone la prostitución forzada y el feminicidio.

Por último, cabe mencionar que la narrativa criminal de autoría femenina expone cómo el trasfondo social y la marginalización de la mujer en el aspecto laboral, político y, sobre todo, el literario, influenció a las autoras a crear un discurso disidente para configurar una nueva forma de expresión estética del delito y la violencia contra las mujeres; una problemática que aún es grave en todo el país. Desde 1940, las autoras han desquebrajado la imagen tradicional de la mujer mexicana (y latinoamericana)—la madre, hermana, hija y esposa pasiva—abriéndose paso en el género policial dominado por los escritores. Las autoras han demostrado que ellas también escriben historias despiadadas con estructuras, ambientes, personajes y situaciones complejas. Desafortunadamente, por falta de espacio no analizamos con detenimiento las obras de otras autoras aquí mencionadas que también merecen un estudio cuidadoso.

Queremos dar crédito a los críticos del género policial hispanoamericano cuyos estudios formaron la base para este libro: Persephone Braham, William J. Nichols, Amelia Simpson, José F. Colmeiro, Donald Yates, Glen S. Close y Leonardo Padura Fuentes. Pero sobre todo, reconocemos como base de este estudio las valiosas aportaciones al género policial mexicano de Vicente Francisco Torres en *Muertos de papel; un paseo por la narrativa policial mexicana* (2003); Juan Carlos Ramírez-Pimienta y Salvador C. Fernández en *El norte y su frontera en la narrativa policiaca mexicana* (2005); Miguel Rodríguez Lozano en *Pistas del relato policial en México* (2008); Mempo Giardinelli en *El género negro: orígenes y evolución de la literatura policial y su influencia en Latinoamérica* (2013); José Salvador Ruiz Méndez y Gabriel Trujillo Muñoz en

Expedientes abiertos. Cuentos policiacos de la frontera México-Estados Unidos (2014); así como el libro de ensayos *Romper con la palabra. Violencia y género en la obra de escritoras mexicanas contemporáneas* (2017) bajo la coordinación de Adriana Pacheco Roldán. Con este libro esperamos reconciliar las piezas esparcidas del rompecabezas de la narrativa criminal mexicana contemporánea e invitar a los críticos del género a un estudio concienzudo desde una nueva óptica que tome como punto de partida las teorías sobre el postneopolicial. De igual forma, confiamos que este estudio facilitará la expansión futura del análisis de la narrativa criminal escrita por mujeres y el rescate de sus obras que hasta ahora han quedado en el anonimato de una bodega, biblioteca o librería.

Parte I
Capítulo uno

El nacimiento del policial clásico en los Estados Unidos

Para un cabal entendimiento de los orígenes del género policial y su llegada a México, consideramos indispensable delinear su cronología y antecedentes. Los primeros estudios literarios del crimen se registran en las primeras décadas del siglo veinte con la tesis doctoral *Le 'Detective Novel' et l'influence de la penseé scientifique* (1929) del francés Régis Messac (1893–1945). De acuerdo con Stephen Knight, el estudio de Messac traza las raíces históricas y filológicas del relato criminal hasta la época clásica, el Talmud y la Biblia (Knight 8). Mempo Giardinelli, por su parte, hace referencia al manuscrito chino del siglo XVIII *Tres casos criminales resueltos por el juez Ti* (20) como uno de los registros más antiguos del relato criminal. Sin embargo, es importante aclarar que la consideración de este manuscrito como "relato policial" es irrelevante para su época cuando aún no existía un cuerpo policial como organización formal para penalizar el crimen. Aunque sean cuentos basados en asesinatos, concordamos con Vicente F. Torres cuando afirma que "la sola presencia de un delito o una deducción no convierte a un cuento o una novela en policiacos" (15). Aun así, las observaciones de Knight y Giardinelli son importantes para rastrear los antecedentes de la narrativa criminal que más tarde germinaría en el policial clásico en los Estados Unidos y Europa a finales del siglo diecinueve.

Dicho siglo fue mundialmente trascendental en el campo político y social, originando cambios inimaginables y afectando la literatura. El surgimiento de las ideas de la Ilustración del siglo dieciocho, seguido por la Revolución francesa, finalizaron las monarquías totalitarias que habían dominado en Europa desde la Edad Media. Aunque la consolidación de la Revolución Industrial transformó la economía rural en Europa, la demanda de mano de obra industrial y el escaso apoyo a los campesinos provocó

Capítulo uno

una migración masiva del campo a las ciudades. Se produjeron así nuevas clases sociales compuesta de trabajadores industriales y campesinos pobres dominados por la clase burguesa. Las ideas socialistas de Karl Marx y otros, promovió el establecimiento de algunos sindicatos, protestas y movimientos sociales en defensa de los trabajadores ante el abuso laboral. Bajo este tejido social se institucionalizó el cuerpo policiaco y se creó por primera vez la disciplina criminalística. Los efectos de la industrialización y la institucionalización del cuerpo policiaco establecieron el contexto del cual surgiría por primera vez el detective literario (Kurzen y Clemens 19–22).

En general, la crítica reconoce al norteamericano Edgar Allan Poe (1809–1849) como el iniciador del género policial clásico (Giardinelli 21). Con su cuento, *Murders in the Rue Morgue* (1841) protagonizado por el detective Auguste Dupin, Poe hizo del crimen el asunto central de la narrativa. El enigma del "cuarto cerrado" como el espacio del crimen y la investigación, sería la estructura que serviría de modelo para otros autores del policial clásico tanto en los Estados Unidos como en Europa. Entre los autores más sobresalientes figuran Sir Arthur Conan Doyle, Ellery Queen, Dorothy L. Sayers, Agatha Christie, G. K. Chesterton, William Irish y Georges Simenon (Colmeiro 55).

Al británico Conan Doyle (1859–1930), creador de Sherlock Holmes, uno de los detectives literarios más famosos en la literatura y el cine, se le atribuye la consolidación de los rasgos distintivos de la fórmula del policial clásico: el detective cuyo uso del raciocinio y el análisis matemático lo lleva a resolver el misterio del crimen (Horsley 14). El detective Holmes, y su inseparable gorra y pipa, aparecen por primera vez en la novela *Estudio en escarlata* (1887). Con la colaboración de su ayudante el doctor Watson, Holmes investiga la misteriosa muerte de un hombre y resuelve el caso exitosamente. La influencia de Conan Doyle entre los escritores y productores cinematográficos permaneció activa por un lapso de tiempo considerable y, como señala Knight, "No literary figure has a stronger hold on the public imagination than Sherlock Holmes. The name is a synonym for a detective; he has been parodied, imitated and recreated in all media with great success" (67). Conan Doyle, Christie y otros autores, fortalecieron el género y lo

El nacimiento del policial clásico en los Estados Unidos

llevaron a la madurez, creando así la tradición inglesa del policial clásico. Aunque Lee Horsley reconoce a Poe y Conan Doyle como los principales líderes del género, también señala que algunos críticos consideran el policial clásico como "English tradition" y argumenta que es "misleading to see the development of detective fiction in terms of a strict British-American bifurcation" (14).

En base a su esencia particularmente justiciera, el policial clásico también es conocido como *whodunit* o novela de enigma. Esta es una narrativa que "explora la relación entre autoridad y justicia" (Braham 1)[1] y es "construida alrededor de un crimen que tiene que ser resuelto por un detective o un personaje cuya función es investigar" (Simpson 10). Con la aprehensión del criminal se estabiliza el orden social trasgredido por el perpetrador, como explica Rosi Song: "Esta narrativa adquiere valor porque siempre conlleva la idea sobre la restauración del orden, el triunfo de la lógica e, incluso, del bien contra el mal, funcionando siempre desde el presupuesto de su legitimidad" (94). Por lo general, el detective procura una actitud neutral en cuanto al crimen, evita adentrarse en la psicología del criminal y manifiesta poco interés personal en el caso. En palabras de John G. Cawelti, "The criminal ... poses a problem of structural focus for, if the writer becomes too interested in his motives and character, he risks the emergence of an emotional and thematic complexity that could break up the formula" (11). El propósito del detective es resolver el caso, establecer la culpabilidad del asesino y presentar el dilema como una cuestión moral entre el bien y el mal (Simpson 11). Esta dicotomía conforma la estructura de la novela cuya trama se desarrolla entre dos historias distintas: la historia del crimen y la historia de la investigación. Sin embargo, Tzvetan Todorov explica que no existe un enlace común entre las dos historias ya que la primera (la del crimen) sucede y termina antes del inicio de la segunda (la de la investigación), convirtiendo esta última en la esencia de la diégesis (44–48). Desde sus inicios a finales del siglo diecinueve hasta las primeras dos décadas del siglo veinte, el policial clásico gozaría de popularidad en los Estados Unidos entre el público lector y la cinematografía. Sin embargo, a medida que el panorama social y político se recrudecía en las urbes, el policial clásico tomaría un rumbo distinto para reflejar las nuevas realidades sociales del país anglosajón.

Capítulo uno

La evolución del policial clásico hacia el *hardboiled* en los Estados Unidos

Mientras que la novela policial clásica surge en los Estados Unidos y Europa como producto de la modernidad de finales del siglo diecinueve y la industrialización, su sucesora, el *hardboiled*, germina en los Estados Unidos durante la tercera década del siglo veinte ante la necesidad de denuncia social de la pobreza, la violencia y la corrupción del sistema sociopolítico en las grandes urbes (Chicago, Los Ángeles, New York). La crisis económica mundial causada por la Gran Depresión en 1929 afectó particularmente a los Estados Unidos. El establecimiento de la ley seca (la prohibición de manufactura y venta de bebidas alcohólicas vigente entre 1920–1933) y el aumento de la pobreza, fomentaron el crimen organizado y la violencia en las metrópolis. Este desorden urbano exigía una narrativa que retratara con más exactitud la nueva realidad social; objetivo que la fórmula intelectualizada de la novela policial clásica (en donde el bien prevalece sobre el mal) ya no podía cumplir. De esa forma nace el *hardboiled*, conocida como "género negro" en español.

La sucesora del policial clásico recibe el nombre de "género negro" o "novela negra" por dos razones. Primero, debido a que las primeras obras fueron publicadas en 1922 en la revista *Black Mask*. Segundo, los primeros relatos de los norteamericanos Dashiell Hammett y Raymond Chandler fueron publicados por la editorial francesa Gallimard bajo la etiqueta *série noire* (serie negra); un concepto que surge en Francia en gran parte como referencia a las novelas de Cornell Woolrich (también conocido como William Irish) que llevaban en su título la palabra "black" (*The Bride Wore Black*, *The Black Curtain* y *The Black Angel*) (Colmeiro 54).

Los críticos literarios reconocen a Hammett (1894–1961) y su novela *Cosecha roja* (1929) como el creador del *hardboiled* o género negro. Hammett reelaboró la fórmula del policial clásico (el crimen, el detective y la investigación), eliminó su artificiosidad y adoptó los nuevos escenarios y ambientes urbanos. En esencia, la novela negra se define como "una ficción en torno al crimen y no siempre sobre el crimen, porque en múltiples ocasiones esta narrativa atiende el acto delictivo más como una posibilidad o como una atmósfera que como un hecho consumado" (Torres, *Muertos* 20). En la novela negra la investigación ya no es en sí la cuestión más importante como lo había sido en el modelo clásico.

Más bien, como explica Braham, el autor se enfoca en las causas y los efectos del crimen tanto en la sociedad como en el culpable: "The hard-boiled genre is defined more by its mood and attitude than its plot structure: a definitively urban genre, it proclaims a dystopian view of the modern city in which chaos, alienation, and discord prevail" (xii). En el género negro los personajes son individuos marginados y víctimas de la violencia (o perpetradores de ésta). Se cuestiona el orden establecido y predomina una marcada desconfianza hacia las instituciones políticas y sociales debido a su corrupción (Colmeiro 62). Hay también un cambio en el lenguaje elitista y refinado del modelo clásico. Como explica Peter Messent, el lenguaje del género negro es "American vernacular, of a linguistic toughness and terseness exactly suiting the street-wise Op (sic) and the world of bent cops and politicians, mercenary women, and hard-nosed criminals and killers through which he moves" (36). Además, la tensión se sostiene a partir del énfasis en el *thriller* a través del diálogo y la acción los cuales son condimentados con algunas escenas sexuales explícitas; todo bajo un punto de vista crítico y cínico (y a veces humorístico) de la sociedad.

En cuanto al espacio narrativo, las zonas obscuras de la urbe y la corrupción de los espacios burgueses conforman las coordenadas del escenario literario. En su ensayo "The Simple Art of Murder" (1944), Chandler sostiene: "Hammett took murder out of the Venetian base and dropped it into the alley" (12). Los restaurantes populares, las calles sucias y los barrios bajos donde predomina la crisis, la violencia, el peligro y la corrupción, componen el mosaico de una acción entretejida con los temas del abuso del poder, la corrupción política, la marginalización y hasta el racismo (Messent 36). Así lo vemos en *The Maltese Falcon* (1930) donde el detective de Hammett, Sam Spade, convive con los marginados y de manera un tanto quijotesca deambula por los barrios bajos de la ciudad de San Francisco en busca de la verdad y la justicia. En sus pesquisas, el detective pugna contra la ambición de los personajes, la violencia y el crimen y aunque logra esclarecer quienes son los culpables, éstos nunca llegan a pagar por sus actos.

A diferencia del análisis matemático del detective del policial clásico (Sherlock Holmes), el detective del género negro es un sujeto duro que utiliza la intuición y la violencia para resolver los casos mientras se involucra activa y personalmente en los acontecimientos (Colmeiro 61). Tal es el caso de Philip Marlowe, el detective de Chandler, un personaje que se rebela contra la corrupción, y aunque es un jugador y mujeriego, también se caracteriza por su integridad y nobleza. Spade y Marlowe constituyeron hasta finales del siglo veinte el prototipo del detective literario de los escritores del género negro tanto en los Estados Unidos como en Europa. Por su carácter denunciatorio de los problemas sociales y políticos, el género negro sería el preferido y el que tendría más éxito entre los escritores y los lectores latinoamericanos. Sin embargo, como veremos en el siguiente capítulo, al igual que el policial clásico, el género negro también llegaría a México tardíamente.

Capítulo dos

La evolución de la narrativa criminal en México: Del policial clásico al género neopolicial y el post-neopolicial

El policial clásico al estilo de Edgar Allan Poe llega tardíamente a Latino América entre las décadas de los años veinte y cuarenta, alcanzando cierta popularidad.[1] México y Argentina fueron los primeros en acoger la narrativa detectivesca, aunque también se dieron casos en otros países como Cuba, Chile y Colombia. Desafortunadamente, tanto en México como en Argentina, el policial clásico llegó a cultivarse escasamente por escritores hispanos. Esto se debía a que los lectores preferían las traducciones de los autores extranjeros más reconocidos y las editoriales trataban de complacer la demanda por intereses monetarios. Las revistas seguían esta misma dinámica. Tanto *El Séptimo Círculo* (1945–1983) dirigida por Jorge Luis Borges y Adolfo Bioy Casares en Buenos Aires como *Selecciones Policiacas y de Misterio* (1946–1953) fundada por Antonio Helú en México, publicaban en su mayoría traducciones de los autores extranjeros del policial clásico previamente mencionados. Entre los pocos autores pioneros mexicanos que lograron publicar sus cuentos en la revista *Selecciones,* así como en los periódicos locales *El Universal* y *El Nacional*, figuran Rafael Bernal, María Elvira Bermúdez, Pepe Martínez de la Vega y Antonio Helú (Torres, *Muertos* 21).

Además de la preferencia del lector por las traducciones de autores anglosajones y europeos, la incompatibilidad entre la realidad política y social de los Estados Unidos y Latinoamérica limitó la contribución de escritores latinoamericanos al policial clásico. En palabras de Carlos Monsiváis, un ambiente donde ha imperado el abuso del poder, la tiranía y la corrupción policiaca, un detective como el de Poe no era creíble: "Si el propósito de la literatura policial es ser realística, en Latinoamérica el acusado nunca podría ser el verdadero criminal y, a menos que éste fuera pobre, nunca sería castigado. No tenemos literatura policial porque no tenemos

Capítulo dos

fe en la justicia" (Citado por Simpson 21). La fórmula del policial clásico, en donde el detective resuelve los casos criminales victoriosamente y el bien prevalece sobre el mal, no reflejaba el contexto de los países latinoamericanos que vivían (y aún viven, en algunos casos) bajo la corrupción de las instituciones políticas y sociales y una larga historia de dictaduras. Aun así, los escritores mexicanos se apegaron al policial clásico por más de veinte años (1940–1960 aproximadamente), a pesar de que para esas fechas ya había evolucionado hacia el género negro en los Estados Unidos y Europa.

Como sucede con todos los géneros literarios, los cambios sociales y políticos en México entre 1940 a 1950 sustentarían las tramas de la novela policial clásica de esos decenios. El incremento de la modernidad, la industrialización y el progreso económico bajo el gobierno de Manuel Ávila Camacho (1940–1946) y Miguel Alemán Valdez (1946–1952) sucesivamente, atrajo la migración de las áreas rurales hacia la ciudad de México lo cual aceleró el crecimiento urbano de 1,757.000 habitantes en 1940 a más de tres millones en 1950 (INEGI "En la ciudad" n.p.). Aunque en 1945 el país se mantuvo neutral durante la segunda guerra mundial, el aumento de la venta de petróleo ante la demanda extranjera contribuyó a la prosperidad económica de algunas regiones del país y fortaleció la economía. En la ciudad de México, por ejemplo, las colonias Roma y Condesa, llegaron a ser ampliamente conocidas como las zonas burguesas. Estos espacios fueron adoptados por algunos autores mexicanos del policial clásico quienes agregaron un toque local mediante la creación de personajes con nombres mexicanos y la inclusión del lenguaje defeño; nace así el policial clásico mexicano.

Entre los autores más importantes del policial clásico en México se encuentran Rodolfo Usigli con su novela *Ensayo de un crimen* (1944); Rafael Bernal con *Federico Reyes, el cristero* (1941); *Un muerto en la tumba. Novela policiaca* (1946); *Tres novelas policiacas* (1946); *El extraño caso de Aloysius Hands* (1946); *Su nombre era muerte* (1946); *El fin de la esperanza* (1948); y *Caníbal. El infierno verde* (1954). A esta lista podríamos agregar *Humorismo en camiseta: aventuras de Péter Pérez* (sic) (1946) de Pepe Martínez de la Vega, una colección de cuentos en donde se parodia humorísticamente a Sherlock Holmes quien reside en Peralvillo, una colonia popular de la ciudad de México. El detective de Martínez de la Vega sería llevado en esa misma época a la cinematografía.[2] Antonio Helú escribió una comedia policiaca en tres actos: *El crimen de insurgentes: Comedia policiaca en tres actos* (1935) y *La obligación de asesinar* (1946). En esta última construyó uno de los primeros detectives mexicanos, Máximo Roldán, un antihéroe estilo Robin Hood que despoja al rico para ayudar al pobre (Giardinelli 197). En 1968 coordinó la antología *El cuento enigmático*.

María Elvira Bermúdez fue la única mujer en incursionar en el policial de los años cuarenta. De su creación emerge el detective Armando Zozaya, protagonista de la novela *Diferentes razones tiene la muerte* (1943). En 1955 Bermúdez publica la antología *Los mejores cuentos policiacos*, la primera recopilación dedicada exclusivamente al género policial clásico escrito por autores mexicanos.[3] Años más tarde Bermúdez reuniría sus cuentos producidos durante los años cuarenta y cincuenta y los publicaría en la colección *Detente, sombra* (1984). Tres de estos cuentos ("Detente, Sombra", "Precisamente ante sus ojos" y "Las cosas hablan") son protagonizados por la primera mujer detective latinoamericana: María Elena Morán. Los cuentos de esta colección han sido escasamente estudiados a pesar de su valor literario y versatilidad. Existen otros autores de los años cuarenta que nunca llegaron a alcanzar reconocimiento debido a la limitada calidad artística de sus publicaciones. Tal es el caso de Juan Castellanos, Francisco Tairo, Marcelo Motarrón, Raimundo Rienzi, Armando Salinas, Ángel R. Marín y Enrique F. Gual. Este último fue el más prolífico y publicó varias novelas en la década de los años cuarenta: *El crimen de la obsidiana* (1942), *El caso de los Leventheris* (1944), *Asesinato en la plaza* (1946), *La muerte sabe de modas* (1947) y *El caso de la fórmula española* (1947).

Entre los autores pioneros vale la pena detenernos en *Ensayo de un crimen* de Usigli ya que no sigue con exactitud la fórmula del policial clásico. En vez de iniciar con el crimen seguido por la investigación, el narrador expone gradualmente varios delitos y el detective hace acto de presencia casi al final de la historia. Usigli añade un toque mexicano en el trato de los aspectos psicológicos, los ambientes, los temas y los espacios narrativos, manifestando así un intento (aunque moderado) de apropiación del género. Los personajes manifiestan personalidades conflictivas y mezquinas: el protagonista anhela ser un asesino, algunos personajes secundarios son chantajistas y otros tienen problemas mentales (Torres, *Muertos* 33).[4] Usigli acoge la teoría del asesinato "como una de las bellas artes" del británico Thomas de Quincey y lo convierte en el factor principal de la trama (Torres, *Muertos* 29).⁵ El protagonista, Roberto de la Cruz, desea cometer el crimen estéticamente perfecto ya que ve el asesinato desde un punto de vista lúdico que se puede llevar a cabo sin consecuencias legales si se planea pragmáticamente. Sin ninguna excusa que justifique la muerte de la víctima, Cruz lo hace sencillamente por placer. Así, planea cuidadosamente dos homicidios, pero falla en su intento y termina asesinando a su esposa por error. Es digno de mencionar que en la mayoría de los cuentos policiales de Usigli y Bermúdez descuella un interés por los trastornos psicológicos de los personajes; una tendencia que no era popular en el policial clásico estadounidense, pero fascinaba a Bermúdez (Torres, *Muertos* 48).⁶

En 1955 se publica la novela *22 horas* de Margos de Villanueva (1920), la segunda autora del policial clásico que conocemos hasta ahora. Cómo analizaremos en más detalle en el capítulo 7, la historia es protagonizada por el inspector José Silvestre. La trama se lleva a cabo en la ciudad de México durante los años cincuenta y describe la prosperidad económica de la clase media que surgió en buena medida después de la Revolución Mexicana (1910–1917). Sin embargo, también se incluye la clase trabajadora que surgió con la industrialización durante el gobierno de Alemán Valdés. Por otra parte, la novela deja mucho que desear en cuanto al trato de los personajes y el lenguaje (los pobres son feos, los ricos son bellos; mujeres tradicionales sumisas; abundan los adjetivos). Lo más rescatable de la novela es la resolución del crimen de forma analítica y astuta por un personaje femenino, Pilar, quien resulta ser más sagaz que su novio el detective. Villanueva ha pasado prácticamente desapercibida por la crítica a pesar de haber escrito unas 10 obras de teatro, entre las cuales incluye una de corte policial: *La muerte nos visita* (1956). Dividida en tres actos y ambientada en la ciudad de México, la obra también tiene como protagonista al inspector José Silvestre quien indaga sobre la muerte de un empresario asesinado en su biblioteca.

La contribución al género policial clásico de los escritores pioneros y su interés por conformar las historias, los ambientes y el lenguaje local al contexto mexicano, sería de suma importancia para el futuro del género policial en México. Concordamos con Leonardo Padura Fuentes cuando explica que en esa fase temprana "empieza a gestarse un movimiento al que se suman autores, obras y hasta colecciones editoriales... propiciando algo tan necesario para una escuela literaria: la certidumbre de un "ambiente"" (39). A pesar del éxito y aceptación del policial clásico entre el público lector latinoamericano, éste fue rechazado por la crítica que la catalogaba como una forma de entretenimiento de quiosco sin ningún valor literario e indigna de pertenecer al canon. No obstante, como señala Amelia Simpson, paradójicamente el policial clásico se tornó en "subject of serious study by scholars, especially those interested in formulaic narrative systems and in popular culture and its ideological underpinnings" (9), asunto que incrementaría más tarde en la novela negra, la sucesora del policial clásico. La participación de las mujeres en el género criminal mexicano fue sumamente escasa desde 1940 hasta finales del siglo veinte, asunto que veremos más ampliamente en los capítulos 6–10 dedicados a la escritura femenina.

El panorama sociopolítico mexicano de la segunda mitad del siglo veinte

La prosperidad económica y la estabilidad política del México posrevolucionario de los años cuarenta y cincuenta (conocido como "el milagro mexicano") empieza a desmoronarse a partir de finales de la década de 1950. Ante la desigualdad social y el abuso de los trabajadores, florecen varios movimientos sociales en algunas áreas geográficas del país. En 1956 surge el Movimiento Revolucionario del Magisterio y en 1961, influenciados por la Revolución cubana (1958), se forman varios partidos políticos izquierdistas que, ante la oposición del gobierno, se convertirían más tarde en grupos guerrilleros. Entre los líderes más importantes figuran Rubén Jaramillo, un ex revolucionario de las fuerzas de Emiliano Zapata. Jaramillo luchó incansablemente contra las desigualdades sociales en Morelos, su estado natal, y terminó asesinado en 1962 por soldados del Ejército mexicano. En la sierra del estado de Guerrero, los maestros Genaro Vázquez y Lucio Cabañas fundaron varias organizaciones políticas para defender a los trabajadores. En 1967 Cabañas lideró el Partido de los Pobres, mientras que en 1968 Vázquez instauró la Asociación Cívica Nacional Revolucionaria (Mendoza García, "La tortura" 147). Después de fracasar en sus intentos pacifistas, Vázquez y Cabañas confrontaron el gobierno local por medio de las armas solo para terminar reprimidos y arrestados de

Capítulo dos

nuevo por la policía judicial del estado de Guerrero y finalmente asesinados (Vázquez en 1972 y Cabañas en 1974).[7]

Haciendo eco a las protestas que estaban sucediendo a nivel mundial (el movimiento de los derechos civiles en los Estados Unidos y los levantamientos contra las dictaduras en Latino América), el descontento de los mexicanos por el abuso de los trabajadores desembocó en manifestaciones y huelgas en las zonas urbanas; especialmente entre la clase media y la clase trabajadora. En la ciudad de México, fueron notorias las huelgas de los ferrocarrileros (1959), los maestros (1960) y los médicos (1965) quienes exigían mejores salarios y condiciones laborales (Brushwood 63). En Monterrey, Culiacán y Guadalajara los estudiantes apoyaron los movimientos obreros y los grupos marginados ante el rechazo del gobierno local. Debido a estas circunstancias, los grupos se unificaron para formar la Liga Comunista 23 de Septiembre—el grupo guerrillero urbano más importante de la época (Mendoza García, "La tortura" 149). No obstante, la importancia de estos sucesos no fue registrada en la novela policial de los años cincuenta y sesenta cuyos autores seguían escribiendo historias bajo el modelo del policial clásico. Cómo había observado Monsivaís, el enfoque en un detective que atrapa al criminal y trae justicia estaba en conflicto con las realidades sociales y políticas que México estaba viviendo. El abuso de la clase trabajadora de finales de los años sesenta, sin embargo, tornaría la mirada de los escritores hacia el género negro como la mejor vertiente para recrear la crisis mexicana.

Las represiones gubernamentales bajo la administración de Gustavo Díaz Ordaz (1964–1970) continuaron escalando durante los años sesenta. Se estima que el 27 de agosto de 1968 unas cuatrocientas mil personas se reunieron en el zócalo de la ciudad de México para reclamar justicia social y la liberación de algunos prisioneros políticos (Brushwood 66–68). El abuso del poder político culminó el 12 de octubre en la ya conocida "masacre de Tlatelolco" en la Plaza de las Tres Culturas de la ciudad de México donde se habían reunido unos 10.000 trabajadores, esposas y estudiantes durante una manifestación pacífica (Steele 5). Aunque Díaz Ordaz negó el número de muertos, se cree que en esa ocasión cientos de estudiantes y sus apoyadores resultaron heridos o perdieron la vida, mientras otros terminaron siendo arrestados, torturados y desaparecidos (Brushwood 69). La intimidación del gobierno impuesta en los ciudadanos mediante la violencia apremió la dispersión de los movimientos estudiantiles ante el temor a las represalias.

Solamente tres años después de la masacre de Tlatelolco, el 10 de junio de 1971, se repite un acto similar al del 68. Los estudiantes de la Universidad Autónoma de México (UNAM) y el Instituto Politécnico Nacional (IPN), se unieron en una manifestación pacífica en la Calzada México-Tacuba para exigir al presidente Luis Echeverría (1970–1976) la libertad política y la democratización de la enseñanza. El grupo paramilitar "Los Halcones" (también se les adjudica la matanza de Tlatelolco) terminó violentamente con la manifestación, dejando como saldo más de cien muertos, heridos y desaparecidos. Inhibidos por el gobierno, la mayoría de los activistas políticos suspendieron su expresión pública (Doyle, "The Corpus Christi Massacre" n/p). Comienza así "la guerra sucia," un período de violencia gubernamental contra cualquier ciudadano que articulara su descontento contra el gobierno.

La guerra sucia comprendió un lapso de más de diez años: fines de los años sesenta hasta principios de los ochenta. "El Halconazo" o "La matanza del Jueves de Corpus", es considerado uno de los eventos más brutales de la guerra sucia lo cual confirma una vez más la falsa democracia del gobierno mexicano. Durante los años de la guerra sucia cientos de mexicanos fueron encarcelados, torturados y asesinados en cárceles clandestinas, como señala Mendoza García:

> A la presencia y actuación de la guerrilla, el Estado mexicano le opuso una violencia cruenta, feroz, sanguinaria. Desplegó una serie de prácticas que rebasaron los límites de la legalidad. Pueblos arrasados en comunidades alejadas, allá en las montañas, detenciones masivas, detenciones ilegales, enclaustramiento en cárceles clandestinas, destierro, persecución, tortura y desapariciones fueron algunas de esas prácticas. ("La tortura" 149)

Las desapariciones de los militantes, así como los registros de las torturas en bases militares y prisiones secretas del gobierno, quedaron en el anonimato por décadas ante la negación e intervención de la oligarquía.[8]

Los sucesos del 68, así como el período de la guerra sucia, imprimieron un momento clave en la historia y la literatura mexicana. En la arena política se expuso la ineficacia del Partido Revolucionario Institucional (PRI), el partido político en poder desde

Capítulo dos

1929. La corrupción política del PRI, el abuso hegemónico y, sobre todo la "inexistencia de la democracia en México" (Quiñonez 355), nutrirían los diversos géneros literarios de los años 60–70. Los autores usarían la escritura para expresar las disidencias de la época, borrando así las barreras entre la alta cultura y la cultura popular (Braham 68). Como afirma José Carlos González Boixo, 1968 es "una época simbólica en el devenir de la literatura mexicana" de la cual surgiría "una narrativa comprometida, de carácter realista, que se ocupó de dar testimonio de aquellos aciagos días" (8). Juan Antonio Rosado concuerda con González Boixo y agrega:

> Tanto el movimiento estudiantil del 68 como la masacre del 2 de octubre propiciaron la creación de una serie de obras literarias que en conjunto constituyen toda una corriente en la historia de la literatura mexicana, corriente cuya característica es su alto grado de politización, la denuncia y, en general, el empleo del realismo. ("Los años sesenta" 338)

El tema de la violencia, que ya había surgido en la primera década del siglo veinte con la novela de la Revolución Mexicana, reapareció con más intensidad después del 68, tanto en el periodismo, la novela y el cuento, así como el ensayo y el cine. Elena Poniatowska, por ejemplo, plasmó la tragedia de los movimientos estudiantiles en su libro *La noche de Tlatelolco* (1971); una obra de corte testimonial acompañada de fotografías, pancartas y declaraciones de algunas víctimas y sus familiares. Los ensayos de Carlos Monsiváis recogidos en *Días de guardar* (1970) trataron el tema del 68 de manera humorística y dialectal. Por su parte, Carlos Fuentes denunció el abuso del poder gubernamental en su ensayo *Tiempo mexicano* (1971) y José Revueltas, en su novela corta *El apando* (1969), expuso a menor escala la corrupción política en el penal de Lecumberri, un espacio donde impera la prostitución, el uso de drogas, la decadencia y el abuso del poder de parte de los personajes.[9] Fernando del Paso recreó los sucesos del 68 con exuberancia literaria y una feroz carga política en su novela *Palinuro de México* (1977). En el 2004, Paco Ignacio Taibo II publicó *68*, una obra de carácter autobiográfico donde narra su experiencia como parte del movimiento estudiantil y participante de la manifestación durante la masacre de Tlatelolco.

El género negro (*hardboiled*) en México

Para la década de los años setenta, el policial clásico en México empieza a perder popularidad y el género negro o *hardboiled* sería el mejor vehículo para exponer las convulsiones sociopolíticas del país. El género negro es una narrativa predominantemente urbana donde rige un ambiente denso y el crimen, la intriga y el suspenso van a la par con el diálogo duro, así como la acción vertiginosa a manera de *thriller* y una ironía constante. La historia se complementa con escenas sexuales, los personajes femeninos son cosificados y el detective es tan corrupto como el sistema gubernamental para el cual sirve. En palabras de Giardinelli, el género negro es una narrativa que "alcanza una dimensión filosófica notable al indagar con agudeza la condición humana y, además, las preocupaciones y el cuidado de la estética literaria han estado siempre presentes en sus autores más representativos" (75, 76). Por su estilo duro, así como el carácter denunciatorio de la violencia, la corrupción política y el abuso de la clase obrera, el género negro en México ganaría rápida popularidad entre el público lector a pesar de que algunos autores todavía preferían el estilo del policial clásico, especialmente las escritoras.[10]

Cómo habíamos mencionado anteriormente, la crítica reconoce a Rafael Bernal y su novela *El complot mongol* (1969) como el líder del género negro mexicano. Bernal sigue la fórmula de Hammett y Chandler en la creación de un detective irónico y duro, pero un tanto desmitificado debido a su extrema corrupción como representante del cuerpo policiaco. Filiberto García, es un ex revolucionario que, asqueado de la hipocresía burocrática, muestra pesimismo, amargura y decepción hacia la ineficacia del gobierno con sus falsas promesas de igualdad para todos los mexicanos (Braham 69). El lenguaje coloquial, la desmoralización del detective, la corrupción política y el espacio de la Ciudad de México, serían los elementos que contribuirían al éxito de la novela de Bernal (Torres, *Muertos* 35). Es digno señalar que antes de Bernal, Vicente Leñero ya había incurrido en el género negro con dos novelas: *Los albañiles* (1964) y *El garabato* (1967). Aunque Leñero no siguió estrictamente el estilo duro del género negro ni logró alcanzar el éxito de *El complot*, su técnica narrativa en *Los Albañiles* sería ampliamente desarrollada por los autores de finales del siglo veinte: el comportamiento de los personajes tiene más peso que el crimen; sobresale una diversidad de puntos de vista y la polifonía del lenguaje refleja los variados temperamentos de los personajes (policías, albañiles y un seminarista).

En la década de los setenta se publican varias novelas del género negro que serían de gran importancia en la evolución de la narrativa criminal mexicana. Paco Ignacio Taibo II incursiona con *Días de combate* y *Cosa fácil*, ambas publicadas en 1977. El detective de su invención, Héctor Belascoarán Shayne, protagoniza la serie de nueve novelas publicadas entre 1980–1990,[11] convirtiéndose en uno de los detectives más famosos de la narrativa Latinoamericana. Con la serie de Taibo II, el género negro mexicano se adelanta hacia el neopolicial; asunto que explicamos con más detalle en el capítulo siguiente. En *Las muertas* (1977) Jorge Ibargüengoitia utiliza el estilo periodístico de la nota roja para representar literariamente el caso verdadero de las "Poquianchis" cuyos asesinatos de más de 90 prostitutas las convirtiera en las asesinas seriales más importantes de la historia latinoamericana.[12] En *La cabeza de la hidra* (1978), Carlos Fuentes crea una historia ambientada en la Ciudad de México durante la década de los años cincuenta. Esta es una novela de espionaje donde sobresalen las reflexiones políticas del país (típico en las obras de Fuentes) y se exponen el interés de los bloques de los poderes árabes y judíos por apropiarse del petróleo mexicano. En 1979 Rafael Ramírez Heredia publica *Trampa de metal*, una novela protagonizada por el detective Ifigenio clausel cuyo lenguaje trae reminiscencias de *El complot mongol*. Estas novelas evidencian lo que Padura Fuentes categorizó como "más que una ruptura radical, la novela policial iberoamericana mostrará una ascendente evolución respecto a los hallazgos de sus antecesores de los 40 y los 50" (42).[13]

Con todo, en la década de los setenta el género negro mexicano, al igual que su antecesor el policial clásico, permanecía dominado por los hombres y la contribución de las escritoras era evidentemente mínima. María Elvira Bermúdez rechazaba la fórmula dura del género negro por su violencia, lenguaje y énfasis en las escenas sexuales y prefería el método deductivo del policial de Poe (Torres, *Muertos* 107). Aunque Rosa Margot Ochoa publica *Corrientes secretas* en 1978, como veremos en la sección dedicada a la escritura femenina, al igual que Bermúdez sigue el estilo del policial clásico. Aparte de estas dos autoras, la contribución de las mujeres se dilataría hasta finales del siglo veinte y principios del veintiuno. Sin embargo, si tomamos en consideración que la mayoría de las producciones literarias de las mujeres en esa época no se llegaban a publicar debido al rechazo de las editoriales, es posible que existan algunos manuscritos que hayan quedado inéditos.

La década de los ochenta: La evolución del género negro hacia el neopolicial

La década de los años 80 dejaría una marca en la historia económica, social y literaria de México por varios motivos. Mientras que el inicio del Internet empuja el país a prepararse para la nueva era digital (las universidades y empresas mexicanas más importantes adquieren las primeras computadoras), México enfrenta dos de sus peores tragedias: la explosión en 1984 de las plantas de Petróleos Mexicanos (PEMEX) en la ciudad de San Juanico, Estado de México y el terremoto de 8.1 grados Richter en la ciudad de México en 1985; ambos eventos dejaron cientos de muertos y damnificados. En el aspecto económico, el incremento de la producción de petróleo de los países árabes produjo la caída internacional de su valor, afectando el petróleo mexicano. Asimismo, el aumento en las tasas de interés internacionales, aunado a la deuda externa del país, provocó una de las peores crisis económicas en México ante la devaluación de 400% del peso ante el dólar. En busca de una solución, el presidente José López Portillo ordenó en 1982 la expropiación de la banca, aunque sin los resultados esperados. Más tarde, durante el mandato de Miguel de la Madrid (1982–1988) el gobierno mexicano empezó a considerar las propuestas neoliberales de un desarrollo económico independiente del Estado como una posibilidad de progreso económico (asunto que ya se estaba gestionando en la década de los 70 en algunos países del mundo occidental). Promovido por los Estados Unidos, el neoliberalismo en México inicia con la privatización de algunas empresas, dando preferencia a la inversión privada sobre la pública. El proyecto llegó a consolidarse durante el mandato de Carlos Salinas de Gortari, quien, según se cree, ganó las elecciones en 1988 de forma fraudulenta (O'Toole 3).[14]

Estos eventos sociales, económicos y políticos alcanzarían su expresión en el campo literario. En la narrativa criminal, por ejemplo, Ramírez Heredia publica la novela *Muerte en la carretera*

(1985), aunque no alcanzó difusión. En cambio, la serie del detective Belascoarán Shayne de Taibo II empieza a ganar reconocimiento. Taibo II explica que su primera novela, *Días de combate*, fue recibida con un "silencio absoluto de la crítica, con una sola excepción: un crítico comento que el género era anglosajón y que mi libro era una "mariguanada" (*No habrá* xiii). Sin embargo, para el 2009, fecha en que se publicara la serie completa, las novelas lograron éxito nacional e internacional al publicarse en veintiocho países. Se consolidó así el género en México bajo un nuevo rubro: el neopolicial; término acuñado por Taibo II para identificar la novela negra mexicana en particular y diferenciarla del género negro estadounidense y europeo. En el 2022, la serie de Belascoarán fue llevada a la televisión por Netflix, aunque no alcanzó el éxito esperado.

El neopolicial de Taibo II ganó popularidad entre los mexicanos por varias razones: los lectores se identificaron con la humildad del detective, el lenguaje popular de las masas y el ataque directo a la corrupción política en el país. A esto debemos agregar el envolvimiento activo de Taibo II en conferencias y ruedas de prensa para promover el género neopolicial lo cual lo convirtió en la figura clave en México. Braham explica: "Paco Ignacio Taibo II paved the way for a new generation of Mexican detective writers who create authentic detective fiction without apology to either the Mexican literary establishment or to their North American precursors" (105). Aunque a principios de los años ochenta sus dos primeras novelas de la serie fueron categorizadas como género negro, más tarde la mayoría de los críticos las reconocieron como novelas neopoliciales.[15] Para evitar confusiones, es importante aclarar que mientras algunos críticos utilizan el término "género negro" para referirse al policial mexicano otros usan "el neopolicial". Aunque ambos términos son aceptables, aquí usaremos "neopolicial" para referirnos a la narrativa criminal de 1980–2000.

Con el neopolicial emerge una nueva forma de contar las realidades de México de las dos últimas décadas del siglo veinte. El neopolicial se define según Taibo II, como "un policiaco nuevo que se desmarca en el tiempo y en las intenciones de manifestaciones nacionales anteriores del género [negro]" (citado por Balibrea-Enríquez 39). Concordamos con Braham cuando declara: "In order to compete with the reality itself, Mexican detective writers must transform the linguistic tools available to them, creating a new language to describe the violence and confusion of their times" (105). En el neopolicial continua vigente la actitud antisocial de los personajes y los verdaderos criminales son aquellos que están en el poder: el gobierno, el cuerpo policiaco y la clase burguesa. El detective vive en condiciones marginadas, se solidariza con los personajes secundarios, abandona su actitud irónica hacia la sociedad, deja de ser un personaje duro y lucha quijotescamente en contra de las instituciones sabiendo de antemano que no tendrá éxito (Braham 82–83). Más bien, durante sus pesquisas busca la empatía de otros personajes quienes colaboran informalmente en la investigación. No obstante, semejante al detective del género negro, el detective del neopolicial fracasa en su intento de resolver los asuntos criminales. A pesar del éxito del neopolicial, hasta donde sabemos, durante la década de los años ochenta solamente tres autoras publicaron sus novelas: Ana María Maqueo (*Crimen de color oscuro*, 1986 y *Amelia Palomino*, 1989); Malú Huacuja del Toro (*Crimen sin falta de ortografía*, 1986) y Alicia Reyes (*Aniversario número 13*, 1988). Sin embargo, es importante aclarar que estas escritoras seguían la fórmula del policial clásico en vez del neopolicial, asunto que analizaremos en la segunda parte de este libro dedicada a las escritoras,

Las repercusiones del neoliberalismo en la sociedad y la literatura mexicana

A medida que la sociedad mexicana se acerca a los umbrales del nuevo milenio, las propuestas neoliberales y la globalización resultaron en nuevos retos sociopolíticos y económicos para el país. Mientras que en 1989 el mundo era testigo del fin de la Guerra Fría con la caída del Muro de Berlín, en México el presidente Carlos Salinas de Gortari (1988–1994) se adhirió al Consenso de Washington con los Estados Unidos para adoptar sus reformas político-económicas basadas en la macroeconomía. Así, México acoge formalmente las propuestas neoliberales: un conjunto de ideas con el propósito de fomentar el libre comercio a partir de la desregulación de los mercados, la privatización de los servicios sociales brindados por el Estado, así como la reducción del gasto social y los impuestos a las grandes empresas. El proyecto neoliberal se consolidó en 1992 cuando México, Estados Unidos y Canadá firmaron La alianza al Tratado de Libre Comercio de América del Norte (TLCAN) (NAFTA por sus siglas en inglés).

Capítulo dos

Si por un lado algunos economistas vieron la globalización y el neoliberalismo con optimismo (oportunidades de prosperidad económica para los países tercermundistas), otros lo consideraron como un mecanismo para promover las ideas capitalistas y una forma moderna de neo-colonización (Watson vii). A pesar de que Salinas de Gortari afirmó que el TLCAN incrementaría considerablemente el número de empleos y convertiría a México en un país del primer mundo, treinta años después de la apertura del libre comercio se habían producido solamente un millón de empleos; la cantidad que México necesita cada año para abastecer la necesidad laboral de los mexicanos (Kandell 98).

El neoliberalismo falló en traer igualdad económica no solamente por el sistema liberal, sino por diferentes errores cometidos por Salinas de Gortari. Durante las negociaciones con Canadá y los Estados Unidos, el mandatario mexicano aceptó condiciones que afectaron adversamente la producción agrícola. La falta de apoyo a los campesinos acrecentó la inmigración hacia las ciudades en busca de oportunidades de empleo, especialmente en el sector de las maquiladoras. El primer mandatario también fracasó en establecer salarios justos y condiciones laborales para los trabajadores de la industria. Ante la escasa protección legal, los obreros han sido víctimas de la explotación laboral y han trabajado en condiciones insalubres al entrar en contacto con maquinarias y químicos sin la protección adecuada; asunto que aún no ha sido completamente resuelto (Aguilar y Lacsamana 33). Es cierto que la expansión de las maquiladoras ofreció a cientos de mujeres la oportunidad de ingresar al campo laboral, sin embargo, esto traería algunos efectos negativos. No solamente las mujeres eran (y continúan siendo) explotadas al recibir salarios extremadamente bajos, también se enfrentan al aumento de la violencia ante el acoso sexual en el ambiente laboral, así como los feminicidios en las esferas públicas.[16]

Los resultados nocivos de la negligencia del gobierno de Salinas de Gortari también se manifestaron en la economía. Mientras que las empresas internacionales, sobre todo la maquiladora, se beneficiaron económicamente, los grupos marginados experimentaron un incremento de la pobreza como resultado de la falta de apoyo al sector agrícola, los bajos salarios, la reducción de los programas de beneficio social y el desempleo (Watson 51). A raíz de esto, durante los años subsiguientes y bajo la administración de Ernesto Zedillo (1994–2000), México enfrentó una de sus peores crisis económicas de la historia (conocida como "Efecto Tequila" por las implicaciones que tuvo en varios países latinoamericanos). La devaluación del peso ante el dólar y la alta tasa de inflación llevó al cierre de varias empresas, aumentando el desempleo y la pobreza. Ante la pérdida del poder político del Partido Revolucionario Institucional (PRI) en el año 2000, los mexicanos miraron hacia Vicente Fox y el Partido Acción Nacional (PAN) como una esperanza hacia un futuro mejor. Sin embargo, a pesar de las promesas de Fox sobre un cambio del modelo económico que combatiría el desempleo y la pobreza, no logró su objetivo. Algunos críticos consideran que la oposición burocrática fue el mayor impedimento para la implementación de las propuestas de Fox; otros acusan al primer mandatario de inepto (Calva 64–65). Cualquiera que sea el caso, al final del sexenio de Fox en el 2006, el país se encontraba en una de sus peores condiciones económicas, sociales y políticas. Aunado a esto, la proliferación del narcotráfico que había iniciado en la década de los noventa ante la complicidad del gobierno local y federal empeoró la seguridad de los mexicanos.

La era del narcotráfico y sus efectos en la literatura

La guerra contra el narcotráfico fue una de las primeras acciones de Felipe Calderón al tomar la presidencia en el 2006. La realidad es que su plan titulado Operativo Conjunto Michoacán, resultaría controversial al no dar los resultados esperados por la falta de una planeación adecuada.[17] La estrategia fallida de Calderón tuvo como consecuencia la dispersión de los capos[18] y el surgimiento de nuevas organizaciones criminales en otras áreas geográficas del país. La corrupción del cuerpo policiaco por intereses monetarios fortaleció el tráfico de drogas a lo largo y ancho de toda la nación.[19] La guerra de Calderón contra las drogas ha sido ampliamente cuestionada por economistas e historiadores y señalada como la principal responsable del incremento de la violencia, secuestros, desapariciones y muertes ante la respuesta agresiva de los líderes del Golfo, de Sinaloa y los grupos Zeta.

Las guerras territoriales entre los líderes del narcotráfico también contribuyeron al aumento de la inseguridad a nivel nacional. Según reportes de la INEGI, para el 2008 la violencia en el país había incrementado en un 60 por ciento en comparación con años anteriores (Hernández-Bringas y Narro-Robles 245). En el 2011 la violencia dejó un saldo de más de 121.000 muertos y unos 14.000 desaparecidos, una cifra que discrepa de los 22 mil muertos que reportaron las fuentes oficiales (Hernández Borbolla n.p.). Al final del sexenio de Enrique Peña Nieto (2012–2018), el sucesor de Calderón, la violencia había incrementado hasta alcanzar un récord sin precedentes con más de 150.000 muertos en toda la nación (Lara Bermúdez n.p.).

En el marco de las observaciones anteriores, el impacto del narcotráfico modificó la dinámica del país tanto en lo político y lo socioeconómico como en lo cultural. En el aspecto socioeconómico, los narcotraficantes que antes habían pertenecido a la clase trabajadora dieron luz a una nueva clase social que suplantó con su nuevo poder adquisitivo a la élite tradicional. En la política, el involucramiento de algunos funcionarios públicos con el crimen organizado aumentó la desconfianza de los mexicanos tanto en el gobierno federal como en la policía estatal y local; asunto que Glen S. Close sostiene:

> the explosion of narcotrafficking during recent decades has led to a precipitous deterioration in public security in Mexico and turned large swaths of cities into battlefields on which criminal violence and social violence combined with truly horrific results, particularly for those who live in poor urban areas, where 80% of all crimes are committed. (48)

En lo sociocultural, emergió la narcocultura: el grupo de acciones, creencias y tendencias socioculturales relacionados con el narcotráfico. En palabras de Oswaldo Zavala, la narcocultura comprende "a dispersed but interrelated corpus of texts, films, music, and conceptual art focusing on the drug trade" ("Imagining" 341),[20] una definición que los colombianos Héctor Abad Faciolince y Omar Rincón, ampliaron al proponer el término *narcoestética* para identificar las tendencias culturales que reflejan las múltiples facetas del narcotráfico y sus actores (Santos et. al 9). En la música, la narcoestética generó los narcocorridos mientras que en los medios visuales se filtró en las telenovelas y series televisivas basadas principalmente en los aspectos biográficos idealizados de los líderes del narcotráfico (también conocidos como "capos).

Tanto en la música como en los medios visuales y la literatura, la figura del capo es configurado como un ser mitológico de poder excesivo sobre el pueblo e incluso sobre el Estado (Zavala, *Los cárteles* 15). En el ambiente del narcotráfico se recalca e idealiza el dominio del más poderoso, los intereses monetarios, el abuso de las drogas y el sexo, los lujos excesivos, la violencia y la muerte. Además, predomina la masculinidad tóxica en un espacio donde, por lo general, la mujer es vista como un objeto de lujo y servidora sexual de los narcotraficantes. Estas actitudes misóginas crean en el imaginario colectivo nuevos símbolos y significados que desvalorizan la imagen de la mujer mexicana contemporánea.

Tanto Zavala como Luis Astorga opinan que el gobierno mexicano ha sido el principal constructor de la imagen del capo al elaborar un discurso hiperbólico sobre su posición indestructible capaz de dominar el Estado. Dicho discurso es utilizado por el gobierno para desviar la atención de los intereses económicos que se esconden tras la implicación de algunos miembros del gobierno con el narcotráfico y "deslindar a las instituciones oficiales de esa actividad criminal" (Zavala, *Los cárteles* 95). Por otra parte, hay que reconocer que la mitificación del narcotraficante ha sido también creada por algunos líderes de los cárteles. Como muestra basta mencionar el caso de Joaquín "El Chapo" Guzmán, quien se forjó un perfil de héroe en el imaginario colectivo mediante ofrecer beneficios sociales, (construcción de parques y escuelas, pavimentación de calles y servicio de alumbrado público) en la comunidad de su pueblo natal, La Tuna, Sinaloa (Córdova Solís 217). En contradicción con sus acciones benefactoras, El Chapo Guzmán también fue culpable de miles de muertes directas e indirectas a causa del narcotráfico; crimen por el cual fue extraditado a los Estados Unidos y condenado en el 2019 a cadena perpetua. En la actualidad, El Chapo se encuentra detenido en ADX Florence, una prisión de máxima seguridad en Colorado, USA (U.S. ICE n.p.).[21]

El panorama social, político y cultural derivado del narcotráfico, sustentaría la narrativa criminal, originando así la narconovela o narconarrativa, un subgénero del neopolicial que inicia a finales de los años noventa y se robustece en el siglo veintiuno. Las tramas de la narconovela giran alrededor de la producción, venta y consumo de drogas, el dinero, los lujos, la violencia extrema, la muerte, el poder, la tortura, la mitificación del narcotraficante y la cosificación de los personajes femeninos (Fuentes, "Narconovela" 106). Algunas de estas novelas o cuentos, al incluir a un detective, conforman modelos híbridos que oscilan entre el neopolicial y la narconarrativa como es el caso de las novelas de Élmer Men-

Capítulo dos

doza, considerado por la crítica como el máximo exponente de la narconovela. Entre las obras de Mendoza protagonizadas por el detective Edgar, El Zurdo Mendieta, se encuentra el libro de cuentos *Firmado con un klínex* (2009) así como las novelas *Balas de Plata* (2008); *La prueba del ácido* (2010); *Nombre de perro* (2012); *Besar al detective* (2015); *Asesinato en el Parque Sinaloa* (2017) y *Ella entró por la ventana del baño* (2021). Entre otros autores de narconovela que también son reconocidos podemos mencionar a Juan José Rodríguez (*Asesinato en una lavandería china*, 1996); Jorge Eduardo Álvarez (*Río de Redes*, 1998); Gerardo Segura (*Todos somos culpables*, 1996 y *Yo siempre estoy esperando que los muertos se levanten*, 1998); Eduardo Antonio Parra (*Tierra de nadie*, 1999) y *Nostalgia de la sombra*, 2003); Rolo Diez (*Tequila Blue*, 2004); Bernardo Fernández BEF (*Tiempo de alacranes*, 2005; *Gel azul*, 2006; *Hielo negro*, 2011 y *Azul cobalto*, 2016); Yuri Herrera (*Trabajos del reino*, 2004); Juan Pablo Villalobos (*Fiesta en la madriguera*, 2010); Leónidas Alfaro Bedolla (*Tierra blanca*, 1996; *Las amapolas se tiñen de rojo*, 2006 y *La maldición de* Malverde, 2010).[22] Esta lista de autores, claro está, no es exhaustiva si se toma en consideración el número de narconovelas que no han alcanzado el mismo reconocimiento.

En cuanto a la contribución de las escritoras a la narconovela, hasta donde sabemos, solamente Orfa Alarcón (*Perra brava*, 2010) y Jennifer Clement (*Ladydi*, 2014) han incursionado en este subgénero. Ambas autoras exponen desde su propia cosmovisión la violencia en contra de las mujeres en el ambiente masculinizado de los narcotraficantes; una problemática que se ha vuelto rutinario en varias áreas geográficas de México. Aunque en *Crueldad en subasta* (2015) Malú Huacuja del Toro trata el tema del narcotráfico y la violencia contra las mujeres, no cabe dentro de la rúbrica de la narconovela ya que no incluye la figura del narcotraficante como el protagonista. Lo mismo sucede con *Loba* (2019) de Orfa Alarcón. Julia Rodríguez, por su parte, publicó *¿Quién desapareció al comandante Hall?* (1998); una novela también basada en el tema del narcotráfico, pero sin mitificar la figura del narcotraficante. Más bien, es una historia de corte criminal y suspenso relacionado con el envolvimiento de un político y un narcotraficante en la venta ilegal de estupefacientes.

La narrativa criminal de las fronteras norte y sur del país

La violencia producida a raíz del narcotráfico alimentaría las historias de los escritores de las fronteras norte y sur del país durante los años noventa. Sin embargo, no todos se dedican a la narconarrativa; más bien abordan la temática de la violencia mediante diversas perspectivas y espacios geográficos (y en algunos casos sin un detective). De hecho, algunas de estas novelas son híbridas (neopolicial y narco), mientras que en otras se aprecian algunas características del post-neopolicial. En *El crimen de la Calle de Aramberri* (1994) de Hugo Valdés, por ejemplo, trata sobre la historia verdadera del asesinato de dos mujeres en 1933 en la ciudad de Monterrey. Ilda Moreno explica que "la historia se construye a través del montaje de varias secuencias narrativas inscritas dentro de distintas coordenadas espaciotemporales, diversos actores y funciones temáticas diferentes" (125). En *Un asesino solitario* Élmer Mendoza desde la frontera norte de Tijuana, Baja California, trata sobre el asesinato de Donaldo Colosio, el candidato a la presidencia, mientras que en *El amante de Janis Joplin* (2001), expone la violencia en Culiacán, Sinaloa desde un estilo híbrido entre neopolicial y narco (Corona 179). Gabriel Trujillo Muñoz en *El festín de los cuervos* (2002) reúne cuatro de sus novelas neopoliciales (*Mezquite Road*, *Tijuana City Blues*, *Puesta en escena* y *Loverboy*) todas centradas en el ámbito social y cultural de las ciudades del noroeste de México: Mexicali, Tijuana y Ensenada. Eduardo Antonio Parra, en la colección de cuentos *Tierra de nadie* (1999) se enfoca en la situación de los indocumentados en el norte del país, mientras que Rafael Ramírez Heredia se enfoca en la frontera sur entre México y Guatemala en *La Mara* (2006) en donde recrea la situación precaria de los inmigrantes indocumentados. Martín Solares con *Los minutos negros* (2006) explora el crimen en Tamaulipas; Leónidas Alfaro Bedolla en *El casi ombligo del mundo* (2006) recrea el asesino serial en Sinaloa; Bernardo Esquinca mezcla el terror urbano con el policial en la trilogía *La octava plaga* (2011), *Toda la sangre* (2013) y *Carne de ataúd* (2016) protagonizadas por el reportero de nota roja, Eugenio Casasola. En *Pégale al diablo* (2016), Hilario Peña basa su historia en California. La *femme fatale*, Telma Suárez, envuelve a un religioso, Silverio Peralta, en un crimen pasional y con su atractivo físico lo persuade para que asesine a su marido. Liliana Blum en *El monstruo pentápodo* (2017) se enfoca en la ciudad norteña de Durango y trata el tema de la pedofilia. En el centro del país (Puebla y la Ciudad de México), Juan Hernández Luna se convierte en uno de los autores más importantes después de Taibo II con las novelas *Naufragio* (1991), *Quizá otros labios* (1994), *Tabaco para el puma* (1996), *Tijuana Dream* (1998), *Yodo* (2003), *Las mentiras de la luz* (2004), *Me gustas por guarra, amor* (2005) y *Cadáver de ciudad* (2006). Entre otros escritores de la frontera menos conocidos, conviene agregar a Francisco José Amparán con *Algunos crímenes norteños* (1992) y *Otras caras del paraíso* (1995); César López Cuadras con *La novela inconclusa de Bernardino Casablanca* (1993), así como Mauricio-José Schwarz con *La música de los perros* (1996).[23]

Por asuntos cronológicos, conviene incluir aquí a las pocas autoras que publicaron sus novelas y cuentos durante los años noventa, aunque éstas no son escritoras de la frontera ni de narconarrativa. Entre éstas podemos mencionar a Alicia Reyes (*El almacén de Coyoacán*, 1990 y *Aniversario número 13*, 1988); Carmen Boullosa (*La Milagrosa*, 1993); Myriam Laurini (*Morena en rojo*, 1994); Malú Huacuja del Toro con *Un dios para Cordelia* (1995) y *Un cadáver llamado Sara* (1995)—una novela de entregas que se publicaba en el suplemento *Sábado* del periódico *Unomásuno*. Como veremos en la sección dedicada a las autoras, mientras que Huacuja del Toro expone la represión femenina en todos los ámbitos sociales, Laurini utiliza un lenguaje despiadado y sin miramientos, para representar con saña la violencia de género, el machismo, la trata de blancas y la prostitución infantil. Boullosa por su parte, reelabora la fórmula del policial de Taibo II y aunque sigue el modelo de la denuncia explícita de la corrupción hegemónica (menciona directamente el PRI y el gobierno de Salinas de Gortari), aborda la represión femenina como resultado de las tradiciones y la religión. Lo más sobresaliente de su novela, sin embargo, es el trato estructural que se genera a partir del *pastiche* de varios géneros (diario, cartas, grabaciones de casete, recortes de periódicos) y narradores. Boullosa es una autora muy prolífica, sin embargo, perdió el interés en el género neopolicial y hasta la fecha esta es la única novela de corte criminal que se le conoce.

El post-neopolicial: Una nueva forma estética de narrar el panorama del siglo veintiuno

Las convulsiones sociales, políticas y económicas que se dieron con el comienzo del siglo veintiuno se reflejarían en la literatura criminal de esta época. Apoyándose en la violencia y el crimen, fundamento del género neopolicial, los autores y autoras transgreden y desvían algunas convenciones (el detective, los espacios y la estructura), creando formas estéticas innovadoras para contar el complejo entramado de la sociedad posmoderna urbana y rural. Esto daría lugar a lo que aquí hemos propuesto como el post-neopolicial cuyo estilo de escritura se caracteriza por ser más complejo que su antecesor, el neopolicial. El post-neopolicial manifiesta en diversos grados el grupo de características estilísticas y estructurales que hemos destacado en la introducción de este libro y aquí resumimos de nuevo: 1) innovaciones en el trato estructural, ambiental y lingüístico; 2) la desaparición del detective; 3) la adopción de espacios narrativos fuera de la ciudad de México; 4) el uso de metáforas, hipérboles y personificaciones para crear una denuncia implícita (en vez de directa) de los conflictos sociopolíticos; 5) la creación de personajes esperpénticos y alienados; 6) el protagonismo y empoderamiento de los personajes femeninos; 7) el punto de vista del criminal desde su espacio personal; 8) la fragmentación de los discursos como signo y significado de una sociedad fragmentada; 9) la multiplicidad de narradores y 10) la adopción de temáticas novedosas para el género policial (la maternidad, la prostitución infantil, la trata de blancas, el aborto, el cuerpo y la sexualidad femenina). Si bien algunas novelas del siglo veinte incorporan algunas de estas características, identificamos como narrativa post-neopolicial aquellas novelas del siglo veintiuno que reúnen las 10 características en conjunto.

El corpus de novelas que despliegan el perfil del post-neopolicial es extensa y no se han podido analizar o mencionar todas en este estudio por razones de espacio. La lista de autores que a continuación ofrecemos no pretende ser exhaustiva, sin embargo, creemos que abrirá las puertas para otros académicos de la narrativa criminal mexicana que les interese analizarlas desde los parámetros del post-neopolicial. Entre las novelas que estudiamos

Capítulo dos

en detalle o damos un acercamiento general como prototipo del post-neopolicial destacan (en orden de publicación): *Trajinar de un muerto* (2001) de Susana Pagano; *Yodo* (2003) de Juan Hernández Luna; *La Mara* (2004) de Rafael Ramírez Heredia; *La muerte me da* (2007) de Cristina Rivera Garza; *Qué raro que me llamen Guadalupe* (2008) de Myriam Laurini; *Muerte caracol* (2010) de Ana Ivonne Reyes Chiquete; *Crueldad en subasta* (2015) de Malú Huacuja del Toro; *Pandora* (2015), *El monstruo pentápodo* (2017) de Liliana Blum.

Otras novelas del post-neopolicial que merecen un estudio cuidadoso y que no analizamos aquí por falta de espacio son: *Café cortado* (2001) de Mónica Lavin; *Nostalgia de la sombra* (2002) y el libro de cuentos *Sombras detrás de la ventana* (2009) de Eduardo Antonio Parra; *Señales que precederán al fin del mundo* (2009) de Yuri Herrera; *36 toneladas ¿Cuánto pesa una sentencia de muerte?* (2011) de Iris García Cuevas; *Por el lado salvaje* (2011) de Nadia Villafuerte; *El buscador de cabezas* (2006) y *La fila india* (2013) de Antonio Orduño; *Loba* (2019) de Orfa Alarcón; *Ladydi* (2014) de Jennifer Clement; *Tan frío como el infierno* (2014) de Patricia Valladares; *Temporada de huracanes* (2017) de Fernanda Melchor, *Cara de liebre* (2020) de Liliana Blum. Algunas de estas novelas se relacionan con el narcotráfico, temática casi inseparable de muchas novelas del siglo veintiuno. Con seguridad existen más autores que han quedado fuera de este inventario. Reconocemos que a medida que emerjan más estudios de la narrativa criminal mexicana del siglo veintiuno a la par con su continua evolución, esta lista continuará ensanchándose para enriquecer las letras mexicanas del nuevo milenio.

Capítulo tres

El neopolicial de Paco Ignacio Taibo II: Heteroglosia y dialogía en *Días de combate*

Con *Días de combate* (1976), del mexicano Paco Ignacio Taibo II, inicia la serie del detective Héctor Belascoarán Shayne[1] y surge el neopolicial, un término que identificaría la narrativa negra mexicana de las décadas 1980–2000. En la serie de Belascoarán, Taibo II aclimata sus historias al ambiente y la cultura mexicana de los años ochenta (especialmente la ciudad de México) donde el detective enfrenta sin éxito la violencia, la corrupción política y el abuso del poder hegemónico. William J. Nichols considera que "Paco Ignacio Taibo II, in a very specific and original way, captures the disillusionment of post–1968 Mexico through his development of noir detective fiction, which he dubs the "novela neo-policiaca" [neo-detective fiction]" (46). Ilan Stavans concuerda con Nichols y hace hincapié en la masacre de Tlatelolco del 68 como un año crítico para la historia de México. Además, señala que la muerte de civiles a manos de los militares despertó la conciencia nacional hacia la falta de democracia y el abuso del poder que el Partido Revolucionario Institucional (PRI) había estado ejerciendo desde 1929 (25). Por su parte, Padura Fuentes, haciendo referencia al policial de Taibo II, explica: "En un país donde la corrupción policial y política es, día a día titular periodístico ... resulta fácil advertir por qué la novela policiaca no ha renunciado a un afán realista y de denuncia, a veces muy explícita" (45). Glen S. Close asegura que el surgimiento de la novela negra resuelve el conflicto que propusiera en 1973 Carlos Monsiváis sobre la imposibilidad de la existencia de una novela policiaca en México y Latinoamérica.[2] Monsiváis observaba, y con justificada razón, que la corrupción política heredada desde la época de la colonia impedía la creación de un personaje detective (al estilo Sherlock Holmes) que pudiera traer la justicia: "A police unanimously judged corrupt retains no credibility: if this literature were to aspire to realism, the

Capítulo tres

accused character would almost never be the real criminal, and unless he were poor, would never receive punishment" (citado por Close 28). Debido al contexto y bagaje sociopolítico de México, en aquella época Monsiváis no pudo visualizar la germinación de una novela policiaca que incorporara de manera verosímil el escepticismo mexicano, la violencia y corrupción política, aunque para entonces Bernal ya había abierto esta posibilidad con la publicación de *El complot mongol* (1969). Otro error de Monsiváis fue minimizar las posibilidades del surgimiento de nuevos autores como Taibo II que crearían historias y personajes auténticamente mexicanos, denunciarían la corrupción política y elaborarían discursos que otorgarían voz al criminal y los desamparados. Desde un acercamiento bakhtiniano, el propósito de este capítulo[3] es analizar los discursos del detective y el criminal para demostrar cómo la dialogía estiliza el mensaje de denuncia sociopolítica; característica típica del neopolicial.[4] Preferimos enfocarnos principalmente en los aspectos formales ya que el contenido ha sido ampliamente analizado por otros críticos. Además, el estudio de la forma nos encauza hacia los cambios estilísticos que devendrían más tarde en la narrativa criminal del siglo veintiuno, lo que aquí hemos denominado bajo el concepto del post-neopolicial.

Tomando en consideración que Taibo II es el líder y principal promotor del género neopolicial, antes de adentrarnos al análisis de su novela *Días de combate*, es importante dar un vistazo a algunas novelas de la serie de Belascoarán. Estas novelas se caracterizan por una alta denuncia política basada en hechos históricos. En *Cosa fácil* (1977), por ejemplo, se acentúa cierta nostalgia por el pasado y los ideales de la Revolución Mexicana por una democracia justa para el pueblo. El autor rescata la historia de uno de los caudillos de la Revolución Mexicana, (1910–1917) Emiliano Zapata, quien, según el narrador, no murió asesinado por sus adversarios, sino que continúa vivo en algún lugar de las montañas. El detective/narrador subvierte el discurso hegemónico y se apropia de la Historia oficial para narrar la nación y exponer el fracaso de la revolución desde su propia óptica. El mensaje del narrador es claro: la imagen de Zapata representa la necesidad de un líder que vele por los intereses de los ciudadanos sumergidos en la pobreza como resultado del enriquecimiento ilegal de los líderes políticos del país.[5]

En ese mismo sentido, el contexto de los conflictos históricos del 68 es la base de las novelas *Algunas nubes* (1985) y *No habrá final feliz* (1981), en donde la temática de la corrupción política es más dinámica. En *Algunas nubes*, por ejemplo, mediante el personaje de "La Rata" se despliega la falsedad de la llamada "democracia" y las promesas fallidas de igualdad económica para todos los mexicanos después de la revolución. La Rata se dedicó a fingir que apoyaba la universidad para vender información al gobierno; tenía contactos con los funcionarios, los priistas y los comandantes de la policía judicial "y volvió a encontrar en la nueva administración sexenal las relaciones, los hombres claves, los trabajos sucios" (344). En *No habrá final feliz*, la violencia hegemónica del 68 y el "Halconazo" del 71 es representada estéticamente a través de la violencia de los grupos paramilitares de "Los Halcones" quienes, agazapados en las alturas de los edificios, "atacaban la manifestación" sembrando el terror y dejando un saldo de "más de 40 muertos" (462). Como referencia a los estudiantes que murieron durante el Halconazo, el detective se enfrenta a los paramilitares y es acribillado de forma grotesca: "Estaba a punto de cubrirse con la estructura de metal del puesto de periódicos cuando una descarga de escopeta lo prendió por la mitad del cuerpo haciéndolo saltar en el aire, desgarrado, quebrado… sobre el cadáver de Héctor Belascoarán Shayne, siguió lloviendo" (503). No obstante, por petición del público lector (y siguiendo el modelo de Conan Doyle quien reviviera a Sherlock Holmes), en la siguiente novela de la serie (*Regreso a la misma ciudad y bajo la lluvia*, 1989), Taibo II resucita al detective quien continuaría con su discurso anti-hegemónico en las siguientes cinco novelas de la serie.

Otra característica de la serie de Belascoarán es el trato lingüístico. Los dichos populares y los albures son narrados con sabor, picardía y humor negro, típico reflejo de la oralidad mexicana. Como ejemplo podemos citar una escena en donde Belascoarán se queja con su hermana Elisa sobre su ojo postizo: "Para que te cuento, son como historias para aterrar niños. De esas de señores que se quitan en la noche la dentadura, la meten en un vaso y a mitad de una pesadilla la dentadura sale para morderles el cuello" (*Algunas nubes* 323). En otra escena, donde el narrador describe una conversación entre Belascoarán y Carlos, su compañero de oficina, la narración es salpicada con chispas de coloquialismos mexicanos: "Desde que usted se fue ya no vienen rumberas sin brasier, ni ruquitas apuñaladas con el intestino de afuera (sic). Se ha puesto bien aburrido" (*Algunas nubes* 332). El lenguaje coloquial, los dichos populares, así como los espacios y personajes mexicanos son varias características de la serie de Taibo II con la cual el público lector mexicano se identificaría plenamente. Sin embargo, las novelas también alcanzaron reconocimiento internacional y han sido publicadas en diversos idiomas.

La voz del asesino serial

La primera novela de la serie, *Días de combate* (1976), se acerca al asesino serial y el tema del feminicidio (el asesinato de mujeres por ser mujeres).[6] Sin embargo, por la fecha de publicación de esta novela, creemos que el autor no estaba representando los feminicidios de Ciudad Juárez de la década de los años noventa. Más bien, quizás tenía en mente los asesinatos de las prostitutas a manos de las Poquianchis en la década de los sesenta, acontecimiento que ya hemos mencionado en el capítulo anterior. La trama en *Días de combate* delinea el patrón que seguirían las siguientes novelas de la serie: el enfoque del detective en la defensa de las víctimas, la exposición directa de la corrupción hegemónica y la ineficacia en cuanto a la seguridad nacional. Aunque al inicio de su publicación *Días de combate* había sido identificada dentro del género negro, con el tiempo la mayoría la ha identificado como neopolicial.

De manera similar a *El complot* mongol, en *Días de combate* se cuestiona el Orden establecido, pero se hace mediante la interpolación en la trama de un segundo texto: el diario del asesino en donde a partir de esta estructura se construye una heteroglosia discursiva entre detective y criminal.[7] En el ensayo "Discourse in the Novel", Mikhail Bakhtin propone que la heteroglosia es la interrelación en la pluralidad de voces que dialogan entre sí para dar lugar a una interacción entre las distintas perspectivas o ideologías de los discursos de los personajes (675). De acuerdo con Bakhtin, la heteroglosia textual se despliega mediante la construcción de una diversidad de discursos (explícitos, implícitos, híbridos y autoritativos) y voces (los personajes y el narrador) (676). Tomando esto en consideración, aquí nos enfocaremos en el discurso autoritativo e implícito del criminal, así como en el discurso explícito del detective y como ambos discursos se complementan mutuamente

El neopolicial de Paco Ignacio Taibo II

en la denuncia del abuso del poder hegemónico. De igual forma, se analizará la yuxtaposición de las voces del narrador y los personajes para demostrar cómo mantienen una dialogía artísticamente organizada.

En la historia se inserta un segundo género: el diario escrito por el criminal en el cual expresa su descontento con el sistema político, pero también su postura misógina. Daremos especial atención cómo el asesino adopta el discurso del filósofo Nietzsche y lo fusiona con el propio para formar una locución híbrida (autoritativa y explícita). Aunque el asesino trata de camuflar sus ideas misóginas detrás de las ideologías nietzscheanas, su objetivo principal es acusar al sistema como "el estrangulador" principal de la sociedad mexicana. También analizaremos el discurso del detective que, aunque se contrapone al del criminal, lo complementa al compartir su punto de vista en cuanto a la corrupción gubernamental en el entramado social y político del país. El término *discurso* se define, de acuerdo con Bakhtin, como el lenguaje en su totalidad viva. Sin embargo, a pesar de la verosimilitud en los discursos de los dos personajes, su dialogismo no puede medirse meramente desde el aspecto lingüístico porque las relaciones dialógicas "do not belong to the realm of its purely linguistic study" (Bakhtin, *Problems* 182). En base a esto, el análisis que aquí hacemos se concentrará en la yuxtaposición y contraposición dialógica de la dualidad discursiva.

El dialogismo, según propuso Bakhtin, da lugar a la polifonía o heteroglosia la cual se opone al monologismo. El monologismo se caracteriza por ser un discurso autoritativo que se impone sobre el punto de vista del 'otro.' La polifonía, por lo contrario, permite autonomía a los personajes: "the human being in the novel is first, foremost and always a speaking human being; the novel requires speaking persons bringing with them own unique ideological discourse, their own language" ("Discourse" 681). En este sentido, sin importar su nivel socioeconómico, en *Días de combate* los personajes dialogan entre sí al exponer su punto de vista, entonación y léxico (según Bakhtin, el dialogismo no se puede desprender completamente del aspecto lingüístico) contra el monologismo o discurso autoritativo de los que llevan las riendas del poder.

La historia en *Días de combate* acontece en la ciudad de México en 1975. El detective investiga el caso de un asesino serial que deja al lado de sus víctimas (todas ellas mujeres de diversos niveles so-

Capítulo tres

cioeconómicos y edades)[8] una nota firmada con el seudónimo *cerevro*. El asesino, Hugo Márquez Thiess (un contador público de la clase social media), intencionalmente comete un error ortográfico en su seudónimo para dirigir la atención del cuerpo policiaco hacia las clases obreras en su búsqueda del sospechoso. Belascoarán, intrigado ante la inhabilidad policiaca inicia las pesquisas por su cuenta para dar con el paradero del estrangulador y traer justicia a las víctimas. A medida que el número de muertas incrementa, Televisa, la empresa televisiva más importante de México y de Latinoamérica, se aprovecha del sensacionalismo público para iniciar un concurso sobre los "Grandes estranguladores en la historia del crimen" (31). Para despertar el interés de los televidentes, Televisa ofrece una recompensa al ganador con el "Gran Premio de los 64 mil pesos" (18). Belascoarán decide participar en el concurso, no por el premio, sino para ofrecerse como carnada para atrapar al asesino: "No bastaba con tirar al viento el reto del programa de televisión, aunque estaba convencido de que el estrangulador iría a la trampa, mordería el cebo, porque Héctor lo había mordido" (20). Belascoarán estudia con detalle los casos históricos de los estranguladores más famosos del mundo (entre ellos Jack El Destripador) y, al ganar el concurso, atrae la atención del asesino quien lo había estado observando en cada espectáculo. Contrario a otros casos delictivos en donde el detective es el que busca al criminal, el estrangulador inicia el contacto con el investigador mediante llamadas telefónicas y además le envía su diario personal donde registra detalladamente cada uno de los asesinatos. El diario sería la clave para dar con el paradero del agresor; sin embargo, Belascoarán es incapaz de deducir que es una trampa del estrangulador para acabar con él. Aunque al final de la historia el asesino logra evadir la justicia cuando pierde la vida mientras trata de escapar del detective, su muerte, desde el punto de vista del neopolicial, constituye otra forma de justicia.

Días de combate parte de la estructura policial tradicional: la historia del crimen es seguida por la historia de la investigación (Todorov 44). En el policial clásico el detective logra resolver el caso mediante la deducción matemática y al final entrega el criminal a la justicia. Contrario a esto, por lo general el final del género negro es abierto y el crimen queda irresuelto. Adicionalmente, el criminal es un personaje pasivo en cuanto a su relación con el detective. Taibo II modifica esta fórmula de dos formas: mientras que la investigación a cargo de Belascoarán es la narración primaria, la historia del crimen registrada en el diario es un texto secundario independiente que puede ser leído individualmente. A pesar de su autonomía, ambos relatos dialogan entre sí y las acciones de los personajes sostienen el hilo narrativo. Es decir, Márquez, el criminal, no desaparece de la escena después de cometer el primer o segundo asesinato. Por el contrario, sus diversos actos delictivos son una dinámica constante en la novela. Márquez, a diferencia de otros asesinos seriales, acosa al detective por medio de llamadas telefónicas y está en su búsqueda para aniquilarlo. Se invierte así el papel perseguidor / perseguido del policial clásico y el neopolicial.

Aunque el detective es el protagonista, la participación de Márquez también es importante. Los discursos de ambos personajes dialogan entre sí para exponer su desconfianza en el sistema político mexicano. El punto de vista de Belascoarán concuerda con el de su rival: el sistema político es el generador más importante de la criminalidad. Esto se declara desde el inicio de la historia ante la reflexión del detective concerniente a la violencia urbana y el abuso del poder hegemónico en el país: "Que la caza es el proceso en que la presa y el hombre se van identificando; pegando el sudor ajeno al propio, buscando una piel única que culmina en la muerte" (3). La especulación de Belascoarán es una prolepsis de los sucesos que acontecerán en el transcurso de la historia. Tanto el investigador como el asesino desempeñan en su mutua persecución una dualidad dicotómica de presa / cazador. Al final de la novela ambos personajes tienen un careo personal donde se alude de nuevo al motivo del cazador y la presa como representación de los protagonistas y, a escala mayor, al abuso del poder político como el cazador de los grupos de bajos recursos económicos (sus víctimas). Sin embargo, antes del enfrentamiento físico entre Belascoarán y Márquez, el asesino tratará de imponer su discurso autoritativo sobre el receptor del diario (sea éste Belascoarán o el lector de la novela).

El discurso autoritativo del criminal: Un reflejo del discurso hegemónico

En su diario, Márquez trata de disfrazar su discurso mediante utilizar el del filósofo alemán Friedrich Nietzsche en *Thus Spoke Zarathustra. A Book for All and None*.[9] Para los conocedores de las ideas de Nietzsche es fácil identificar las citas. Sin embargo, éste no es el caso para Belascoarán quien nunca había leído este libro. Además, Márquez nunca cita a Nietzsche como el autor, más bien, usa letras cursivas cuando yuxtapone en su discurso los pensamientos del filósofo. A juicio de Bakhtin, cuando el emisor incluye el discurso ajeno en el texto mediante letras cursivas, es con el propósito de camuflar el discurso original: "the italicized portion, another's speech in another's language is openly introduced as direct discourse. But it is surrounded by the hidden, diffused speech of another that clears the way for the introduction of a form more easily perceived as another's speech and that can reverberate more fully as such" ("Discourse" 680). El aspecto metaliterario del diario establece la heteroglosia donde el asesino fusiona su voz con la de Nietzsche para conferirse autoridad propia y justificar su derecho a los feminicidios.

Con relación a lo anterior, las ideologías misóginas de Márquez también circunscriben un discurso autoritativo. Bakhtin explica que el objetivo del discurso autoritativo es persuadir al público para que acepte las ideologías de su creador: "The authoritative word demands that we acknowledge it, that we make it our own; it binds us, quite independent of any power it might have to persuade us internally; we encounter it with its authority already fused to it" ("Discourse" 683). Los discursos que provienen de personas con puestos de autoridad tales como los padres, la religión y los gobiernos, son algunos ejemplos de discursos autoritativos. Si bien es cierto que el discurso autoritativo empodera al hablante, se convierte en una connotación negativa si el mensaje es inflexible y se impone sobre otros sujetos ("Discourse" 684). Aunque Márquez, el asesino, no desempeña un puesto de autoridad semejante a los ya mencionados, la violencia y asesinatos que ha ejercido impunemente sobre el género femenino le confieren una sensación de poder. A su vez, utiliza el discurso autoritativo para validar su argumento y justificar su misoginia.

Para entender los signos y significados de un texto es de suma importancia tomar en consideración el contexto que lo conforma. Márquez representa el incremento de la violencia que México estaba experimentando durante los años setenta, época en la que se escribió la novela. La matanza de Tlatelolco fue seguida por diez años de guerra sucia, la cual inició bajo el gobierno de Díaz Ordaz (1964–1970) y continuó con su sucesor, Luis Echeverría

(1970–1976). Como mencionamos en el capítulo 2, las décadas de los años setenta y ochenta se caracterizaron por persecuciones, encarcelamientos y desaparición de los ciudadanos que se oponían al gobierno. Dicha violación a los derechos humanos es una demostración de la decadencia de los valores éticos la cual es estéticamente construida en *Días de combate* mediante la actitud irreverente del estrangulador hacia sus víctimas. La decadencia del personaje llega al punto de experimentar deleite y excitación sexual ante los cadáveres: "Cruzó por mi cabeza la idea de masturbarme. ¿Por qué negarlo? Pero quiero darle a todo esto un contenido directo, puro" (97). Esta última parte de su monólogo trae reminiscencias de la novela policial clásica *Ensayo de un crimen* (1944) de Rodolfo Usigli. De manera similar al personaje creado por Usigli (Roberto de la Cruz), el estrangulador en *Días de combate* no tiene una causa válida para arrebatar la vida de sus víctimas (son mujeres a las que nunca había conocido anteriormente). Más bien, al igual que el protagonista de Usigli, su razón principal es el placer estético proporcionado por cada uno de los asesinatos: "El que escribe arriba al asesinato como una nueva forma que incremente el número de las Bellas Artes reconocidas por los vulgares y míseros seres que pueblan el planeta" (95). Siguiendo los consejos de Raymond Chandler en *The Simple Art of Murder* (1950), el personaje se distancia del efecto que el crimen verdadero juega en las emociones humanas para inventar juegos delictivos estéticos que atraigan la atención del lector.

Irónicamente en el discurso explícito de Márquez, es decir, cuando no está plagiando las ideas de Nietzsche, contradice su propia conducta al criticar la falta de ética y rectitud de la sociedad; un asunto que el filósofo alemán también cuestiona en su libro. El ejemplo más evidente de la contradicción entre el discurso y los actos del personaje sucede cuando éste se da cuenta que Televisa está llevando a cabo un concurso sobre los mejores estranguladores en la historia. Márquez se enfurece al considerar que la televisión ha robado sus ideas: "Al principio me he sentido defraudado. Todo puede ser integrable. Harán galletas marca 'El Estrangulador'. No hay una moral social" (111). Márquez critica Televisa, aunque él mismo había estado usando las ideas de Nietzsche sin darle reconocimiento.

A pesar de que el punto de vista sobre el plagio de Televisa pudiera parecer humorístico, éste demuestra que Márquez, como el autor del diario, es un narrador indigno de confianza. Los narradores en primera persona ofrecen una descripción limitada de los eventos y, al contar la historia desde su propia voz, manipulan al lector para que se identifique con su perspectiva y acciones (Gregoriou 97). Al utilizar las citas del discurso de Nietzsche, Márquez trata de manipular al detective y desviar su atención hacia el gobierno como el principal "estrangulador" de los ciudadanos, sin embargo, no logra convencerlo. Al contrario, típico del asesino serial y como manifestación de su desequilibrio mental, éste culpa a sus víctimas de ser las originadoras de su misoginia y conducta extrema. De la misma manera, Belascoarán tampoco logra persuadir a Márquez en cuanto a los feminicidios como el acercamiento apropiado para responder a la violencia de las instituciones en poder.

El discurso híbrido del asesino: Una expresión de sus ideologías

Detrás del discurso de Nietzsche se oculta el discurso implícito de Márquez quien no solamente aplica las ideas nietzscheanas a su propia conveniencia, sino también encuentra formas de acusar a sus víctimas merecedoras de la muerte. Por ejemplo, considera inmoral el coqueteo de su secretaria, Clarita:

> La sorprendí en la mañana arreglándose las medias de la pierna izquierda apoyado el pie en el sillón. Mostraba el muslo y parte de la ropa interior.... Media hora más tarde, cuando le dictaba un oficio para los agentes de Sudáfrica, exageraba la posición para mostrarme, gracias a un escote aumentado por un botón "accidentalmente" desabrochado, parte de los pechos. No puede ser otra cosa que un intento de seducirme. (99)

Mediante exponer la conducta "inmoral" de Clarita—por decirlo así—el discurso implícito del asesino sugiere que ella merece desaparecer de la sociedad. Para reforzar su argumento, al final de su comentario incluye una cita de Nietzsche: "*¿Vas a juntarte a mujeres? ¡Pues no te olvides del látigo!*" (énfasis del autor 99). De esta forma, se establece un diálogo entre el discurso de Nietzsche y el del estrangulador: la mujer debe obedecer al hombre y, al igual que los animales, deben ser domesticadas mediante la violencia, la cual es representada por el látigo.

Márquez hace parte de su elocución el mensaje misógino de Nietzsche para construir un discurso híbrido y apoyar su argumento. Al mismo tiempo, camufla su discurso autoritario para tratar de evitar el juicio adverso del lector al dejar recaer en Nietzsche la sentencia en contra del sexo femenino. Este tipo de discurso yuxtapuesto es un ejemplo de lo que Bakhtin categoriza como "double-styled *hybrid construction*" ("Discourse," énfasis del autor 680). Es decir, en algunos momentos de la narración las voces se entretejen y no se sabe con claridad quién está hablando. El narrador se apropia del discurso ajeno y las fronteras formales entre las dos expresiones y sistemas de creencias se diluyen. Bakhtin resume las construcciones híbridas de la siguiente manera:

> What we are calling a hybrid construction is an utterance that belongs, by its grammatical (syntactic) and compositional markers, to a single speaker, but that actually contains mixed within it two utterances, two speech manners, two styles, two "languages," two semantic and axiological belief systems ... As we shall see, hybrid constructions are of enormous significance in novel style. ("Discourse" 680)

En el caso del diario inserto en la novela, la construcción híbrida se establece mediante la yuxtaposición de los discursos implícito y explícito los cuales revelan la psicología, existencialismo, ansiedades y temores del personaje que lo conducen al feminicidio.[10] El asesino tiene la necesidad de destacar su presencia en un ambiente y espacio donde la violencia forma parte de la cotidianidad. Sin embargo, al pertenecer a una clase social media, el personaje no tiene la oportunidad de convivir en el espacio de las clases de bajos recursos económicos donde por lo general el crimen es más común. Para compensar esto y adquirir visibilidad, el personaje acude a los asesinatos en serie. La atención de la prensa a los feminicidios lo rescata de la monotonía y reafirma su existencia: "Muero y renazco mil veces en cada asesinato. Sin duda este diario no puede recoger en su esplendor estos amaneceres de la conciencia" (105). Aunque después de cometer el primer asesinato Márquez experimenta sentimientos ambiguos de culpabilidad, su actitud cambia y a medida que aumenta el número de cadáveres su existencia adquiere significado. En palabras de Antony Flew, el existencialista intenta reivindicarse mediante participar de alguna forma "in a changing and potentially dangerous world. Each self-aware individual understands his own existence in terms of his experience of himself and of his situation" (115). Márquez se encarga de construir su propio espacio en el cual, contrario a las ideas de Nietzsche, la muerte se vuelve rutinaria y la conciencia pierde sus funciones morales y éticas.

En este sentido, el criminal, a diferencia de Belascoarán, no llega a desarrollar completamente un discurso interno de carácter persuasivo pues como explica Bakhtin, el discurso persuasivo despierta la conciencia del sujeto que le permite enjuiciar moralmente la realidad y los actos de otros, especialmente los propios: "consciousness awakens to independent ideological life precisely in a world of alien discourses surrounding it, and from which it cannot initially separate itself" ("Discourse" 684). El discurso persuasivo interno se entreteje con las ideologías del personaje. En esta dinámica, plantea Iris Zavala, la participación de los personajes va más allá de un diálogo: "[las voces] Dispuestas composicionalmente en el texto, constituyen un fenómeno casi universal, que penetra todo discurso humano y todos los nexos y manifestaciones de la vida humana—en general, todo aquello que posee sentido y significado" (188). Aunque Márquez enjuicia adversamente las acciones del sistema y expresa su opinión en contra de éste, no logra percatarse de que sus propios actos contradicen sus ideologías sobre las injusticias sociales. Aun así, su discurso persuasivo interno dialoga con el contexto social, político y cultural y se yuxtapone con una diversidad de voces (Nietzsche, el narrador y el detective) para exponer indirectamente la injusticia social.

La yuxtaposición de voces: Una dialogía artísticamente organizada

En la trama destacan diversas voces fusionadas en el entretejido diegético que reflejan el contexto social y político en el cual se inscribe la novela. En algunas instancias la voz del narrador se mezcla con la del detective y en otras con la del criminal.[11] Esto se ejemplifica al inicio de la historia cuando el detective reflexiona sobre la violencia nacional y cómo ésta se ha trasminado en todos los aspectos de la vida urbana. El narrador describe la acción del personaje en tercera persona singular: "Había perdido la idea original y había pasado a ojear otras historias accidentalmente incluidas en los recortes de periódicos: sociales, carteleras de cine, discursos del gobernador de Nuevo León.—al fin y al cabo pura nota roja—Musitó Héctor y sonrió ante el desliz" (4). La voz del detective es seguida por la voz del narrador con un tono abierto de crítica social:

> En un país donde la nota roja había trascendido de su lugar de origen a las páginas sociales, se había escondido en la cartelera de los cines, en las páginas de los deportes. En un país donde es nota roja las declaraciones del diputado, nota roja las frases del secretario de gobernación. (4)

Se entabla así un diálogo entre el narrador omnisciente y el protagonista. Sus voces artísticamente organizadas conforman una sola para exponer la violencia institucionalizada bajo el mando gubernamental de Luis Echeverría (1970–1976), época en la que se basa la novela.[12]

Cabe agregar que la voz del narrador omnisciente también se yuxtapone con la de Márquez. En este caso, el narrador se enfoca en la interioridad del criminal para mostrar al lector la serie de acciones que éste tomará antes de atentar contra la vida de su víctima:

> A las siete tomó [el asesino] el coche y se dirigió hacia los barrios obreros del norte de la ciudad. Había optado por crearse un disfraz. Más interior que exterior. Entró [la víctima] en una panadería y salió con una bolsa de pan zarandeando en la mano. Nunca miró hacia atrás. (No sé si esta primera vez hubiera podido soportar su mirada.) Cruzó un baldío. Y ahí, acelerando el paso la detuve tomándola del cuello. Con el brazo izquierdo. Mi mano derecha se cerró sobre su garganta y apretó. Se debatía, golpeaba con sus pies y sus piernas mi cuerpo. Sólo apreté y apreté hasta que sentí que estaba muerta y la dejé caer. (97)

En la primera parte de la cita, el narrador omnisciente funciona como un testigo que observa los sucesos desde la distancia y presenta (desde la tercera persona singular) el contexto ambiental y los detalles que anteceden al asesinato. Sin embargo, en el momento del homicidio, la voz del narrador da paso a la del personaje quien se apropia de la acción al cambiar la narración a primera persona singular. Este cambio de voz otorga poder al estrangulador y una satisfacción enfermiza que le da energía para continuar asesinando. Si bien la imagen descriptiva del cuerpo de la mujer colgando de la mano izquierda del asesino hiperboliza su poder, es obvio que

Capítulo tres

Márquez—como el escritor del diario—está exagerando sus habilidades criminales para llamar la atención del detective. Por otra parte, enmascara sus propias debilidades y se convence a sí mismo de tener el control sobre los hechos: "Me reprimo y disfruto el momento. Simulo ser no-ser el que soy. Un orgasmo feliz me sacude" (107). Sin embargo, el poder ilusorio es temporal: él cree que saldrá inmune de sus actividades delictivas, pero al final termina muerto.

En el caso de Belascoarán, el intercambio de voces narrativas es de carácter negativo con un tono acusatorio que expone el carácter débil del detective. Por ejemplo, durante la búsqueda de su oponente por las calles de la ciudad, los coches de ambos personajes se detienen en un semáforo. Márquez va disfrazado con una peluca negra y Belascoarán no lo reconoce hasta que escapa a toda velocidad. La acción interpolada en el diálogo es narrada en tercera persona singular: "—Mierda—dijo Héctor, y se bajó del coche. Habían estado tan cerca" (132) pero repentinamente cambia a la segunda persona con un tono acusativo: "Caminaste por la banqueta, encendiste un nuevo cigarrillo. Cojeabas aún. El aire helado de la noche te devolvió los hechos, a los hechos escuetos, a la paciencia necesaria" (132). El narrador omnisciente provee los detalles de la escena, sin embargo, de pronto la voz se convierte en el 'tú' que pudiera ser la voz del narrador dirigiéndose a Belascoarán en un tono que expone sus temores y sus equivocaciones. Por otro lado, el 'tú' también podría interpretarse como un monólogo interior del detective hablándose a sí mismo sobre sus intentos fallidos. Cualquiera que sea la exégesis, contrario a la imagen hiperbolizada del asesino, la imagen del detective es patética, subrayando así la condición humana del detective.

Otra instancia en donde el intercambio de voces también conlleva un tono acusador ocurre cuando la madre de Belascoarán, en un momento simbólico en la novela, le entrega la pistola que perteneciera a su padre: "–Tengo algo para ti, hijo—dijo la mujer y caminó hacia el cajón del viejo escritorio de su padre. Sacó una caja de cuero negra y se la entregó—¿qué es?—La pistola de tu padre. La trajo desde España. Quizá sirva para algo" (141). Después de recibir el arma, Belascoarán entiende que su madre espera que él siga los pasos heroicos de su padre mediante terminar con el estrangulador, pero al mismo tiempo, como detective novato, no confía en su destreza para hacerlo. El cambio de voz narrativa delata la inseguridad del detective. Insertado en el diálogo que tiene con su madre, de pronto el narrador se dirige hacia el detective en segunda persona singular:

> Abriste la caja y acariciaste la pistola negra y reluciente, con las iniciales JMBA grabadas en la culata. El viejo le había dado buen uso. Primero combatiendo en Asturias luego en el cerco de Santander. Luego a bordo del barco pirata. Luego en África contra los alemanes, luego en Francia dentro de la resistencia. Luego en Checoslovaquia en el último reducto del nazismo. Una pistola digna de apagar la luz de un estrangulador en México. (141)

Al recibir la pistola, el detective siente el peso de la responsabilidad. La lista de las actividades heroicas que el viejo Belascoarán realizó con el arma, apunta hacia el valor, la entereza y el sacrificio de su padre durante y después de la Guerra Civil española (1936–1939)—atributos que el detective duda poseer. Su madre confía que él hará buen uso del arma mediante apresar al asesino y traer justicia a las mujeres muertas. Para ella es importante que su hijo, como un reflejo de su padre, también termine como un héroe. Por otro lado, al incluir los países y las situaciones que el viejo Belascoarán enfrentó en una época pasada, se universaliza el crimen y las injusticias sociales. México, en este caso, es un país más en la lista que no ha escapado de la violencia y ahora es la responsabilidad del detective hacer frente a esta situación.

Hasta el penúltimo capítulo de la novela el estrangulador había sido una especie de sombra que perseguía al detective y éste no había tenido la oportunidad de enfrentarlo en persona. Con todo, después de descifrar la información codificada en el diario, Belascoarán da con su paradero y viene a buscarlo a su domicilio. Es aquí donde por primera vez se concede un diálogo al criminal quien recibe al detective con una actitud prepotente: "¿Me esperaba?—preguntó Héctor avanzando hacia él.—Sabía que no podía tardar mucho en desentrañar las claves del diario. Tardó usted un día más de lo debido" (146). En este primer (y único) enfrentamiento directo entre asesino y detective, Márquez ya no trata de enmascarar sus ideologías detrás del discurso de Nietzsche; más bien, su discurso se torna en explícito y autoritativo.

El protagonista del diario se convierte ahora en el antagonista y se inicia un sondeo dual entre ambos personajes antes de que la acción, a manera de *thriller*, tome efecto. Bajo una aparente calma

Capítulo tres

y en una escena inverosímil donde ambos personajes fuman mientras charlan, el detective le explica a Márquez cómo dio con su paradero y porqué se tardó un día más en encontrarlo: "Perdí un día leyendo el diario en Uruapan" (147). Por su parte, Márquez le explica el objetivo de registrar los asesinatos en el diario: "Supongo que lo hice para aumentar la tensión, para añadirle ingredientes al juego. Me proporcionó momentos de gran goce intelectual el suministrarle las pistas. Quizá le parezca un tanto rebuscado, pero coincidirá conmigo en que toda esta historia es un tanto rebuscada" (148). El pasaje señala literalmente a Márquez como el autor que escribe su propia historia: la del estrangulador, la cual es la misma historia de la novela.

Durante el careo, Márquez hace referencia a los motivos del cazador y la presa, asunto que Belascoarán ya había comentado al inicio de la novela. El asesino utiliza otra cita de Nietzsche para explicar al detective el motivo por el cual ambos se están enfrentando: "Hay una cita que no usé en el diario y que quiero ofrecerle.—¿De quién son las citas? De Nietzsche, por supuesto.— Perdón. *¿Qué es el hombre? Un nudo de feroces serpientes que rara vez saben vivir en paz; así cada cual se va al mundo en busca de su presa*" (énfasis del autor 148). El asesino utiliza el discurso de Nietzsche para apoyar su argumento y apuntar, en el plano general, hacia la inhabilidad del hombre para construir un espacio pacífico. En el plano particular, por otra parte, tanto el detective como el criminal, son presas el uno del otro, pero al mismo tiempo son serpientes que se están cazando mutuamente. Márquez, semejante a un crítico literario, hace su propio análisis de la cita: "Nos sirve para ambos, para usted y para mí. No solo describe al asesino sino también a su cazador. ¿No somos, al fin y al cabo, dos caras de una misma moneda? Reversos, pero del mismo material. El material que hace a los hombres y que los diferencia de los esclavos" (148). En este sentido, el discurso de Márquez dialoga con el de Belascoarán, pues ambos personajes se muestran desalentados por un sistema corrupto donde la justicia es inexistente.

Si por una parte el discurso del detective dialoga con el del criminal al señalar el sistema como el principal "estrangulador" de la sociedad, por otra, se contrapone a su discurso autoritativo al ser éste una réplica del discurso hegemónico que trata de imponerse sobre el 'Otro.' En imitación del sistema, Márquez ejerce el abuso del poder sobre la clase trabajadora:

El neopolicial de Paco Ignacio Taibo II

> Bien, he asesinado once veces y he causado heridas menores. En ese mismo intervalo de tiempo, el Estado ha masacrado a cientos de campesinos, han muerto de hambre o frío decenas más, de enfermedades curables otros centenares, incluso se han suicidado algunas docenas ... ¿Dónde está el estrangulador?—El Gran Estrangulador es el sistema. (149)

Mediante su discurso autoritativo el criminal trata de persuadir a Belascoarán para hacerle creer que sus actos delictivos son, desde una perspectiva lacaniana, únicamente una consecuencia del ambiente cultural que lo ha moldeado: "Yo he llegado a esto por atrevidos resultados originados en los experimentos culturales" (149). Este discurso se transforma en explícito pues el personaje ya no trata de camuflar sus ideologías detrás del discurso ajeno. Más bien ahora se presenta a sí mismo como una réplica de la violencia que se lleva a cabo a mayor escala en el macrocosmos del espacio en el cual cohabita y de esa manera su argumento auto-justificativo tiene mayor peso.

Con las citas de Nietzsche, Márquez pretende reafirmar su inocencia ante el detective y culpar al sistema en vez de enfrentar su propio dilema existencial y psicológico. Desde el punto de vista del estrangulador, los doce asesinatos que cometió no tienen importancia; es daño colateral ineludible; las víctimas no cuentan como "presas." Más bien, para Márquez el juego se validaba solamente entre las dos alfas de la historia: el detective y el asesino; perseguidor y perseguido; cazador y presa. Aunque Belascoarán sabe que de cierta forma Márquez tiene razón, no comparte completamente sus ideologías. Si aprobara la violencia en contra de las mujeres, esto constituiría otra forma de mimetización del poder hegemónico; algo que el detective no podía aceptar. El carácter justiciero de Belascoarán lo conduce a enfrentar al criminal sin tapujos y a acusarlo de ser una pieza más del engranaje social y su corrupción: "Lo voy a matar para eliminar lo que de usted hay en mí, y en cada uno de nosotros... Usted es parte del sistema. Usted es otra cara de la muerte en la India, otra cara de los asesinatos de campesinos o de las muertes por enfermedades perfectamente curables." (150). El aspecto globalizante del discurso del detective (la violencia como una problemática universal) supera el discurso de Márquez cuya visión limitada lo redujo a enfocarse en la problemática nacional. En este sentido, ambos discursos dialogan entre sí, pues mientras el asesino señala los diversos niveles de abuso del poder (de lo per-

Capítulo tres

sonal pasa a lo nacional), Belascoarán señala un nivel más profundo de la problemática. En respuesta, Márquez busca las maneras de justificarse y apunta hacia las diferentes capas que conforman el engranaje del poder: "Desde las alturas otros juegan al ajedrez con nosotros" (150). Si bien, desde la óptica naturalista el ambiente que rodea al ser humano contribuye hasta cierto punto a la formación del sujeto, el argumento de Márquez no convence al detective cuyos ideales entre el bien y el mal, en contraste con los del criminal, están bien definidos: "Quizá la repulsión que me causan sus actos tiene que ver con un cierto respeto a la vida. Quizá en el origen fue la aventura, pero en el compromiso de la cacería encontré un cierto amor a la vida, y regresé a ideas elementales, simples si usted quiere, como la defensa del bien contra el mal" (149). Al no tener una base sólida, el discurso autoritativo se convierte en un objeto sin valor alguno; es decir queda anulado ante la ética del detective. Aunque el sistema ciertamente es el 'cazador' principal e impone su discurso autoritario sobre sus 'presas', este argumento no le otorga al criminal el derecho de usar la violencia contra otros.

Como hemos visto, la segunda mitad del siglo veinte sería de suma importancia para la narrativa criminal mexicana. Contrario a la crítica negativa de Monsiváis, la novela policial mexicana continúa evolucionando, demostrando así el alcance y flexibilidad de un género literario que, en nuestra opinión, ha sido uno de los más exitosos en México desde la segunda mitad del siglo veinte. La serie del detective Héctor Belascoarán Shayne y el surgimiento del neopolicial de Taibo II, continuó con la herencia de *El complot mongol* de Rafael Bernal y la llevó más allá de sus límites. En *Días de combate* no solamente se denuncian los problemas sociopolíticos y el sistema gubernamental como el principal exterminador, también se elaboran los aspectos formales mediante el uso de técnicas narrativas más complejas (la pluralidad de voces y discursos entre narrador y personajes). Cómo veremos en el siguiente capítulo, la renovación de la narrativa criminal se tornaría aún más compleja y descarnada con los autores del siglo veintiuno, dando origen a nuevas vertientes de un nuevo género: el post-neopolicial.

Capítulo cuatro

La Mara de Rafael Ramírez Heredia: Nuevas vertientes narrativas del post-neopolicial

Con el nuevo milenio, la narrativa criminal continúa su transformación y la reelaboración de los aspectos formales cobra importancia en la representación estética de un México convulso en sus propias dificultades sociopolíticas; herencia de las últimas décadas del siglo anterior. La crisis financiera en la que cayera México a partir del gobierno de José López Portillo (1976–1982) y se extendiera bajo el Tratado de Libre Comercio y sus promesas de igualdad económica durante el sexenio de Carlos Salinas de Gortari (1988–1994), provocó los años turbulentos de finales del siglo veinte. Como resultado, el panorama social y político de México no podría ser menos favorable. En 1994 la rebelión armada de campesinos en Chiapas bajo el Ejército Zapatista de Liberación Nacional (EZLN) produjo intranquilidad política en toda la nación. Aunado a esto, el tráfico de drogas intensificó la corrupción política y económica durante la presidencia de Ernesto Zedillo (1994–2000). La caída del Partido Revolucionario Institucional (PRI) después de más de setenta años en el poder político y el ascenso del Partido Acción Nacional (PAN) con Vicente Fox (2000–2006), daría a los mexicanos la esperanza de igualdad económica (*Nexos* n.p.). A pesar de que algunas promesas de Fox quedaron sin cumplir y no se obtuvo el resultado deseado en cuanto a la economía se refiere, algunos consideran que bajo el gobierno de la alternancia "El país no sufrió ningún cataclismo económico, pese a la recesión estadunidense. Tampoco tuvo un cataclismo social o político, pese a la inexperiencia del equipo gobernante" (Pliego n.p.).[1] Esta aseveración, sin embargo, sería desmentida en los siguientes años ante el plan fallido de la guerra contra las drogas de Felipe Calderón (2006–2012) y la ineficacia del gobierno de Enrique Peña Nieto (2012–2018) lo cual sumiría al país en una de sus más violentas épocas de la historia (para más información,

Capítulo cuatro

véase el capítulo 2). Esta fue la culminación de la desconfianza de los mexicanos hacia el gobierno del PRI y del PAN. Decididos a cambiar su futuro, los mexicanos se lanzaron a las urnas en las elecciones del 2018. Bajo el liderazgo de Manuel López Obrador y el partido Movimiento de Regeneración Nacional (MORENA), el PAN y el PRI quedaron fuera de la política. Los izquierdistas tomaron el control del país, dando a sus ciudadanos la esperanza de un cambio positivo. Al término del sexenio de López Obrador en el 2024, la violencia a manos de los líderes del narcotráfico es aún un problema sin resolver. Con la continuación del poder político de MORENA y la rotunda victoria (80% de los votos) de la primera presidenta mexicana en la historia, Claudia Sheinbaum, los ciudadanos esperan que las propuestas de mejora social de López Obrador se solidifiquen y Sheinbaum logre por fin calmar la violencia y el crimen organizado.

En México existe una extensa producción literaria que emergió de los momentos cruciales de los últimos años del siglo veinte y la primera década del veintiuno. Tal es el caso de *La Mara* (2004) del tamaulipeco Rafael Ramírez Heredia (1942–2004). El autor ha sido considerado por la crítica como uno de los pioneros del género negro mexicano y un escritor capaz de cautivar al lector con sus tramas complejas, denuncia explícita y temáticas actuales.[2] Gilda Salinas opina que Ramírez, Heredia fue "an exceptional, prolific writer capable of seducing the reader, creating a partnership between author and reader, of taking the realism of literary truth all the way to pluck the deepest chords of angst or pleasure, of placing his finger on the sore point, like he does in his novels *La jaula de Dios* (God´s Cage) and *La Mara*" (77). Por su parte, Mempo Giardinelli y Darell B. Lockhart, incluyen al autor entre los escritores mexicanos del género negro mejor reconocidos tales como Antonio Helú, Rodolfo Usigli, Rafael Bernal, Paco Ignacio Taibo II y Gabriel Trujillo Muñoz, entre otros. Giardinelli declara que "Hacia el final de la centuria, hubo una notable camada de escritores del género en los años 80 y 90, con nombres de relieve como Rafael Ramírez Heredia [...] autor de atractivas novelas del género" (247).

Ciertamente, las novelas *Trampa de metal* (1979) y *Muerte en la carretera* (1985), protagonizadas por Ifigenio Clausel, un detective duro, prosiguen con el modelo de la violencia, el crimen y el cuestionamiento del contexto social y político típicos del género negro de sus antecesores: *Los albañiles* (1964) de Vicente Leñero, *El complot mongol* (1969) de Rafael Bernal, el neopolicial de Paco Ignacio Taibo II y su saga del detective Belascoarán Shayne, así como *Las muertas* (1977) de Jorge Ibargüengoitia. En cambio, las dos últimas novelas que Ramírez Heredia escribiera antes de morir, *La Mara* y *La esquina de los ojos rojos* (2006), revelan una madurez escritural que, si bien, continúa con el legado de la violencia y la criminalidad, sondea la crisis social y política del México del nuevo milenio desde una perspectiva ampliada, novedosa y con un realismo más crudo (Rodríguez Lozano, *Pistas* 56).[3]

Mientras que en *La Mara* nos retrata el mundo criminal de los grupos pandilleros de la frontera sur de México y el dilema de los migrantes centroamericanos en su travesía hacia los Estados Unidos, en *La esquina de los ojos rojos* se enfoca en los barrios bajos del Distrito Federal. Desde una vista panorámica, en ésta última desfilan ante el lector una multiplicidad de personajes decadentes constituyentes del mosaico de la gran urbe: narcos, abogados, judiciales, sicarios y estafadores de comerciantes. Además, desde el espacio del ambiente doméstico recrea el drama de la madre que pierde a su hija violada y asesinada por los pandilleros. Estos personajes sin esperanza se vuelven hacia la Santa Muerte como su protectora en un ambiente criminal del cual parecen no tener escapatoria. Aunque *La esquina de los ojos rojos* no incluye un detective, Ramírez Heredia menciona que "Puede ser una novela de violencia, de acción de amor." "Novela negra, policiaca" (citado por Collera n.p.). En cuanto a la creación de la decadencia, los ambientes y personajes, Ramírez Heredia opinaba que el autor debe investigar el mundo de los barrios bajos para una representación ficcional más realista de los aconteceres actuales: "Los escritores tienen el deber de sumergirse en el fango… he observado, he escuchado, no necesariamente reproducido" (citado por Collera n.p.).[4] A pesar de ser sus novelas mejor logradas por el alto esteticismo, parecen haber caído en el olvido de la crítica, especialmente *La esquina*. En cuanto a *La Mara* se refiere, ésta ha corrido con mejor suerte y se han publicado algunos artículos críticos, sin embargo, con excepción del artículo de Yvette Bürki, la estética literaria no ha sido analizada con detalle. Los estudios de *La Mara* más bien se concentran, por lo general, en los grupos pandilleros de la Mara Salvatrucha; uno de los mayores problemas sociales de la frontera sur entre México y Guatemala.[5]

Capítulo cuatro

En *La Mara* y *La esquina* el autor va más allá de plasmar estéticamente la violencia y la criminalidad. Se advierte una transformación de las convenciones del género negro y un deseo de renovación de la narrativa del neopolicial ya gastado para la primera década del siglo veintiuno. El objetivo de este capítulo es analizar *La Mara* desde la teorización del concepto del post-neopolicial, el término que aquí hemos acuñado para identificar la narrativa criminal del siglo veintiuno. Tomando como punto de partida las propuestas de Gilles Deleuze y Félix Guattari en *A Thousand Plateaus: Capitalism and Schizophrenia* (1980), emplearemos el concepto "rizomas" para analizar los diferentes aspectos que componen la novela y dan origen a una diversidad de componentes entrelazados entre sí. Entre las características del post-neopolicial, estudiaremos la creación de personajes esperpénticos y extremadamente abyectos, los aspectos lingüísticos, el entretejimiento o yuxtaposición de voces, discursos y espacios, la desaparición del detective y la búsqueda de los criminales a cargo de familiares u otro tipo de personajes. Demostraremos cómo en la creación de la diégesis, Ramírez Heredia experimenta con la estructura, el lenguaje, los simbolismos y renueva las temáticas y esquemas del neopolicial (violencia, pobreza, corrupción, marginalización) para constituir el nuevo panorama contextual y literario.

A la par con Ramírez Heredia, otros autores que siguen un estilo parecido y consideramos representativos del post-neopolicial, figuran Eduardo Antonio Parra con *Nostalgia de la sombra* (2002), una novela fragmentada que se mueve entre el presente y el pasado del sujeto criminal. Sergio González Rodríguez con *La pandilla cósmica* (2005), donde el lenguaje y los personajes son elaborados para crear expectación y exponer la violencia en variados ámbitos. Antonio Orduño con *El buscador de cabezas* (2006) y *La fila india* (2013), así como *Yodo* (2003) de Juan Hernández Luna, donde el descuartizamiento grotesco de las víctimas sostiene la narración, los espacios mexicanos son diluidos y la historia es representativa de cualquier país.[6]

Dividida en veintiún apartados y sin un tema específico que los identifique, la trama de *La Mara* se desarrolla en espacios binarios: Tecún Umán (Guatemala) y Ciudad Hidalgo (México). En la frontera entre México y Guatemala los migrantes centroamericanos se enfrentan a una serie de peligros: se exponen a la muerte al tratar de cruzar la frontera ya sea en el tren, el río Suchiate o a través de la selva; son víctimas de robos, extorsiones y asesinatos a manos de grupos pandilleros y oficiales de migración. Mientras muy pocos logran su objetivo de cruzar la frontera, otros quedan atrapados en el espacio de Tecún Umán bajo la pobreza, la prostitución y las drogas. Aunado a esto, la superstición e ignorancia de los personajes los hace caer en la explotación de Ximenus Fidalgo, un individuo cercano al realismo mágico, quien construye un espacio mítico donde pretende adivinar y predecir los mejores momentos para atravesar la frontera, ya sea por vía terrenal o fluvial.

La Mara se construye a partir de una estructura compleja alejada del orden cronológico típico del neopolicial. Si por su parte Taibo II ya había experimentado con la fragmentación en su novela *Días de combate,* Ramírez Heredia lleva esta técnica a un nivel superior. El autor entreteje en la trama un palimpsesto de historias heterogéneas sin una continuación precisa ni lineal. Con frecuencia cada historia es interpolada con otra y retomada posteriormente en otros capítulos. Sin embargo, el autor no deja cabos sueltos, pues en determinados puntos de la narración los personajes y los sucesos se yuxtaponen. Asimismo, los diversos puntos de vista, espacios narrativos y expresiones lingüísticas son utilizados magistralmente para fragmentar la novela. Aunque la narración sigue el estilo *thriller* típico del género neopolicial, la intromisión constante de un narrador omnisciente y el uso de neologismos, obligan al receptor a retroceder en la lectura para no perderse entre la maraña de las historias.

La diversidad de elementos que componen *La Mara* refleja las propuestas de los filósofos Deleuze y Guattari quienes comparan este tipo de textos con una maquinaria:

> We will never ask what a book means, as signified or signifier, we will not look for anything to understand in it. We will ask what it functions with, in connection with what other things it does or does not transmit intensities, in which other multiplicities its own are inserted and metamorphosed, and with what bodies without organs it makes its own converge…. Literature is an assemblage. (1444)

En el caso específico del post-neopolicial, su función primordial es reflexionar desde diversos puntos de vista sobre las circunstancias sociales, políticas y culturales de las cuales se sustenta. Como ha apuntado Mikhail Bakhtin, la novela moderna es el vehículo de representación de "temas serios, aunque a veces también cómicos...de la realidad contemporánea, en una zona de contacto crudo y directo. La realidad contemporánea provee el punto de vista" ("Discourse" 922). Las propuestas de Deleuze y Guattari se alinean con las teorías bakhtinianas, así como las de los formalistas al recalcar la importancia de la incorporación de múltiples elementos en el texto (voces, narradores, planos temporales, espacios).

Al asociar el texto como un proceso de ensamblaje con una infinidad de conexiones de orden rizomático[7] que originan nuevos elementos (e.g. espacios, lenguajes), se expanden las posibilidades del análisis textual, como plantean Deleuze y Guattari:

> A book has neither object nor subject; it is made of variously formed matters, and very different dates and speeds. To attribute the book to a subject is to overlook this working of matters, and the exteriority of their relations.... In a book, as in all things, there are lines of articulation or segmentarity, strata and territories; but also, lines of flight, movements of deterritorialization and destratification. Comparative rates of flow on these lines produce phenomena of relative slowness and viscosity, or on the contrary, of acceleration and rupture. (1443)

Como texto representacional del post-neopolicial, *La Mara* rompe con la estructura lineal que configuraba la mayoría de los textos de su antecesor, el neopolicial. La trama se erige a partir de una nomenclatura de espacios, voces y discursos, los cuales a su vez desencadenan en rizomas o ramificaciones metafóricas y temporales que, como explica Claudia Sosa Cárdenas en sus observaciones del estilo narrativo de Ramírez Heredia, "nos permite vislumbrar el mundo sórdido y real de la frontera sur" (20). En *La* Mara, similar a una planta rizoma, los diferentes espacios se originan de un espacio central, el rio Suchiate, los cuáles a su vez retornan a un espacio concéntrico, Tecún-Umán, para exponer el drama de los inmigrantes.

La construcción de los espacios narrativos

Mientras que el neopolicial de los años ochenta se nutría de los sucesos de la jungla urbana, en la década de los noventa otros autores se enfocan en la periferia del país para retratar las problemáticas específicas, ya sea de sus estados de origen, o los lugares aledaños.

Dicha descentralización espacial y, en algunos casos la desaparición total o parcial de este referente, crearía un conflicto identitario con el neopolicial de Taibo II, cuyo espacio central era la ciudad de México. En base a esto, la expansión hacia otros espacios geográficos forma parte de las diez características del post-neopolicial que ya hemos teorizado al inicio de este libro. Un conjunto sólido de textos apoya nuestras observaciones, entre los cuales podemos mencionar *La Mara* con un enfoque en la frontera sur entre México y Guatemala (un espacio escasamente incluido en la literatura mexicana). En la frontera norte del país sobresale el estado de Durango en *Algunos crímenes norteños* (1992) de Francisco José Amparán, mientras que en *El crimen de la calle de Aramberri* (1994) Hugo Valdés nos muestra las realidades de Monterrey. Los personajes de Juan Hernández Luna en *Tijuana Dream* (1998) se movilizan del Distrito Federal a la ciudad de Tijuana. En el siglo veintiuno, los autoras y autores refuerzan la inclusión de otros espacios geográficos en una narrativa de alta calidad estética. Tal es el caso de Cristina Rivera Garza quien se enfoca en ciudad Juárez en *La muerte me da* (2007) y Liliana Blum desde Durango en *Pandora* (2015) y *El monstruo pentápodo* (2017). En la novela narco, Bernardo Fernández, BEF en su trilogía *Tiempo de Alacranes* (2005), *Hielo negro* (2011) y *Cobalto azul* (2016), se centra en Mazatlán, Sinaloa, mientras que Martín Solares transporta al lector a Tamaulipas en *Los minutos negros* (2006). A la lista de autores norteños podríamos agregar el estado de Guerrero al suroeste del país, con la novela *36 toneladas ¿Cuánto pesa una sentencia de muerte?* (2011) de Iris García Cuevas y *Ladidi* (2014) de Jennifer Clement y su enfoque en las zonas montañosas. En cuanto a estos autores y autoras, concordamos con Rodríguez Lozano cuando explica que "los escritores del norte querían darle distintos matices al relato policial, adecuándolo a intereses estéticos que rebasan la ortodoxia del género" (*Pistas* 25). A diferencia de los escritores y escritoras ya mencionados, Ramírez Heredia no solamente descentraliza el espacio diegético, sino, por primera vez en la narrativa criminal mexicana, traslada el enfoque hacia la zona rural de la frontera sur del país. Esta reubicación posibilita la inserción de nuevos espacios narrativos y el cuestionamiento de sus respectivas problemáticas. De este modo, mediante la expansión hacia las diferentes periferias mexicanas, la novela de Ramírez Heredia, como un prototipo del post-neopolicial, se convierte en un relato más totalizante de las realidades nacionales, asunto que para el siglo veintiuno ya era menester e inevitable.

La trama de *La Mara* es conformada a partir de una imbricación rizomática de espacios narrativos—tanto abiertos como cerrados—donde prevalecen la decadencia, el ambiente tenso, el abuso de los desamparados y una atmósfera claustrofóbica. Mientras que el río Suchiate (línea divisoria entre México y Guatemala) y la selva conforman los espacios abiertos, los espacios cerrados se establecen en lugares clave en la diégesis: el bar el Tijuanita, el centro migratorio El Palmito y el consultorio de Ximenus Fidalgo. Las diferentes actividades que se llevan a cabo en cada uno de estos espacios heterogéneos están interrelacionadas, formando el entramado totalizante. Además, sus multiplicidades hacen el texto dimensional; es decir se abandona la típica historia lineal construida a partir del principio, clímax, desenlace y resolución del conflicto.

El río Suchiate y la selva son dos barreras que los inmigrantes tienen que atravesar, ya sea caminando o en tren (en el caso de la selva) y nadando o en balsas (en el caso del río), si quieren escapar del espacio sofocante de Tecún Umán. Tanto el río como la selva son personajes beligerantes con sus respectivos peligros. En la selva, por ejemplo, el narrador omnisciente presenta un pasaje aterrador: "La perforación de los mosquitos del dengue. Las pulgas. El mordisco de las ratas. El hambre sin tapujos. La terquedad de las niguas entre los dedos. Lo que las ruedas de hierro apachurrarán cuando alguno de ellos se canse y caiga. Lo que harán los [sic] maras tatuados" (17). El lenguaje escueto, estilo rulfiano, y los verbos de connotación destructiva fabrican el futuro incierto de los personajes y mantienen la tensión; al mismo tiempo, las oraciones cortas construyen el movimiento rápido al estilo *thriller* de las diversas historias.

Los riesgos de los migrantes se multiplican desde diferentes focalizaciones. En el espacio abierto de la selva emerge un segundo espacio de peligro: el tren, mejor conocido en la vida real como "la bestia" o "el tren de la muerte". Aunque los migrantes centroamericanos saben sobre los riesgos del tren, diariamente cientos de hombres, mujeres y niños lo utilizan para cruzar el territorio mexicano en su destino hacia los Estados Unidos. En cuanto al riesgo de los trenes cargueros, Olivia Ruiz Marrujo asegura: "Al usar el tren carguero como medio de transporte hacia el norte, los migrantes se exponen a uno de los principales peligros del camino. De hecho, en los 116 casos registrados, las caídas del tren carguero fueron el origen del 20 por ciento de los accidentes y de todas las amputaciones" (22). Tanto en la realidad como en la ficción, el tren de la muerte es un espacio abierto donde los personajes viajan en la parte superior expuestos a los elementos climáticos, los accidentes y los mareros. El capítulo de apertura dibuja el escenario: "El tren incrusta su frente en la oscuridad que enmarca el trazo de los árboles. Arriba, ellos [los migrantes] afirman sus posiciones buscando la mínima posibilidad de adquirir una mejor… Atrás, las luces del pueblo que les dio cobijo hacen guiños con el traqueteo. Al frente, el Norte sin saber dónde se inicia" (15). La personificación del tren y el pueblo de Tecún Uman es congruente. Estos son espacios en constante movimiento donde los grupos de la Mara Salvatrucha acechan en busca de víctimas. Sin embargo, según lo expone el narrador, para los personajes es preferible "sufrir las desventuras hacia el norte" que "regresar hacia sus países quemados" (18), asunto que los centroamericanos conocen personalmente de sobra al ser parte de su propia realidad.[8]

Al igual que la selva y el tren de la muerte, el río Suchiate, el tercer espacio dicotómico de vida/muerte, es dominado por los mareros, los traficantes de estupefacientes y los oficiales de migración. En su estudio sobre la violencia en Centroamérica, Sebastian Huhn explica que "la mayor amenaza para la región [es] la existencia de una combinación antisocial de pandillas, traficantes de drogas ilícitas, secuestradores y terroristas" (190). En las coordenadas de la ficción, esta dinámica se representa mediante Tata Añorve, un nativo de Tecún Umán para quien el río forma parte primordial de su vida y es testigo de las vicisitudes llevadas a cabo en este espacio:

> Añorve trabaja con el agua a la cintura, imagina playas de otros cauces donde los recorridos nada tengan que ver con la gente que pasa de un lado al otro. A él nada le importa si los tipos de mirar apresurado, sombrero de fieltro y botas norteñas, cruzan con oscuros envoltorios bajo los ramos de flores. Ni que los hombres de cabello corto, de ropas apretadas, de botas sin adornos, apenas cubran las armas enredadas entre las verduras. Tampoco hace gestos cuando los jovencitos de risa tímida llevan más allá de la orilla los paquetitos que él sabe contienen la cocaína que tanto cala en la ambición de la gente. (199)

Capítulo cuatro

La crítica directa y explícita del género negro y el neopolicial, ya no es necesaria en el post-neopolicial. Las problemáticas se expresan mediante los silencios del texto y la creación de imágenes impactantes (los balseros, los mareros, los migrantes) y sus actividades ya sea como víctimas o criminales. Mientras que en el neopolicial de Taibo II los criminales actuaban impunemente en las calles oscuras de la urbe, en *La Mara* los balseros lo hacen entre las sombras del río y la selva donde llevan a cabo sus acciones impunemente. En este pasaje los balseros son descritos como una pintura expresionista, sin lujo de detalle, ambiguos y sin nombre o una identificación en particular ("los tipos de mirar apresurado"), representando así la criminalidad colectiva, no desde lo particular (el taquero, el vendedor de periódicos, el asesino en serie, el líder del narcotráfico), como era el caso del neopolicial y la narconovela, sino desde lo general: un vistazo de águila que expone las varias capas del crimen. La imagen del sombrero que llevan los balseros es una constante que se repite en la narrativa y funciona como aliado para ocultar su identidad: les cubre el rostro y los protege de ser reconocidos y denunciados. Por otra parte, la colectividad humana que utiliza el río como fuente de empleo para combatir la escasez económica expone implícitamente el problema de la pobreza en la frontera entre México y Guatemala.

En el espacio del río, los elementos retóricos exponen el drama de los migrantes, especialmente la violencia contra las mujeres. La decadencia del ambiente se representa a través de la personificación del rio como un hombre que reacciona eróticamente al contacto de los cuerpos de las mujeres que lo cruzan. Tal es el caso de Rosa del Llano, un personaje que aparece casi al final de la novela. Al sumergirse en el agua, Rosa se siente violada: "El agua se metió entre las piernas de Rosa del Llano, ella tuvo la sensación de que un hombre ajeno al suyo le jurgoneaba las calideces" (408). El narrador omnisciente adopta el lenguaje de los personajes lo cual se manifiesta en el cambio lingüístico de la palabra *hurgonear*, que, de acuerdo con la Real Academia Española, significa menear, agitar. Para representar fonéticamente el habla de los personajes de las clases humildes, el narrador cambia la *h* por la *j* (jurgoneaba), imitando así la oralidad de los lugareños. Por otra parte, la frase completa "jurgoneaba las calideces" se refiere al manoseo de los órganos sexuales de Rosa. El uso del lenguaje metafórico y coloquial minimiza un acto que ultraja la intimidad de Rosa, pero también

La Mara de Rafael Ramírez Heredia

simboliza los abusos que las mujeres enfrentan al tratar de cruzar la frontera ya sea a través del espacio acuático o el terrenal.

El río manifiesta un doble estándar de género. Por una parte, demuestra una actitud misógina al acariciar indebidamente a Rosa. En cambio, con Tata Añorve es paternalista y benévolo. Cuando el viejo viene a las orillas del río Suchiate a lamentarse del asesinato de su hija Anamar en manos de Jovany, miembro de la Mara Salvatrucha: "El río silba, le dice secretos, lo aconseja, lo regaña, le pide calma para recuperar las fuerzas, lo insta a soñar para seguir pensando, para seguir buscando a los culpables" (199). La compasión del río abre un paréntesis en el ambiente tenso y oscuro que permea la novela. Al mismo tiempo, le permite a Tata Añorve construir en sus orillas un nuevo espacio habitable alejado de su casa; lugar del asesinato de su hija. En la narrativa, aseguran Deleuze y Guattari, "A rhizome may be broken, shattered at a given spot, but it will start up again on one of its old lines, or on new lines" (1445). El espacio privado del anciano impregnado de los recuerdos de su hija funcionaba como un rizoma que, al ser roto por la violencia de un marero, origina un espacio nuevo (las orillas del río) en busca de confort, espionaje y venganza.

Con Tata Añorve se subvierte la figura típica del detective, personaje que desaparece por completo en el post-neopolicial. Tata Añorve se encarga de la investigación—como un neo-detective— y es un personaje más verosímil dentro del espacio saturado de muerte. Un detective tradicional no tendría cabida en este espacio ante la violencia de los grupos pandilleros y la corrupción moral y ética de los demás personajes.[9] En vista de que no puede confiar en la autoridad para que capture al asesino de su hija, Tata Añorve inicia su propia investigación desde el espacio del río, pues sabe que el culpable se encuentra entre los mareros que acechan a las orillas del agua en espera de los migrantes. Aquí, Tata Añorve ofrece albergue a los necesitados y a las víctimas de los pandilleros. El viejo reúne un grupo heterogéneo: los cojos, los mancos, las mujeres violadas, las víctimas de asalto de los mareros y "Estos son a quienes puede unir a su causa" (200). A semejanza de algunos detectives del neopolicial (Belascoarán Shayne, por ejemplo), Tata Añorve manifiesta una actitud quijotesca en cuanto a su habilidad para atrapar al asesino de su hija. Ilusoriamente cree que con la aglomeración de las víctimas podrá enfrentar el abuso del poder de la Mara Salvatrucha; propósito que nunca logra. Aunque para

Capítulo cuatro

algunos parecería exagerada la ficcionalización de los peligros que enfrentan los migrantes centroamericanos, su acercamiento a la realidad es certero. Guadalupe Correa-Cabrera, señala que "Los migrantes enfrentan riesgos graves—especialmente los grupos más vulnerables (mujeres y menores de edad)—entre los que destacan la extorsión, secuestro, violación y asesinato" (150). También explica que los migrantes son victimizados por grupos pandilleros y oficiales de migración corruptos quienes, aprovechándose de las dificultades para cruzar la frontera, toman ventajas sobre estos (150),[10] problemáticas que Ramírez Heredia reproduce en su novela con verosimilitud.

Los espacios cerrados funcionan como un reflejo de los espacios abiertos de la selva y el río ya que en ambos predomina la decadencia y representan un peligro para los personajes. El bar el Tijuanita, el centro migratorio el Palmito y el consultorio del santón Ximenus Fidalgo, conforman los espacios cerrados más importantes de Tecún Umán. A manera de parodia de los antros de mala muerte de la ciudad de Tijuana en el estado norteño de Baja California, el lente inquisitivo del narrador nos adentra en el Tijuanita donde predominan las jerarquías, la corrupción y la prostitución. Aquí, el cura Felipe mantiene relaciones sexuales con Doña Lita, la dueña del bar, quien a su vez domina a las niñas y jóvenes que obligan a la prostitución. Las jóvenes centroamericanas que no logran cruzar la frontera quedan atrapadas en este lugar a merced de los lugareños: "El cuerpo señorial llegado de Panamá, la morena que ha sobrecalentado a media Colombia, la vestal que levanta olas de amor en Venezuela, la bella Sabina Sabia, que hace su arribo directamente a su centro preferido … el Tijuanita" (29). Detrás de cada adjetivo se esconde la tragedia de las mujeres, especialmente Sabina, personaje que contará su propia historia más adelante en una sección específica. Por lo pronto, el narrador omnisciente describe una porción de su drama: mediante el flashback revela que a los trece años Sabina había huido de Honduras tratando de escapar de las agresiones sexuales de su padre y la violación de su hermano Jovany, solo para terminar como prostituta en Tecún Umán.

El Tijuanita es un espacio de poder y violencia. Mientras que los clientes vienen a este lugar en busca de entretenimiento y gozo sexual, las jóvenes centroamericanas son vejadas y utilizadas para el enriquecimiento ilícito de los dueños del bar. Las mujeres son cosificadas, como anuncia al público el conductor del espectáculo:

La Mara de Rafael Ramírez Heredia

"pongan atención en la calidad suprema de los objetos del deseo, por ejemplo, admiren sin recato a aquel grupo de catrachitas cuyos traseros erguidos y sus bocas palpitantes harán aullar de placer a los más circunspectos" (190). El narrador ofrece a las jóvenes como mercancía usando descripciones despectivas en el lenguaje oral según su país de origen: "gráciles chapincitas", guanaquitas pícaras" "nicaragüenses rompe brasieres" "colombianas temperamentales" "panameñas jolgoriosas" "las ticas, por cuyas venas corre el fuego del trópico" (190). Entre las descripciones de las niñas se interpola entre paréntesis la voz denunciatoria del narrador omnisciente que deja ver cómo la decadencia del lugar se extiende hacia otros espacios privados y con acceso a los que tienen el modo de pagar por los servicios especiales: "(Con discreción, y por supuesto que fuera de los salones de este su centro preferido, ofrecemos deleites sin límites para aquellos que busquen la ternura que regala la edad de querubines sin siquiera vello)" (192). El Tijuanita es el lugar donde se engancha a los personajes pedófilos con la complicidad de los dueños del bar: "pueden tener la dicha de gozar, en sitios adecuados y sin miradas acechantes, las más íntimas caricias de estas niñas. (Que apenas ayer llegaron de sus países con la carita asustada, los pechos planos, los piojos entre los cabellos, las caderas sin curvas…)" (193). Mediante el Tijuanita se ficcionaliza la problemática de la prostitución infantil[11] y la demanda de relaciones sexuales con menores de edad tanto de parte de los locales, así como de turistas que visitan México con este fin. Sin embargo, como se puede notar en estos dos ejemplos, la denuncia se hace implícitamente mediante la construcción de imágenes impactantes y de manera explícita en el entrometimiento de un narrador desconocido.

La corrupción y decadencia permea todos los espacios. Mientras que en el Tijuanita se retrata la decadencia moral y la prostitución, en el Palmito, un centro migratorio ubicado a 30 kilómetros de la frontera mexicana, se expone la corrupción de los agentes de migración. En este espacio Nicolás Fuentes, un ex cónsul de México, vende visas a los migrantes e intercambia visas por sexo con las jóvenes y las niñas. Los mareros, sin embargo, predominan en la jerarquía de poder a quienes los agentes de migración temen y les permiten robar impunemente a los migrantes. Aunque aparentemente el Tijuanita y el Palmito son centros con objetivos diferentes (recreacional y gubernamental, respectivamente),

Capítulo cuatro

como raíces rizomas, están conectados por la delincuencia y la corrupción. Doña Lita, la proxeneta, es amiga de don Nicolás, un personaje que anteriormente trabajara para el gobierno mexicano como cónsul. En complicidad con Doña Lita, Don Nicolás falsifica identificaciones para que las centroamericanas, después de haber trabajado por un tiempo indeterminado en el Tijuanita, el bar de doña Lita, continúen en su camino hacia el norte y crucen la frontera sin ningún problema. A cambio de esto, el ex cónsul tiene acceso a las niñas:

> ... ¿es cierto, doña, que andan por ahí unas niñas de las que usted no me ha platicado?... Pinche viejo calenturoso, que le cuesten sus gustitos, se dice sin mencionarle al cónsul las cualidades de las cuatro chiquitas nuevas que llegaron de Costa Rica a trabajar al Tijuanita, sin hablar del dinero que le había pagado por los papeles y menos de los servicios de la panameña, que se quejó de las cosas que el señor ese le hizo que hiciera y que Lita bien conoce. (79, 80)

La maraña de raíces rizomas de cada espacio está conectada por la decadencia, afectando a las mujeres y las niñas. El flujo de niñas en el Tijuanita debe de mantenerse activo y el espacio del Palmito sirve para desechar a las que, al convertirse en mujeres, ya no sirven para la demanda de los clientes. Así, cada personaje (doña Lita y don Nicolás) utilizan sus respectivos espacios para satisfacer su egoísmo e intereses monetarios.

Como raíces rizomas, a los espacios cerrados del Tijuanita y el Palmito se une otro espacio: el consultorio del santón Ximenus Fidalgo. Mientras que en el bar se denuncia el abuso sexual y en el Palmito la corrupción política, en el consultorio se exhibe la explotación religiosa. Con este personaje Ramírez Heredia juega con el realismo mágico de la herencia de Gabriel García Márquez en su famosa novela *Cien años de soledad* (1967), pero al mismo tiempo expone la falacia religiosa y la manipulación de los creyentes. La apariencia de Ximenus es ambigua; no se sabe con certeza si es hombre o mujer. Para el santón, la presentación física es importante para impresionar a los creyentes, apariencia que logra gracias al uso del maquillaje y vestuario extravagante:

> Los manchones de sus ojos son parte de una presentación necesaria. Un maquillaje que semeje pasiones desatadas, así debe ser. Los calcos de enorme plataforma arrebatan su gusto y agregados

a su delgado cuerpo y al tamaño de la peluca, hacen que su altura se escape hacia el techo, imponga a los más reacios. (45)

La altura otorga al personaje cierto poder que aunado al misticismo del consultorio (un escritorio negro, velas, cristos gigantescos) lo hace aún más misterioso. Todos los personajes confluyen hacia Ximenus; algunos en busca de guía espiritual y sanaciones; otros para saber el mejor momento para atravesar la frontera. Sin embargo, al igual que doña Lita y don Nicolás, Ximenus solamente busca su propio beneficio: sembrar el temor en los personajes para manipularlos y cobrar por sus servicios.

Desde el espacio de su consultorio, Ximenus funciona como un Dios omnipresente que todo ve, oye y sabe. Esto se manifiesta desde el primer capítulo con frases que indican la dominación del personaje en todos los ámbitos: "Las miradas de Cristo y Ximenus ven a hombres y mujeres avanzar viboreantes por las callejuelas" (11), "Ximenus sabe que las sombras que ahora se acercan al ferrocarril esperan el momento necesario para abordarlo" (12), "Los ojos de Cristo y de Ximenus no cambian su expresión mientras arriba de los carros de hierro se inicia el combate para obtener el mejor sitio" (13). Ximenus "sabe" cuando es el mejor momento para subir a los trenes o atravesar el río Suchiate: "Ximenus sabe eso y más. Sabe del arco de la vida. De los territorios insoñables (sic). Cómo y dónde actúa la Mara Salvatrucha" (17). Al final de la novela se deja al descubierto la falsedad de Ximenus cuando éste termina destruido al igual que los personajes secundarios. Mediante la creación de una imbricación de espacios (abiertos y cerrados), una diversidad de personajes nunca incluidos en la narrativa criminal (Ximenus Fidalgo y la Mara Salvatrucha) y las imágenes impactantes como forma de denuncia implícita de las problemáticas sociales y políticas del sur del país, el autor teje una estructura de conexiones rizomas, rompiendo así con la fórmula tradicional del género neopolicial.

La reelaboración del lenguaje: Oralidad y recursos retóricos

Al extraer el neopolicial de su espacio tradicional (la ciudad de México) fue imprescindible deshacerse del lenguaje defeño y ceder el paso al lenguaje del espacio circundante a la historia creada si se quería lograr la verosimilitud. El lenguaje, declaran Deleuze y Guattari, es "an essentially heterogeneous reality" que implica en su enunciación ciertos niveles de poder (381). El lenguaje coloquial, la jerga mexicana y la oralidad, elementos primordiales del neopolicial, son reelaborados en el post-neopolicial de Ramírez Heredia en la voz de los respectivos personajes, sin embargo, es llevado al máximo con los grupos pandilleros, quienes sostienen un código lingüístico como el elemento identificador del poder de la Mara Salvatrucha.[12]

Varios estudios se han hecho sobre el aspecto social y el efecto de la Mara Salvatrucha, tanto en las comunidades de los Estados Unidos, como en las regiones centroamericanas de El Salvador, Honduras, Guatemala y México.[13] Pero pocos autores mexicanos, si acaso alguno, han llevado a la ficción este grupo marginal de manera realista. Ramírez Heredia, sin embargo, fue un autor que se interesaba en rescatar las voces olvidadas de los marginados. La elaboración del lenguaje y la imitación oral de los grupos pandilleros funciona como una denuncia del "Otro" para exponer estéticamente una problemática que concierne a las instituciones gubernamentales de ambos lados de la frontera.

La oralidad de la Mara Salvatrucha acerca al lector a su mundo sórdido que, de otra forma, por su complejidad, sería más difícil de comprender. En su estudio sobre la oralidad en *La Mara,* Yvette Bürki define el término *oralidad literaria,* como "el empleo consciente de rasgos y formas que caracterizan concepcionalmente a lo oral y que contribuyen a la construcción de la ficción y a la propia estética del texto en tanto obra literaria" (221). Ramírez Heredia utiliza la imitación de los rasgos fonéticos, la inclusión del argot y el rompimiento de la sintaxis, como estrategias en la configuración del lenguaje, ambiente y actitudes de los grupos pandilleros. La voz colectiva en la tercera persona plural recoge la expresión oral y el léxico de los mareros cuando éstos se describen a sí mismos como seres invencibles y dominantes:

> … hey putos, nosotros somos la Mara Salvatrucha 13 …
> … gusto decir que siempre andamos hasta las nubes …
> … un puño de años hace que de puro corazón le entramos a tirar barrio con la Mara …
> …y nunca jamás de los nuncas vamos a votar por otro que no sea de la clica de nosotros, nunca …
> … nos vale madre la madre de cualquiera que tenga madre … (84)

La Mara de Rafael Ramírez Heredia

Desde la perspectiva del marero, el 'nosotros' como identidad no reconoce al "Otro" (la sociedad en general) fuera de su círculo concéntrico. Por otra parte, la identidad edificada en el "nosotros" colectivo es reforzada mediante el uso de sobrenombres que en algunos casos manifiestan una connotación destructiva o animalesca: "el Poison", "el Parrot", "El Rogao" (212). Al mismo tiempo, su carácter esperpéntico y degradado los sitúa en el nivel más bajo de la sociedad: "batos locos. Aquí está la única 13, batos putos" (213). A contracorriente de la sociedad que los juzga como criminales, los mareros ocupan el estatus más importante de las jerarquías de poder y su ley es la única que se obedece en esa región, asunto que el narrador omnisciente reafirma: "Son ellos, que sabiendo por qué están ahí y por lo que esperan, tienen los ojos puestos más allá de la selva, dentro de la franja fronteriza que es indiscutida comarca, donde su ley es la ley triunfadora" (84). Mientras que en el neopolicial el poder y el control sobre los desprotegidos pertenecía a las instituciones sociales y políticas, en el post-neopolicial el poder se subvierte y son los criminales quienes controlan las situaciones con su lenguaje y acciones.

Con la estética de lo oral Ramírez Heredia produce un estilo conscientemente elaborado cuya expresividad se acerca a lo grotesco. Al mismo tiempo, la oralidad construye el ritmo y la tensión de la narrativa. Como colectividad, los mareros conforman un personaje aterrador que vigila cada movimiento de otros personajes: "La Mara posee ojos mil. Millones de papilas. Centenares de oídos. Voces múltiples. Manos tan largas como la oscuridad. Aliento de halcón" (213). Las oraciones cortas hilvanan el horror y la inclusión de diferentes partes corporales confecciona el carácter heterogéneo de la Mara como un personaje unificado por su estilo, lenguaje y acciones. El uso de la hipérbole y la inclusión de los sentidos del tacto, vista, oído y gusto exageran las imágenes para representar el poder totalizante de los pandilleros. Esta técnica mantiene la tensión en la novela: ningún personaje puede escapar de los mareros que todo lo ven, oyen, sienten y olfatean.

En cuanto al papel de la oralidad en *La Mara,* Bürki apropiadamente señala que "El diestro manejo de la lengua como artilugio para caracterizar a los personajes, impregnado de huellas de oralidad y la inmensa fuerza expresiva convierten a la lengua, como ha señalado el propio autor, en un personaje más de la novela" (220). El lenguaje de los grupos pandilleros se complementa con la jerga oral mexicana, aumentando la complejidad de su oralidad: "mis valedores, simón, porque aquí en la zona si no montas te montan, y en eso de dar pa bajo nosotros somos mano, somos los efectivos" (86). Traducido al lenguaje común, esta frase se interpretaría: "amigos míos, sí, porque aquí en la zona si no sabes defenderte otros se aprovechan de ti, y en eso de asesinar, nosotros somos los mejores." Este estilo es interpolado en diferentes secciones del texto, pero también sobresalen ciertas palabras en particular que son utilizadas específicamente por los mareros en forma de neologismos (batos, clicas) o imitaciones fonéticas del inglés (bróders) que los identifican como seres híbridos a contraposición de las reglas establecidas por la sociedad.

Aunque Ramírez Heredia incluye las características más comunes del neopolicial delineadas por Paco Ignacio Taibo II: "Énfasis en el diálogo como conductor de la narración; gran calidad en el lenguaje, sobre todo en la construcción de ambientes; personajes centrales marginales por decisión" ("La otra novela" 40), la intensidad representativa de la oralidad de la Mara ofrece una nueva perspectiva más cercana a los marginados del sector sur del país. Asimismo, se configura estéticamente la situación de los mareros como victimarios, pero también como víctimas de un sistema que ha fracasado en su obligación de ofrecer programas educacionales, fuentes de empleo y lugares de recreación que mantenga a los jóvenes ocupados en actividades constructivas. Marco Kunz, en su estudio sobre el origen de La Mara Salvatrucha y la invención literaria en la novela de Ramírez Heredia, apunta que los jóvenes pandilleros son "Productos de la miseria, la incultura y la falta de perspectivas en las chabolas, los mareros no reconocen otra ley que 'la vida loca', lo que significa drogas, sexo y una orgía de violencia irracional" (74). Kunz señala que para Ramírez Heredia: "El mara es un nuevo tipo de animal tatuado, que se mueve en la selva como un jaguar pero con mayor ferocidad y canallez (sic). Los maras ... son gusanos con garras producto de la diferenciación brutal que en nuestros países produce el dinero, la falta de educación, de salud" (74). El caso particular de La Mara, sin embargo, es solamente un prototipo de la violencia y el abuso del poder de otros grupos pandilleros, pero también de las instituciones gubernamentales cuya ley es forzada en sus respectivos espacios.

La Mara de Rafael Ramírez Heredia

El discurso del criminal: ¿Víctima o victimario?

En el neopolicial la división existente entre criminal y víctima era una característica clara, y aunque el delincuente debía su formación al ambiente que lo rodeaba, este factor no era el asunto central de la diégesis. Más bien, el detective se concentraba en denunciar los problemas sociopolíticos relacionados con las instituciones del poder. En el post-neopolicial, el enfoque en dichas instituciones empieza a difuminarse (aunque no desaparece completamente) y en su lugar se presta atención al individuo en particular, rescatando su punto de vista y adentrándose en su psicología y espacio personal. Ramírez Heredia no se conforma con ofrecer el aspecto panorámico del crimen desde la dinámica de los mareros. Para reforzar su denuncia implícita de los factores que contribuyen a la delincuencia juvenil, el autor enfoca el lente inquisitivo en el microcosmos de Jovany, un miembro de los mareros. Los problemas psicológicos de Jovany originados en el círculo familiar, lo empujan a unirse a los pandilleros en busca de solidaridad y pertenencia. Este personaje representa el drama de algunos jóvenes mexicanos y centroamericanos que, moldeados por el ambiente de la pobreza, la inseguridad y el rechazo familiar, buscan refugio en otros grupos marginales. Si bien es cierto que la marginalización en un país extranjero fue un factor que contribuyó a la proliferación de las maras en los Estados Unidos (Savenije 641), también hay que reconocer el papel que la familia desempeña en la formación de individuos estables cuya influencia conduce al equilibrio de la sociedad. Jovany, sin embargo, proviene de una familia de escasos recursos económicos y sin educación formal. Ante esta situación, sus padres carecen de los medios para educar a sus hijos y el círculo vicioso de la ignorancia y la pobreza continúa extendiéndose y los lleva a acciones decadentes.

El personaje de Jovany y su discurso forma parte de la construcción rizomática del texto y es el elemento más dramático de toda la novela ya que delinea con lujo de detalles la transformación o la metamorfosis por la cual atraviesa hasta convertirse en un miembro oficial de la Mara Salvatrucha. Los trastornos psicológicos del personaje, el fluir de su conciencia y sus acciones narradas mediante la prolepsis y analepsis, conforman un palimpsesto oral y mental y añaden dimensión e intensidad a la novela. Su discurso

Capítulo cuatro

es expuesto en tercera persona por un narrador que se limita a contar la historia objetivamente. Mediante el rompimiento de la secuencia cronológica, paulatinamente se van revelando los motivos que llevan a Jovany a abandonar su hogar, emigrar a Tecún Umán, unirse a la Mara y alejarse del ambiente sofocante en el cual creció. La historia del joven es presentada inmediatamente al inicio de la novela y sirve para simbolizar, no solamente el drama de los pandilleros, sino también de los inmigrantes (Jovany había viajado desde Honduras, su país natal, con la ilusión de llegar a los Estados Unidos).

Los requisitos de la Mara Salvatrucha para aceptar nuevos miembros son ficcionalizados en *La Mara* con verosimilitud. Para pertenecer a la Mara, Jovany tiene que asesinar a varias personas. Por cada asesinato, los mareros se tatúan una lágrima cerca del ojo. Una vez cumplido el número de víctimas, el último requisito es demostrar su hombría mediante sobrevivir una paliza propinada por los pandilleros por un lapso de 13 segundos (en la vida real, el número 13 es el símbolo de identificación de La Mara Salvatrucha). En preparación para aguantar los golpes, Jovany recuenta mentalmente los crímenes que cometió:

> Por eso cada segundo tiene el valor que tiene y hay que gozarlo para no tener que meterse en la ley de los hubiera, como le fue a los papás, a la niña, al Laminitas, que si no lo hubiera acompañado no se hubiera quedado en el hoyancón y no hubiera sido la primera de las cuatro lágrimas que acaricia mirando la noche cerrarse más allá de la frontera que lo detiene sin saber cómo caminar hasta el lado gringo que está tan lejos, tan allá arriba del norte a donde le gustaría haber nacido. (65)

Para resistir la paliza el joven bloquea su mente con imágenes caóticas relacionadas con su pasado. La iniciación se provee al lector con una frase escueta: "[…]13 segundos tuvo que soportar para ser marero […]" (63). La técnica del flujo de conciencia exhibe la miseria de Jovany y la falta de coherencia a través de la libre fluidez de pensamientos, recuerdos y sensaciones funciona como una herramienta para exponer sus conflictos internos.

El capítulo sobre la tragedia de Jovany es dividido en trece segmentos como representación de cada segundo de golpiza, logrando así un efecto de lentitud y densidad. A medida que el tiempo avanza, las frases se vuelven más cortas y sin sentido:

La Mara de Rafael Ramírez Heredia

> Cinco: escucha su nombre. Desde los cielos viene cayendo su nombre. La voz ardiendo duplica los golpes. Los otros. Estos. Los de San Pedro. Los de junto al río. No hay insectos. Se meten en la noche. Camina. Debe correr. No puede detenerse. Se detiene y muere. Te vas a morir jijoeputa. La oscuridad desgraciada. (144)

Con el transcurrir del conteo, el personaje se deteriora moral y físicamente. Después de nueve segundos de golpiza ya no puede controlarse: "Llora. No importa. Nadie es capaz de no llorar. Las lágrimas son de afuera. No dicen de su rabia. De las ganas que tiene de mear. De mear sobre lo mojado del pantalón. De cagar. Agarrar puños de mierda. Meterse a la boca la mierda. Puños de mierda. ¿A qué sabe la mierda?" (149). El personaje ha alcanzado el punto más bajo de deterioro físico, emocional y psicológico. El dolor corporal se vuelve insoportable y en su mente reaparecen los actos delictivos que lo condujeron a este estado: "Escucha los gritos de las vecinas. Lo acusan de algo. Su mamá llora. Oye su voz. Que sea bueno. Que no robe" (142). La imagen de su madre que sufre por su comportamiento y le pide que abandone el camino del delito no le sirve de consuelo. Por lo contrario, incrementa su culpabilidad y le recuerda las ocasiones en que trató de violar a su hermana Sabina. Los recuerdos de la violencia doméstica y los ataques en contra de su hermana se aglomeran en su mente y lo sostienen mientras los segundos continúan pasando: "No tiene fuerza para buscarla en las noches. Ella cruza las piernas. Él jala las sábanas. Se ahoga con la sangre de la boca. Le tapa la boca. Que no vaya a gritar Sabina" (144). En medio del dolor y los golpes ve a su padre enfurecido que arremete contra él al darse cuenta de que violó a su hermana Sabina.

El deseo de pertenencia otorga fuerzas a Jovany y el personaje recibe los golpes estoicamente como un castigo por los errores cometidos durante sus apenas dieciséis años: "Tiene que avanzar. Es la ley. La orden. Enseñarles que tiene los güevos bien puestos. Los aprieta. Los esconde en las manos" (147). El personaje se va deshaciendo física y anímicamente, pero al final, al terminar la tortura, renace y resurge con una personalidad más destructora: al pasar la prueba de iniciación, ahora se identifica como miembro de la Mara Salvatrucha, el grupo más poderoso que todo lo domina.

En contraste con la técnica explícita que Taibo II utiliza en *Días de combate* para exponer la psicología del criminal y la denuncia de las problemáticas sociales, Ramírez Heredia se vale de las imágenes y el lenguaje escueto en una superposición de planos temporales entre el presente y el pasado del delincuente. El relato en el presente confiere un sentido de inmediatez a la historia, y aunque el narrador hace uso del *pathos* al presentar el sufrimiento psicológico y físico del personaje, no pretende persuadir al lector para que desarrolle emociones hacia éste. Las frases tajantes y la inclusión de los actos delictivos (la violación de su hermana, por ejemplo) mezclados con los golpes, neutralizan cualquier reacción de empatía o apatía que el lector pudiera sentir hacia Jovany. En este caso el texto no tiene necesidad de hacer una denuncia social directa, más bien, por medio de las acciones de los personajes y la exposición interna del drama, se plantea la problemática del desmoronamiento de los círculos familiares y la decadencia social que se ha extendido más allá de las grandes urbes.

La (de)construcción del texto

Así como la personalidad de Jovany se define mediante su (de)construcción física y psicológica, el texto va formándose a sí mismo con la construcción y deconstrucción de los espacios y los personajes. El texto cierra sus ciclos por medio de una reflexión de carácter poético que resume, en solamente cinco páginas, la tragedia de los indocumentados, la violencia y el abuso del poder, pero lo hace sin necesidad de mencionarlo directamente: "Existe sólo la memoria de los que obcecados buscan el otro lado que es el mismo, en una representación de dobleces que construye el Satanachia en su paso perdido hacia su juntura marina" (418). Allí, en la frontera entre México y Guatemala, se repiten las mismas historias una y otra vez; se forjan las memorias de los grupos marginales que terminan por ahogarse en las aguas del río Suchiate que silenciosamente observa la deconstrucción moral y física de cientos de centroamericanos. Al igual que los inmigrantes, el texto al final aparenta no llegar a ningún lado y más bien termina siendo deconstruido cuando las historias heterogéneas se deshacen por sí mismas, pero al mismo tiempo, semejante a raíces rizomáticas, las historias establecen memorias imborrables como lo único que permanece dentro de cada uno de los espacios confluyentes.

Las técnicas literarias utilizadas por Rafael Ramírez Heredia en *La Mara* señalan las nuevas formas de narrar la violencia mexicana en el post-neopolicial del siglo veintiuno. Aunque en sus primeras novelas policiales (*Trampa de metal* y *Muerte en la carretera*) el autor había seguido el paradigma establecido por Rafael Bernal (con el género negro) y Taibo II (con el neopolicial) el estilo escritural en *La Mara* revela una cuidadosa elaboración de los aspectos formales y una forma de denuncia sociopolítica más sutil (pero no por eso menos importante).

Como hemos visto, el post-neopolicial expande sus espacios narrativos hacia las áreas rurales y fronterizas (norte/sur) para hacerse más inclusivo y representacional de las realidades que afectan no solamente a México, sino también a los países que lo circundan. Esta descentralización es llevada a sus extremos por Juan Hernández Luna en *Yodo*, donde los espacios relacionados con el pueblo mexicano ya no existen, representando así el crimen y la violencia desde una visión más universal. Como vimos en este capítulo, en el post-neopolicial, el enfoque en las instituciones de poder (religión, política) se desvía hacía el individuo y su comunidad para exponer con más precisión la decadencia social. Con la desintegración del círculo familiar, como el núcleo de toda sociedad, se retratan los efectos que el fracaso del sistema gubernamental ha generado en aquellos que les ha tocado experimentar los sucesos del siglo veintiuno. Al mismo tiempo, se anuncia, en términos universales, el posible colapso de una sociedad que no ha logrado superar sus problemáticas sociales y políticas. Vale la pena destacar que el autor no solamente documenta y representa literariamente el crimen, también intenta producir una obra literaria donde se destacan con más precisión los aspectos formales. La preocupación por renovar el género policial no es, por supuesto, exclusivo de Ramírez Heredia. Entre otros escritores mexicanos que se apuntan en esta misma línea figuran Rafael Solana, Raymundo Quiroz Mendoza, Juan E. Closas, Élmer Mendoza y Juan Hernández Luna, para mencionar solo algunos (Giardinelli 247). Dependiendo del estilo de cada autor, algunas novelas pueden catalogarse dentro del neopolicial pero otras ya dejan ver las transgresiones que lo alejan de éste acercándose más al post-neopolicial.

Capítulo cinco

¿Víctimas o victimarios? Representaciones de lo abyecto en *Yodo* de Juan Hernández Luna: Paradigmas del post-neopolicial

> no existe forma de forma de romper el caos sin
> pagar las consecuencias. El orden
> siempre debe terminar por donde
> mismo. Sólo así podemos regresar al
> laberinto (Yodo 42)

Oriundo de la ciudad de México, Juan Hernández Luna (1962–2010) fue un escritor prolífico de narrativa criminal, así como productor de algunos guiones cinematográficos de corto y largometraje. También impartió cursos de literatura y cine. Entre su producción literaria más importante se encuentran las novelas *Naufragio* (1991), *Quizás otros labios* (1994), *Tijuana dream* (1998), *Yodo* (2003), *Las mentiras de la luz* (2004) y *Me gustas por guarra, amor* (2005). Con *Tabaco para el puma* (1996), en 1997 fue galardonado con el Premio Dashiell Hammett, uno de los premios literarios Hispanos más importantes otorgado a la mejor novela negra en el Festival Novela Negra de Guijón en España. Con *Cadáver de ciudad* (2006) ganó el mismo premio por segunda vez en el 2007.

La narrativa de Hernández Luna se distingue por un intento de renovación del neopolicial de Taibo II; asunto que no ha pasado desapercibido por la crítica. Para Glen S. Close, por ejemplo, los nuevos paradigmas de la narrativa criminal son significativas en la evolución del género:

> Although the Mexican *neopoliciaco* has continued to thrive in the work of younger writers directly indebted to Taibo and his collaborators, the modifications introduced into the paradigm since the 1990s are significant. Juan Hernández Luna, for example, strongly echoes his predecessor in his own definition of the genre but rejects one notable feature: "In my modest

opinion, the Mexican *Neopoliciaco* is a genre in which an initial crime, or a crooked situation allows for narration of an entire social context, a city, regardless of whether you resolve the crime or not. To hell with detectives and investigation. Crime is only a pretext for narrating cities" [(quoted in Torres 16)]. (48)

Miguel Rodríguez Lozano por su parte, afirma que *Yodo* es "una novela de innegable valor y con la audacia necesaria para no estancarse en reiteraciones ni en el desarrollo de personajes" (79). Trujillo Muñoz observa que Hernández Luna: "seeks to tell the dark stories of the other Mexico, bringing together the pieces of a somber but authentic vision of the turbulence, outburst, and anger of the country" (109). A estos comentarios podríamos agregar que, como autor de la nueva generación nacida en los años sesenta, Hernández Luna se aleja de la temática central de los escritores del neopolicial: la violencia gubernamental de las décadas de los años setenta y ochenta, especialmente la matanza de Tlatelolco y la guerra sucia. Más bien, los autores de las nuevas generaciones se enfocan en las secuelas de esos eventos en la nueva realidad social de finales del siglo veinte y el nuevo milenio.

El objetivo de este capítulo es analizar *Yodo* desde los parámetros del post-neopolicial para demostrar el conjunto de las nuevas tendencias escriturales de la narrativa criminal del siglo veintiuno las cuales renuevan el género anterior (el neopolicial) al conformar formas innovadoras de contar la violencia y el crimen. Estudiaremos la descentralización de los espacios narrativos, la exclusión del detective, el crimen desde la perspectiva del delincuente y las dinámicas que lo transforman de víctima a victimario. Tomando como punto de partida la teoría de caos/orden en la literatura según lo propone Katherine Hayles,[1] estudiaremos los factores que conducen al desequilibrio del protagonista y las acciones que éste toma para recuperar el equilibrio, aunque esto signifique la destrucción de otros sujetos y espacios adyacentes. Adicionalmente, aplicaremos el concepto de lo "abyecto" de Julia Kristeva para examinar la (de)construcción del protagonista; las acciones que lo conducen a un estado abyecto y cómo se construye una personalidad que raya en lo esperpéntico en un intento por reestablecer su identidad fragmentada y rescatar el 'yo' rechazado por la sociedad.

Representaciones de lo abyecto en *Yodo* de Juan Hernández Luna

La descentralización del espacio narrativo

Con *Yodo*, Hernández Luna se distancia definitivamente de la característica principal del neopolicial: la ciudad de México como el espacio narrativo. Mientras que en el neopolicial el detective deambula en los espacios exteriores (las calles, las fondas, los bares) de la ciudad de México u otras áreas geográficas del país, en la narrativa del siglo veintiuno el nombre de la ciudad ya no tiene importancia; el caos acontece en cualquier área del país. Por eso, en *Yodo* la historia inicia desde un punto desconocido en el tiempo, en un barrio y ciudad anónima donde predomina la decadencia tanto en los espacios privados como en los públicos. Sin referentes físicos concretos, la contextualización sociopolítica de la novela aplica no solamente al México contemporáneo, sino a cualquier país en el globo entero lo cual convierte el post-neopolicial en literatura universal.

Aunque *Yodo* se sostiene en la espina dorsal de la narración criminal (la violencia, *el thriller*, la denuncia de las injusticias sociales), lo hace desde el enfoque del criminal. Cómo explica Trujillo Muñoz, el verdadero protagonista no es el detective, sino la criminalidad y sus consecuencias en la sociedad ("Juan" 110). Desde esta perspectiva, en *Yodo* se denuncia implícitamente el caos social como producto de la corrupción política cuyos intereses monetarios personales se priorizan sobre facilitar los medios para resolver la pobreza y la delincuencia. El caos del macrocosmos nacional se transfiere al espacio privado en donde se gestan las dinámicas psicológicas productoras del desbalance mental del individuo. En el espacio privado también se indaga el núcleo familiar, la violencia doméstica, la ignorancia y la pobreza como otro producto de la ineficacia gubernamental que conducen a la violencia y al crimen en los espacios exteriores.

Desde el espacio íntimo del personaje se exponen los factores que lo condujeron a la criminalidad y sus intentos continuos de reequilibrio después de cada acción caótica. De acuerdo con la teoría del caos, la fluctuación entre las dinámicas caos/orden es indispensable para mantener el equilibrio entre los elementos o individuos implicados en el proceso.[2] La armonía se consigue mediante el surgimiento de "estructuras disipativas" o "bifurcaciones" que reestructuran al sujeto o elemento afectado[3] ya sea mediante el retorno al estado original o la construcción de nuevas estructuras. Sin embargo, las nuevas estructuras o bifurcaciones pueden ser azarosas e impredecibles y, al dirigirse en direcciones opuestas, producen el caos (Hawkins 2).[4]

Con referencia al caos en la literatura, Katherine Hayles señala que el paradigma "orderly disorder" y sus sistemas estabilizadores, se construyen por medio de la fragmentación, el lenguaje, el collage, la ironía y la hipertextualidad, para mencionar solo algunos (xiii).[5] De acuerdo con sus planteamientos, los sujetos (personajes) son las "estructuras disipativas" mientras que las bifurcaciones son los conductos formados para encontrar el orden después de una situación caótica. Es decir, cuando el personaje se enfrenta a una situación fuera de control, éste busca, consciente o inconscientemente, válvulas de escape para reequilibrarse y mantener el control interno, ya sea temporal o permanentemente.

En *Yodo*, las coordenadas del crimen oscilan entre el caos y el orden y son los elementos que sostienen el entramado de la historia. La dinámica orden/caos se expone mediante el lenguaje, los monólogos interiores, el fluir de la conciencia del criminal y sus acciones. Como estructuras "disipativas," el protagonista se fragmenta después de enfrentarse con situaciones complejas y crea válvulas de escape (bifurcaciones) para encontrar su propio equilibrio. Es ésta, sin embargo, una acción azarosa donde el derrotero del personaje es incierto. Éste, al no poder regresar a su estado original de estabilidad (uno de los resultados positivos de la bifurcación), se envuelve en una diversidad de actividades delictivas para hallar un orden y estabilización de su caos mental y físico, creando así un círculo vicioso de caos/orden/caos.

Narración del crimen desde la perspectiva del victimario

Mientras que en el neopolicial la historia inicia a partir del crimen y es narrada por el detective o un narrador omnisciente, en el postneopolicial la historia comienza con el victimario quien cuenta los sucesos desde su espacio personal. En *Yodo*, Horacio (el asesino serial) es el narrador. Desde una óptica retrospectiva cuenta su historia en primera persona: "No tengo más vida que ésta que he decidido contar. A lo largo de los años nunca he podido crear nada que fuera más allá de este puñado de palabras, reunidas bajo el deseo de narrar cómo me convertí en un infeliz solitario" (14). El mensaje de introducción es intrigante y mediante el acto melodramático ("un infeliz solitario") Horacio trata de ganarse la simpatía del lector. Este es, sin embargo, un narrador indigno de confianza, pues a medida que avanza la historia, Horacio describe con detalle las estrategias complejas que emplea en la planificación y consumo de cada uno de los asesinatos. La historia en la voz del victimario cumple con el propósito central de la narrativa post-neopolicial: demostrar los resultados de una sociedad fragmentada y las consecuencias en el individuo.

En el post-neopolicial, el detective formal ya no existe; un buscador de justicia en el ambiente decadente sería insustancial por su inverosimilitud. Mas bien, en algunas novelas la desconfianza en la autoridad policiaca apremia a los familiares o amigos de la víctima a investigar el caso informalmente. En otros casos, el lector hace la función del detective. En *Yodo* no hay un detective que investigue los crímenes. Lo que es más, la intromisión del cuerpo policiaco se limita a solamente un par de veces, imitando así la realidad de los barrios urbanos en los cuales sus habitantes reciben a la policía con violencia.[6] La futilidad de la presencia de un detective en un ambiente impregnado de inseguridad es satirizada en *Yodo* mediante una escena donde Horacio manifiesta predilección por las caricaturas de la Pantera Rosa; un programa basado en un detective (el inspector Clouseau) y una pantera muda que se mofa de sus habilidades como investigador. Al igual que la Pantera Rosa, quien manifiesta una inteligencia superior a la del detective y lo ridiculiza, Horacio es un personaje inteligente, pero se hace pasar por demente y sordomudo para burlarse de la justicia de una manera aún más grotesca que el delincuente de la novela neopolicial. Con este fingimiento, el personaje no tiene que explicar a otros su actitud: "En tantos años he logrado controlar mis reacciones para que no respondan a ningún estímulo que no deseé. Realmente parece que no escucho, que no hablo, que no pienso, que soy un perfecto imbécil" (102). Como el narrador de su historia personal, Horacio se concede el derecho de manipular la información y mantiene su nombre en incógnito durante la primera parte de la novela. La narración fragmentada por los recuerdos de Horacio y sus lagunas mentales, invitan al lector a participar en el acto de la investigación para descifrar los signos textuales y determinar si la desestabilización mental del protagonista se origina de los comentarios negativos y rechazo de los personajes secundarios, o si todo es inventado por una mente psicópata.

Herández Luna reelabora la técnica de narrar el crimen mediante distanciarse del lenguaje cargado de adjetivos de sus previas novelas neopoliciales. El lenguaje escueto, las oraciones cortas, los símiles y las metáforas avanzan la trama a manera de *thriller* en un ambiente grotesco que se señala desde las primeras páginas: "Es de noche. Como un demonio de lluvia y sal, como un relámpago de lodo y abismo, la calle muestra su espina descarnada .... Mi sombra se desliza lenta por las calles perdidas, bajo la inmensidad húmeda y silenciosa" (11). La historia narrada en primera persona desde el punto de vista del criminal "agudiza las sensaciones y los cambios de carácter del personaje", asegura Rodríguez Lozano (23). Esta técnica también acerca al lector a las coordenadas espaciales de Horacio para provocar la reacción deseada ante la historia del abuso (físico, emocional y verbal) del cual es objeto. El lector, sin embargo, tiene que estar consciente de la anomalía psíquica de Horacio y recordar que se trata de un asesino en serie, por lo tanto, la información que el protagonista / narrador provee también puede ser cuestionable. Es decir, si Horacio pretende ser sordomudo e imbécil para engañar a los personajes secundarios, también puede estar inventando o exagerando algunas situaciones para engañar al lector. A medida que la historia progresa, se devela el carácter manipulador del personaje. Por ejemplo, casi al final aprendemos que Horacio no es tan inocente como él quisiera aparentar, pues también es un violador de niños. El criminal, sin embargo, oculta esta información, pero su madre, en un momento de crisis, lo delata: "Lo violaste, hijo de la grandísima puta, has vuelto a violar niños ... habíamos acordado que jamás lo volverías a hacer" (139). Por otra parte, el lector no puede descartar la veracidad del narrador pues los actos delictivos y escatológicos parecen ser el resultado de los sucesos traumáticos durante la niñez del protagonista.

La (de)construcción del sujeto masculino: Del caos al orden y del orden al caos

La construcción de personajes alienados es otra característica que se agudiza en el post-neopolicial. Mientras que Cerevro, el asesino en serie creado por Taibo II en *Días de combate* (1976) era un personaje alienado, los autores del post-neopolicial crean personajes aún más caóticos, grotescos y esperpénticos. Para muestra, basta citar algunos personajes de otras novelas que catalogamos como post-neopoliciales: Jovany y los grupos mareros creados por Ramírez Heredia en *La Mara* (2004); Berenice, la prostituta adolescente que asesina a su hijo recién nacido en *Qué raro que me llame Guadalupe* (2008) de Myriam Laurini; la enana Aimeé y su novio Raymundo, el violador de niñas, creados por Liliana Blum en *El monstruo pentápodo* (2017); el narcotraficante desmitificado por el personaje femenino creado por Orfa Alarcón en *Perra brava* (2010); Cristina, la asesina en serie y castradora de órganos sexuales masculinos creada por Cristina Rivera Garza en *La muerte me da* (2007); el político que contrata a un artista para que pinte al óleo el cadáver desnudo de una prostituta asesinada y después vende la pintura en una subasta en la novela *Crueldad en subasta* (2015) de Malú Huacuja del Toro. Cómo veremos en el capítulo 7 (en el análisis de las novelas de autoría femenina), este corpus de textos del siglo veintiuno son una muestra de las innovaciones literarias en cuanto a la creación de personajes fragmentados se refiere.

El asesino serial en *Yodo* es también un personaje altamente destructivo y abyecto. Kristeva define la abyección como una "torsión hecha de afectos y de pensamientos" (8). Lo abyecto "es un objeto caído, excluido" que "no cesa desde el exilio de desafiar al amo" (8). En lo abyecto "hay un rebasamiento del orden simbólico, una perturbación de ese orden, una subversión, una desestabilización de las construcciones y los códigos para mostrar otra cosa, algo de aquello que no se quiere saber, y que sin embargo existe" (11). Tanto Horacio como su madre, Adela, son personajes perversos y manipuladores, sin embargo, la abyección es más pronunciada en Horacio al ser éste una víctima de su madre y los personajes secundarios.

Desde el aspecto psicológico, algunos traumas sufridos en la niñez pueden resultar en situaciones caóticas durante la vida adulta. Cuando el trauma es substancial la mente del sujeto busca la salida mediante el proceso de "acomodación" y "asimilación" para reequilibrarse, aseguran Van Kolk y Alexander McFarlane (491). También explican que la acomodación funciona como el medio para que el individuo aprenda de la experiencia, la acepte y se reajuste (asimilación) sin ningún problema. Por el contrario, cuando no hay una asimilación, el trauma se convierte en "trastorno de estrés postraumático" (PTSD por sus siglas en inglés) y el sujeto cae en una situación en donde revive el suceso constantemente:

> the replaying of the trauma leads to sensitization; with every replay of the trauma, there is an increasing level of distress. In those individuals, the traumatic event, which started out as a social and interpersonal process, comes to have secondary biological consequences that are hard to reverse once they become entrenched. (Kolk y McFarlane 491)

La repetición de los recuerdos relacionados con la experiencia traumática tiene resultados negativos los cuales se manifiestan en reacciones caóticas tales como emociones intensas, flashbacks, pánico, pesadillas y acciones destructivas (Kolk y McFarlane 492).

La vida de Horacio fue marcada por los traumas ocasionados por su madre y la crueldad de los vecinos. Semejante a una cámara cinematográfica, la narración dirige su lente hacia el microcosmos social de Horacio para develar algunas de las causas que lo conducen a tomar el rumbo de la criminalidad. El recurso cinemático favorece la manipulación del tiempo y el espacio, pero también crea lo lúdico en el fluir de la conciencia para "mostrar la vida interior de los personajes de forma simultánea a la vida exterior" (Humprey 111). Como producto de la sociedad a la cual pertenece, Horacio es moldeado por el rechazo y la violencia de los vecinos, quienes lo atacan sin compasión: "Antes creía que las personas me arrojaban piedras simplemente por jugar, hasta el día que me golpearon la cabeza. Fue demasiada sangre la que salió de su profundidad escondida" (12). Incapaz de superar el trauma ocasionado por el primer contacto personal con la violencia y la sangre, este acontecimiento se convierte en Horacio en PTSD y sería uno (aunque no el principal) de los factores que lo llevaría a la abyección y la obsesión con la muerte.

El resentimiento del personaje guardado por muchos años resurge durante la edad adulta mediante acciones compulsivas y caóticas. Cada noche abandona su espacio personal (la habitación) para deambular en las áreas cercanas a su casa en búsqueda de víctimas y comida putrefacta: "Mi sombra se desliza lenta por las casas perdidas, bajo la inmensidad húmeda y silenciosa" (11). La oscuridad se convierte en la aliada de Horacio y lo protege de la mofa y el ataque de los demás. Por otra parte, forzado a vagar como una sombra, es incapaz de forjarse una identidad apropiada según las normas impuestas por la sociedad, pues como explica Kristeva "la abyección se construye sobre el no reconocimiento de sus próximos: nada le es familiar, ni siquiera una sobra de recuerdos" (13). Kristeva propone que la abyección, como resultado de los traumas y el daño psicológico, empuja al sujeto a repudiarse a sí mismo. Esto lo conduce a tratar de expulsar el 'yo' (la persona que detesta) mediante acciones escatológicas (vómito, defecación) que, a pesar de su apariencia incoherente, reconstruyen el 'yo' fragmentado (9). Horacio manifiesta los síntomas de PTSD: en su mente repasa constantemente los ataques verbales y físicos de sus vecinos y de su madre. Para protegerse, se aísla en su espacio mental y físico (su habitación). En la intimidad de su recámara acude a acciones denigrantes (el vómito, la defecación y el consumo de materiales en descomposición) para expulsar el sujeto y construirse una nueva identidad. Estas acciones constituyen sus canales de salida como un recurso de auto equilibrio y rescate del caos mental. Sin embargo, es solamente un recurso temporal y con el tiempo acude a tácticas más complejas (el descuartizamiento de sus víctimas y la enajenación por la sangre) como sistema de reequilibrio. Al mismo tiempo que el delito se convierte en su forma principal de alivio, le ayuda a construirse una identidad: el asesino serial.

Aunque Horacio es el principal ejecutor de los asesinatos, sus vecinos también comparten la culpabilidad. En palabras de Trujillo Muñoz, "Hernández Luna's message is that no one is innocent of the death of another, that violence is the responsibility of the city where it occurs and of the citizens who live there" (109). La casa es un espacio físico en donde Horacio desea refugiarse de los factores externos que lo perturban. Sin embargo, este lugar no le provee los elementos apropiados para un desarrollo mental saludable ya que es el lugar en donde su madre lo manipula y lo somete a rituales para hacer creer a los vecinos que ella tiene poderes especiales. Además, Adela establece en casa su consultorio en donde trabaja como sanadora espiritual:

> Desde entonces, mi madre ya no fue al centro de la ciudad a trabajar. Puso su consultorio en este barrio, en la casa, junto a la cocina, frente a la sala. Al principio fue difícil que la gente llegara a consultarle. Desde que realizó su tercer milagro, la maldición de la peste sobre Gabriel García, le visitan gentes de todos lugares. (13)

La invasión de los vecinos del espacio privado y su violencia verbal fragmenta aún más la salud mental de Horacio. Éstos, pensando que Horacio es sordomudo, hacen comentarios crueles sobre él:

Capítulo cinco

> —Te dije que me hicieras caso, eres tan pendeja.
> —Cállate, ahí está el joven, nos va a oír.
> —¡Bah!, y qué te preocupa, está loco—dice una de ellas señalándome—.
> —Hey, tú, ¿verdad que estás loco? ¿verdad que eres puritito pendejo? (100)

En la mente del personaje los insultos no tienen sentido pues en su inocencia (si el lector así lo quiere creer) piensa que lo consideran loco debido a que le gusta ver "el programa de la *Pantera rosa*, sin reír jamás de lo que pasa en la pantalla" (énfasis del autor 100). Los ataques directos, sin embargo, provocan el desequilibrio del personaje y lo orillan a buscar las formas de reequilibrio a través del ensimismamiento en la soledad de su habitación.

Ahora bien, desde una perspectiva freudiana y suponiendo que la demencia del personaje no sea fingida, las acciones infantiles de Horacio (los programas televisivos, beber leche, comer galletas, acostarse en el regazo de su madrastra) apuntan hacia un estancamiento en la tercera etapa del desarrollo infantil (3–5 años). Según Freud, durante esta etapa, también llamada "complejo de Edipo", el niño o la niña desarrolla odio hacia el progenitor del mismo sexo y atracción hacia el progenitor del sexo opuesto. Esta etapa, asegura Freud, finaliza cuando el niño se identifica con el padre y reprime la atracción sexual que siente hacia su madre y viceversa en el caso de las niñas. En caso de trauma, sin embargo, el niño desarrolla una "neurosis infantil" la cual se manifiesta durante la edad adulta mediante acciones infantiles (citado por Chodorow 471). En el caso de Horacio, el trauma del rechazo y la acusación de locura de los demás personajes, lo desestabilizan y lo impulsan a buscar consuelo en las acciones infantiles ya mencionadas. Por otra parte, el personaje también manifiesta una segunda personalidad caótica donde impera la corrupción y la maldad. Este temperamento se desarrolla en todo su potencial destructivo dentro del espacio cerrado de su habitación.

La habitación se convierte en un punto estratégico desde donde puede observar con seguridad las actividades de sus vecinos a través de un telescopio que su madre le obsequia. Este objeto es su vínculo con el espacio exterior que lo rechaza: la gente del barrio. Desde su cuarto, y a través del telescopio, Horacio puede observar al amante de su madre, el doctor Orlando, y seguir cada uno de sus movimientos. De igual modo, puede ver el deterioro del vecindario, las casas y las calles cuando son arrasadas para construir un camino de alta velocidad: "He pasado la tarde desde mi cuarto viendo los camiones llegar y salir y las máquinas destruir las casas del barrio" (52). Aunque el telescopio es un artefacto que representa la lejanía y la enajenación del sujeto observador de la realidad exterior, al mismo tiempo funciona como un espejo que refleja su propio caos interior el cual le es imposible reconocer.

La destrucción de las calles (el caos) es paulatina y necesaria para crear un nuevo espacio en el vecindario (el orden). Sin embargo, el vecindario, como alegoría de la fragmentación del personaje, nunca llega a ser reconstruido y permanece en caos permanente (tuberías expuestas, canales abiertos y casas derrumbadas). De igual modo, Horacio no logra superar el caos y alcanzar un orden duradero (un escape positivo). Al contrario, su psicosis lo induce a buscar nuevas posibilidades de asesinar perpetuando de esa forma su propio caos, pues como señalan Kolk y McFarlene, "The personal meaning of the traumatic experience evolves over time, and often includes feelings of irretrievable loss, anger, betrayal, and helplessness ... one particular event can activate other" (492). Por otra parte, la fragmentación del protagonista es el proceso hacia la reconstrucción de su propio 'yo'; un proceso necesario para prevenir el colapso mental total (Hayles 243).

La fragmentación tanto del espacio interior del personaje como del espacio exterior del barrio imposibilita la coherencia del mundo que rodea a Horacio ya que "Fragmentation is thus both a symptom of chaos and a defense against it" (Hayles 243). El subconsciente fracturado del personaje se manifiesta en la pérdida de los recuerdos de su niñez. Cuando mira a través del telescopio a los niños jugando en el parque su mente es incapaz de relacionarlo con su propia infancia: "Estoy seguro que fui niño porque existen fotos donde aparezco con esa misma estatura. No recuerdo nada. Es como si hubiera nacido adulto, como si me hubieran cortado la vida. Un tijeretazo de años" (26–27). El personaje desea encontrar su imagen en los recuerdos para identificarse a sí mismo como un ser que tiene lugar en el universo en el cual él habita. Sin embargo, el telescopio no le devuelve esta imagen debido a que no existe en su subconsciente.

Desde una perspectiva freudiana, el bloqueo de los recuerdos infantiles, o la represión, es un mecanismo de defensa en un intento del sujeto por resolver el conflicto oedepiano. Sin embargo,

Capítulo cinco

esta acción por sí misma no retrae al niño de la etapa infantil; para que el proceso quede completo, es necesario pasar por la segunda fase: la identificación con la imagen paterna que lo lleve a construir su identidad o superego (Chodorow 472). Debido a que el padre de Horacio muere mientras su madre se encuentra embarazada, el personaje no tiene la imagen paterna con la cual identificarse y por lo tanto no desarrolla su propia personalidad o superego.

Horacio es una estructura disipativa (término de la teoría del caos) que tiene disponibilidad para el desequilibrio al no tener la capacidad de comprender los problemas y las situaciones confusas que lo rodean: la destrucción de su vecindario, los amoríos de su madre, el vacío de la figura paterna y el desprecio de los demás. Estas son influencias negativas que lo fragmentan y lo desestabilizan:

> Tengo razón para el miedo, para la tortura, para mi destino al que no encuentro acomodo en el mundo. No sé qué es más fuerte si el raciocinio o la locura. No tengo idea a dónde me llevan las costumbres y los adornos. Soy un excomulgado del curso normal de la gente que pasa a mi lado, soy un apéndice, un insepulto cadáver que busca el refugio en las letras para crear una atalaya de sombra y llanto. (17)

Al no encontrar un sentido de pertenencia comunal, el personaje pierde el propósito de la vida (simbolizado por el "insepulto cadáver") quien, para evitar su propia destrucción, busca una salida de su caos. De acuerdo con la teoría del caos, la bifurcación conduce, ya sea a un restablecimiento del orden mediante regresar al estado original, o mediante la construcción de nuevas estructuras azarosas. Respecto a ésta última, Hawkins señala: "Deterministic laws can produce behavior that appears random. Order can breed its own kind of chaos" (1). La condición humana de Horacio no le permite regresar al estado original (el nacimiento) y su retraso mental (si queremos creer que existe) tampoco le permite regresar a la cordura debido al daño emocional que ha recibido de los agentes exteriores. Ante este proceso naturalmente irreversible, el personaje recurre a una válvula de escape para tratar de alcanzar su propio equilibrio; aunque no es garantizado que lo pueda encontrar, pues ni siquiera él tiene la fe necesaria para hallarlo: "El equilibrio no existe. Nadie puede precisar el impredecible punto donde las cosas permanecen balanceadas" (80). Esta cita—que refleja el punto de vista de la teoría del caos en cuanto a la incertidumbre—apunta

Representaciones de lo abyecto en *Yodo* de Juan Hernández Luna

hacia lo impredecible de las acciones que el personaje tomará para encontrar el balance emocional; un camino caótico variante en la forma, tiempo y espacio en que comete los asesinatos.

La primera víctima de Horacio, una niña, es un recuerdo constante que resurge cada vez que comete algún crimen o se enfrenta al rechazo. Horacio afirma que "Había pasado tanto tiempo que ni siquiera lo recordaba" (136); sin embargo, la imagen de la niña es una constante en su memoria y la menciona con frecuencia, evidenciando así su caos mental y un desorden postraumático. Kolk y McFarlane explican que para los sujetos con PTSD "the past is relieved with an immediate sensory and emotional intensity that makes victims feel as if the event were occurring all over again" (491). Para encauzarse hacia el orden, Horacio recurre a acciones sistemáticas. Por ejemplo, después de enfrentarse a alguna situación que lo desestabiliza, pone diariamente una piedra en un montículo que ha ido construyendo en un terreno baldío. Después de destrozar el cráneo de una mujer en el mercado, regresa a casa y en su camino se detiene ante el montículo: "Quería sentir miedo y fue imposible. Tomé una piedra. Al pasar por el lugar de la "Primera Sangre" la coloqué exactamente en la cima de la pila. Me sentí más sereno" (79). Horacio nunca revela si en ese lugar había sepultado a la niña, su primera víctima, o si se refiere al lugar donde fue apedreado por sus vecinos y descubre su propia sangre. No obstante, mediante marcar físicamente el lugar de los hechos con las piedras e identificarlo con un nombre concreto, "la Primera Sangre," Horacio se asegura que el recuerdo de su niñez no escape de su memoria fragmentada, lo cual le asiste en mantener su equilibrio. De acuerdo con Kristeva, la exposición de las emociones es uno de los requisitos necesarios para la construcción completa del 'yo' saludable. Sin embargo, cuando las emociones son negativas producen un ser abyecto (8). Aunque Horacio participa directamente en la construcción del montículo, al estar éste expuesto al público, no puede utilizarlo como espacio para expresar abiertamente su frustración. Por lo tanto, se refugia en el espacio privado de su habitación en donde las emociones negativas continúan acumulándose y lo conducen a la abyección.

La habitación es el espacio de refugio más importante para el personaje; aquí tiene control absoluto, almacena los objetos que lo satisfacen: comida en estado de descomposición que recoge de las calles, así como los cuerpos de dos mujeres que asesina. Dichos objetos manifiestan los problemas psicológicos de Horacio quien, en su afán de protegerse del mundo exterior, construye su propio territorio en donde puede encontrar un orden lejos del caos y reconstruirse después de cada situación caótica. El protagonista reconoce la necesidad de proteger su territorio y clausurar el acceso a cualquier persona, especialmente su madre. Para proteger su espacio personal y expeler la figura materna fuera de su territorio, Horacio recurre al intento de incesto: "Supongo que mi madre no entraba a mi cuarto desde la vez aquella en que intenté abusar de ella ... en esa ocasión mi madre entró a ver qué ocurría con el derrame del agua y al verla de espaldas, reclinada, quise poseerla y me fui contra ella" (78). Si la habitación de Horacio es un espacio prohibido para su madre, el cuerpo de ella se convierte en un espacio prohibido para él. Su amor filial se desarrolla en un sentimiento enfermizo que lo empuja al deseo del sujeto vedado: "Sería porque bajo el agua de la regadera siempre pensaba en mi madre. El primer cuerpo desnudo de mujer que conociera" (74). El agua, como elemento purificador y símbolo de limpieza, representa los intentos de expulsión del 'yo', de "lavar" o desechar sus pensamientos incestuosos. Sin embargo, debido a su degradación mental, Horacio no logra deshacerse de sus tendencias enfermizas y exhibe, desde el punto de vista freudiano, un conflicto oedípico el cual expresa mediante el deseo sexual por la figura materna.

Según Freud, si el infante no logra construir su identidad mediante la observación e imitación de la figura paterna, la rivalidad o competencia por poseer a su madre (el complejo de Edipo) queda sin resolver y la mente del niño queda fija en la etapa fálica (3–5 años) que puede conducir a la agresividad. Al no desarrollar su superego infantil o identificación con el padre, Horacio no logra internalizar la moralidad. Por lo tanto, al hacerse adulto resuelve el conflicto mediante atacar a su madre sexualmente, desafiando así los códigos establecidos por la sociedad (Borch-Jacobsen 272). Horacio también utiliza la figura materna como incentivo para masturbarse: "Cuando la bañera está limpia comienzo a enjabonarme y por primera vez en muchísimo tiempo me masturbo. Como siempre, lo hago imaginando el cuerpo de mi madre, totalmente desnudo, apenas cubierto por su turbante" (143). Aunque en su imaginación Horacio logra despojar a la madre de su vestimenta, prevalece el turbante como símbolo del poder materno, "el objeto de represión primaria" (Kristeva 21) el cual no logra vencer.

Al no poder poseer a su madre físicamente, la idea del incesto se torna compulsiva en la mente del personaje. Horacio encuentra la forma de reemplazar a su madre con otra figura femenina: su madrastra Maricela, la viuda de su padre. Maricela, al igual que su madre, lo reconforta mediante acciones infantiles: "La señorita Maricela me pasó al interior y me dio un vaso de leche, me recostó en la sala, me permitió subir los pies al sillón, prendió la televisión y pasé la tarde contento viendo la *Pantera Rosa*" (énfasis del autor 24). En contraste con la madre quien rechaza constantemente a Horacio, Maricela abre su espacio físico (su casa) y lo invita para que la visite en diferentes ocasiones. Este es el primer paso que ella toma hacia el incesto. El deseo por el cuerpo masculino la conduce más tarde a permitirle que posea su espacio corporal: "Cuando estuvimos a solas en el cuarto del motel, luego de besarme y acariciarme, me dejó entrar en ella" (52). Al penetrar a su madrastra, Horacio satisface los deseos incestuosos que sentía por su madre y la eyaculación se convierte en otra manera de expulsar el 'yo' abyecto. Aunque mediante estas acciones caóticas Horacio encuentra el equilibrio (el orden), este nuevo estado es temporal pues al percibir la naturaleza del incesto, trata de encontrar una nueva forma de reordenarse a sí mismo para regresar a su estado original (antes del acto sexual), produciendo así una nueva escapatoria de tendencia caótica: un asesinato más complejo.

En correspondencia por permitirle entrar a su espacio (corporal y físico), Horacio concede a Maricela la entrada a su habitación. Sin embargo, de la misma manera que expulsa a su madre de su habitación para poder construir su nuevo 'yo', el personaje se ve en la necesidad de eliminar a Maricela de su espacio personal: "Es necesario deshacerme de ella" (85). Esta bifurcación es de una naturaleza más azarosa que las anteriores. Para encontrar un nuevo balance primero tiene que deconstruir el objeto de represión—expeler o vomitar lo abyecto—lo cual lleva a cabo mediante el asesinato de Maricela. La muerte, explica Kristeva, "es el colmo de la abyección ... no es por lo tanto la ausencia de limpieza o de salud lo que vuelve abyecto, sino aquello que perturba una identidad, un sistema, un orden" (11). Los asesinatos que ha cometido hasta el momento, aunque más sofisticados y planeados, ya no satisfacen al protagonista ni son suficientes para su reequilibrio debido a la degeneración mental que ha alcanzado. Por esa razón, la muerte de Maricela tiene que ser la más compleja y la mejor calculada:

Capítulo cinco

> Conociendo sus intenciones no pensaba en otra cosa más que en asesinarla. Mi mente estaba confundida, totalmente ocupada por cosas extrañas, sofisticadas, como ponerle un alacrán en el pecho o una bomba en su bolso de mano que explotara cuando ella estuviera lejos. ¡Qué tonterías! Realmente lo que deseaba era masacrarla, sin piedad. (107, 108)

El crimen premeditado, señala Kristeva, "aumenta la fragilidad legal" (11), es decir expone el sistema como un aparato que ante el crimen pierde su poder. Desde los inicios de su carrera delictiva Horacio manifiesta una actitud desafiante ante la ley. A pesar del aumento en la brutalidad de los crímenes, logra burlar la justicia. Su conciencia se ha calcificado y con cada nueva bifurcación el resultado es una estructura más compleja que la anterior. Esta vez no solamente degüella a Maricela, también hace pedazos su cuerpo y los esconde en su cuarto. Con esta acción, Horacio desafía la autoridad materna pues sabe que su madre no se atreve a entrar en su espacio privado, por lo tanto, se toma el tiempo para desmembrar el cuerpo de Maricela, tirar la carne al río, triturar los huesos y dejarlos ir por el desagüe de la regadera (otra forma de expulsión de lo abyecto). El descuartizamiento de Maricela señala el deseo del personaje de destruir la figura materna que no puede poseer, pero también representa la fragmentación del personaje. La recolección de la carne de la mujer en bolsas de plástico (una actividad organizada) manifiesta su intento de autoconstrucción y su deseo de volver al estado original. Maricela es el delito más grotesco y sanguinario que Horacio comete. Al asesinarla y descuartizarla en el espacio que él ha creado (su habitación) le trae un sentido de orden, pero al mismo tiempo se hunde aún más en su propio caos.

La habitación se convierte en un espacio simultáneo de caos y orden; con todo, la sed de sangre impulsa a Horacio a asesinar esa misma noche al doctor Orlando, el novio de su madre. Lo acuchilla y sepulta su cuerpo en el patio de la casa donde vivía anteriormente: "Tomé el cadáver, lo eché a mi espalda y salí de su casa por la parte trasera, escondido por la hierba y la neblina que presagiaba lluvia" (115). Como sacada de una película de terror, la imagen grotesca de Horacio cargando el cadáver se perfila en la distancia en medio de la oscuridad. El trabajo extenuante de cargar con el cuerpo de su padrastro y excavar la fosa para sepultarlo, es una válvula de escape que le devuelve un sentido de orden: "Me alejé silbando una tonadilla por el camino de la barranca de vuelta a mi casa. Ah quien tuviera un cadáver sembrado en el jardín" (117). La última frase alude a algunas porciones del cuerpo de Maricela que Horacio había sepultado en los maceteros (su jardín) que mantiene en su habitación. Irónicamente, los restos de Maricela sirven de abono para dar vida a las plantas. Se incluye así otra alegoría sobre la muerte como otorgadora de vida; un factor en el que se basa la existencia del personaje. Mediante asesinar a su padrastro y poseer a su madrastra, Horacio cumple con la leyenda griega de Edipo (de donde proviene la teoría del complejo de Edipo) y se convierte simultáneamente en matricida y parricida.

Aunque en la primera parte de la novela Horacio manifiesta un temor a sus vecinos, en la segunda parte los vecinos están aterrorizados ante el aumento de asesinatos en el barrio. Las actividades delictivas envigorizan a Horacio y le inyectan de una fuerza interior al darse cuenta que mediante la muerte tiene a sus enemigos bajo control. Los asesinatos son un caos para el vecindario, pero al mismo tiempo son el orden para el criminal, pues como señala Hayles lo paradigmático de estas situaciones es que "chaos makes order possible" (243). Así, la muerte es el conducto principal que ayuda al personaje a reconstruirse, pero al mismo tiempo lo convierte en un ser abyecto, rechazado por la sociedad.

El fin del neopolicial y el nacimiento del post-neopolicial

Algunas novelas del post-neopolicial se caracterizan por la inclusión de un lenguaje poético en donde se emplean los recursos retóricos (metáforas, aliteración, simbolismos) para describir estéticamente los conflictos humanos. Los dos últimos capítulos de *Yodo* sobresalen por su lirismo. En el penúltimo capítulo, Horacio describe el poder de la figura materna sobre él:

> Un valle inmenso. Mi madre llega desde la lejanía caminando, al estar cerca de mí su sombra se agiganta y entonces quedo reducido a una simple cortina de niebla que en vano intenta avanzar sin conseguirlo. Un ramalazo de viento me dispersa y voy a caer lejos, separado de mi propio cuerpo. Todo es humo, todo es vacío, no sé en donde están mis manos, mis pies. Me siento como una conciencia. No soy un cuerpo. (162)

Capítulo cinco

Las imágenes metafóricas representan lo que aparenta ser la muerte de Horacio; sin embargo, las secciones que le proceden indican que el sujeto subordinado por fin logra liberarse del yugo materno: "La sombra de mi madre se extiende por el valle y el verde de la hierba se transforma en morado, azul, amarillo. Mi madre desaparece" (163). Los colores morado, azul y amarillo, tono que toma el pasto al secarse o el cuerpo después de la muerte, representan el deceso de la madre. Por otra parte, el renacer del hijo se representa mediante la imagen de un objeto vibrante y activo: "Una caracola vuelve siempre al mismo lugar. Intenta salir y siempre regresa. Su misma fuerza la contrae… Una caracola es una salida cerrada. Abierta y cerrada. Cerrada y terminal. No existe ser tan infeliz como el que regresa del silencio y no encuentra a nadie" (166–67). Con la muerte de Adela, el caos interno de Horacio se reconfigura para encontrar el orden: "En este momento estoy igual que un recién nacido, listo para fenecer. Puedo morir en este instante y nada me dará pavor, ni siquiera estas manos que buscan afanosas quitarme el rostro y el habla" (163). Cuando parecía que Adela ya había dominado la historia, todo se derrumba y el asesino resurge con más ímpetu y dispuesto a seguir en su derrotero criminal. La novela cierra con la imagen de Horacio, quien, acompañado por su chofer, viaja en camino a algún lugar donde le esperan "una niña en la ciudad cuyos padres la dejan sola por la tarde" y "treinta gallinas" a las que destazará (166). El leitmotiv de la muerte como acción necesaria para otorgar la vida se repite hasta el final de la historia. Era necesario que Adela, la principal causante del trauma del hijo, muriera para que el personaje encontrara el equilibrio y renaciera (aunque no necesariamente en un mejor sujeto).

Adela como personaje dominante, a nuestro ver, representa el éxito del neopolicial en la narrativa criminal de las dos últimas décadas del siglo veinte. El neopolicial se impuso como género literario a pesar del ninguneo del cual había sido objeto de parte de la crítica (al igual que el desprecio al que se enfrentó Adela al ser madre soltera). A pesar de su éxito entre el público lector, el estilo del neopolicial habría de decaer ante los cambios sociopolíticos y culturales del nuevo milenio. No obstante, el neopolicial, como una madre, daría a luz un nuevo género, el post-neopolicial, el cual heredaría el gusto por la violencia, el crimen y la decadencia.

Representaciones de lo abyecto en *Yodo* de Juan Hernández Luna

Esta nueva narrativa tiene que reflejar el mundo caótico del siglo veintiuno que lo rodea y por lo tanto se convierte en un ser más abyecto que su progenitor, el neopolicial.

Como un recién nacido, el post-neopolicial está dispuesto a arrasar con todo y resurgir con más fuerza. La nueva narrativa criminal, elimina o "asesina" a su progenitor (el neopolicial), transgrede los parámetros previamente establecidos, renueva los aspectos formales, transforma el lenguaje y los espacios, personaliza la trama, la lleva a sus extremos y subvierte el papel de los personajes protagónicos. En el post-neopolicial, como vimos en *La Mara* y *Yodo*, la construcción de los personajes se torna más compleja y se retratan seres esperpénticos y destructivos. El proceso de la investigación pierde importancia debido a su futilidad. Por lo tanto, la eliminación del detective es necesaria por ser éste un personaje que ya no encaja en el nuevo ambiente.[7] La exposición del crimen se lleva a cabo mediante una narrativa que analiza las causas subyacentes de la criminalidad.[8] Se le permite al lector profundizar en la psicología del asesino, conocer sus traumas, los factores que provocan su actitud destructiva y los resultados finales. De esa manera, se exponen implícitamente las causas y las consecuencias de un sistema sociopolítico en crisis y se deja de soslayo la crítica explícita de los problemas sociopolíticos para prestar atención al ciudadano en particular.

Parte II
Capítulo seis

La contribución de las escritoras mexicanas a la narrativa criminal: De los tímidos hilvanes de los años cuarenta hacia la narrativa despiadada del siglo veintiuno

Introducción

Esta sección dedicada a las escritoras mexicanas muestra como la narrativa criminal escrita por mujeres ha evolucionado desde sus tímidas expresiones del delito hasta las representaciones descarnadas y sin tapujos de la violencia en la sociedad mexicana del nuevo milenio. Aunque por más de medio siglo la participación de la mujer en el género policial fue escasa, a partir del siglo veintiuno se destaca una proliferación de escritoras que incursionan en la narrativa delictiva. La nueva generación de autoras nacidas entre 1960 y 1970, se han encargado de representar estéticamente problemáticas propias de la mujer posmoderna. Desde su óptica, y de acuerdo con el contexto social y político de la época que les ha tocado vivir, plasman en sus novelas la violencia doméstica (María Elvira Bermúdez, Margos de Villanueva, Rosa Margot Ochoa y Orfa Alarcón), la violencia sexual contra las niñas y los feminicidios (Liliana Blum, Ana Ivonne Reyes Chiquete, Myriam Laurini, Malú Huacuja del Toro). Otras subvierten el tema del feminicidio y tornan la mirada hacia el sexo masculino (Cristina Rivera Garza) o desmitifican la figura machista del narcotraficante por medio del empoderamiento del personaje femenino (Orfa Alarcón).

El siglo veintiuno marcaría un hito en la incursión de las mujeres en la narrativa de corte criminal. Entre el 2000 y el 2019, Malú Huacuja del Toro publica cuatro novelas (aunque está logrando más reconocimiento, sus obras aún no han sido estudiadas como lo merece). Susana Pagano, Orfa Alarcón, Cristina Rivera Garza, Fernanda Melchor y Liliana Blum, logran publicar en editoriales de renombre (Alfaguara, Planeta, Penguin) y sus novelas empiezan a llamar la atención de los críticos. Aunque poco conocida hasta la fecha, en el 2018 se publicó la *Tercera antología de narrativa poli-*

ciaca y criminal Acapulco Noir bajo la revisión de Iris García Cuevas. Concebida a partir del festival del mismo nombre que se lleva a cabo en Acapulco Guerrero, la antología incluye una colección de 12 cuentos, cuatro de los cuales fueron escritos por mujeres: "Lobo" de Orfa Alarcón, "Fuegos de carretera" de Verónica Llaca, "Un patio muy amplio" de Nylsa Matínez y "Matar al padre" de Tatiana Goransky. A pesar de la calidad literaria y estilos únicos en las novelas de Ivonne Reyes Chiquete (*Muerte caracol*, 2010), Iris García Cuevas (*36 toneladas ¿Cuánto pesa una sentencia de muerte?*, 2011), Jennifer Clement (*Ladydi*, 2014), Patricia Valladares (*Más frío que el infierno*, 2014) y Fernanda Melchor (*Temporada de huracanes*, 2017), éstas han recibido poca atención.

Por su estilo y características narrativas, situamos las siguientes novelas entre el corpus que se identifican con el género postneopolicial: *Qué raro que me llame Guadalupe* (1994) de Myriam Laurini; *Trajinar de un muerto* (2001) de Susana Pagano; *El monstruo pentápodo* (2017) de Liliana Blum; *La muerte me da* (2007) de Cristina Rivera Garza; *Muerte caracol* (2010) de Reyes Chiquete; y *Crueldad en Subasta* (2015) de Huacuja del Toro. Como veremos en más detalle en el capítulo 9, estas novelas destacan a menor o mayor grado la inexistencia de un espacio concreto; la creación de personajes abyectos; el crimen narrado desde la perspectiva del criminal; el enfoque en los espacios íntimos (en vez del espacio público); la eliminación del detective; la reelaboración de la estructura por medio de la fragmentación; y la denuncia implícita a través de imágenes impactantes. Aunque en la novela de Rivera Garza se incluye una detective, ésta no tiene el papel protagónico y la investigación de los crímenes es minimizada por el peso de la complejidad narrativa. En *Trajinar de un muerto* y *Muerte caracol*, por otra parte, el lector hace el papel del detective.

Es importante mencionar que existen varios estudios críticos importantes sobre la literatura mexicana escrita por mujeres. Sin embargo, son contados los que se enfocan en la narrativa criminal. Entre las investigaciones más destacadas de la escritura femenina en sus diferentes géneros literarios podríamos mencionar *Plotting Women. Gender and Representation in Mexico* (1989) de Jean Franco; *Catorce escritoras mexicanas frente a sus lectores* (2010) de Blanca Estela Treviño; *Ideas feministas latinoamericanas* (2006) de Francesca Gargallo; *The Boom Femenino in Mexico: Reading Contemporary Women's Writing* (2010) de Nuala Finnegan y Jane E. Lavery;

La contribución de las escritoras mexicanas a la narrativa criminal

Romper con la palabra. Violencia y género en las obras de escritoras mexicanas contemporáneas (2017) de Adriana Pacheco Roldán. Por su parte, Cynthia Steele en *Politcs, Gender, and the Mexican Novel* (1992) así como María Medeiros-Lichem en *La voz femenina en la narrativa latinoamericana: una relectura crítica* (2006) dedican un capítulo a Elena Poniatowska. En *Ser mujer y estar presente. Disidencias de género en la literatura mexicana contemporánea* (2012), Oswaldo Estrada hace un estudio bastante completo de autoras mexicanas ya reconocidas (Nelly Campobello, Elena Poniatowska, Rosario Castellanos, Margo Glantz), pero también algunas que están empezando a ganar renombre (Carmen Boullosa, Mónica Lavin, Rosa Beltrán, Cristina Rivera Garza y Guadalupe Nettel). Así mismo, su más reciente libro, *Troubled Memories. Iconic Mexican Women and the Traps of Representation* (2018), se enfoca en mujeres mexicanas icónicas (La Malinche, Sor Juana Inés de la Cruz, Leona Vicario y Frida Kahlo). Estas críticas y críticos unen fuerzas para dar a conocer los trabajos literarios de las autoras mexicanas en sus diversos géneros literarios y épocas.

En la narrativa de corte criminal, en contraste, los estudios sobre las aportaciones de las autoras son escasos. Los únicos libros que incluyen alguna sección sobre la escritura femenina en el género policial y negro se deben al trabajo de Vicente Francisco Torres en *Muertos de papel. Un paseo por la narrativa policial mexicana* (2003) y Myung N. Choi con *La mujer en la novela policial: evolución de la protagonista femenina en cinco autoras hispanas* (2012). Estos estudios, sin embargo, tienen ciertas limitaciones. Torres, por ejemplo, en su capítulo "Las damas del crimen" dedica tres páginas y media a las autoras. Choi, por su parte, incluye dos cuentos de María Elvira Bermúdez y la novela *Morena en rojo* (1996) de Myriam Laurini. Es evidente que desde 1940 hasta la fecha existe un vacío en el análisis de la contribución de las escritoras mexicanas al género policial que demuestre el panorama completo de la evolución en sus estilos y acercamientos hacia un género literario dominado por hombres.

El propósito de esta segunda sección es rescatar de la invisibilidad a las autoras mexicanas que se han aventurado en la narrativa criminal durante los últimos 80 años (1940–2020). Para esto, tomaremos un acercamiento cronológico y dividido por décadas. El capítulo seis comprende las aportaciones de las pioneras al policial clásico (1940–1960), mientras que el capítulo siete lo dedicare-

Capítulo seis

mos a las autoras de 1970–1990. El último capítulo engloba las obras de las escritoras del nuevo milenio (2000–2020). Partiendo de diversas teorías feministas, resaltaremos las cuestiones que han suprimido a las mujeres en su contribución a la escritura criminal, así como los cambios sociales, políticos y culturales del nuevo milenio que han favorecido la publicación de más obras criminales de autoría femenina. Analizaremos las estrategias, estilos y temáticas que las escritoras han empleado para construir, como señala Nelly Richard, "significados alternativos a las definiciones hegemónicas que fabrican las imágenes y los imaginarios sociales" del perfil de la mujer y su lugar en la sociedad mexicana (7).

Con este estudio deseamos identificar, como plantea Pacheco Roldán, "marcas, registros, técnicas, estrategias que crean determinadas construcciones simbólicas e identidades sociales, y que responden a problemáticas que les afectan e interesan de manera distinta a escritoras que a escritores" (*Romper* 16). Examinaremos el proceso de la producción de los textos y el contexto social, político y cultural del cual se nutren. Al mismo tiempo, localizaremos los puntos de contradicción creados por las autoras para transgredir las normas establecidas por el orden hegemónico para erigir una imagen alternativa de la mujer mexicana. Asimismo, tomaremos en cuenta que mientras algunas escritoras rechazan la idea de ser clasificadas por su identidad sexual, otras reconocen que ser mujer influye en sus temáticas y forma de escribir (Pacheco Roldán, *Romper* 17). Aquí veremos cómo cada una de las autoras retratan la situación de la mujer en las esferas públicas y privadas y, desde sus respectivas épocas y cosmovisión, subvierten y cuestionan el atavismo impuesto por el patriarcado, captando así la atención de los lectores (y editoriales) que se interesan en las perspectivas que ofrecen las escritoras. En nuestro recorrido mostraremos cómo a través del tiempo las escritoras han reformulado las representaciones estéticas del crimen, distanciándose del estilo escritural considerado por una sociedad machista propiamente "femenino" para volcarse en una escritura con historias permeadas de crímenes grotescos, violencia, sangre y sexo.

Reconocemos que este es un proyecto ambicioso sujeto a las limitaciones de imprenta que impone un libro. Es ineludible que mientras nos enfocamos en las obras de algunas autoras en específico, otras serán mencionadas brevemente como referencia. Estamos conscientes que la selección de autoras es arbitraria. No obstante, esperamos que este trabajo, con todo y sus restricciones, expanda los futuros estudios de la narrativa criminal de autoría femenina aquí incluidas y otras que seguramente habrán quedado fuera de nuestro alcance. Aplicamos a la narrativa criminal escrita por mujeres las palabras de José María Espinasa cuando asegura que la literatura mexicana es "una cartografía maleable y flexible que empieza casi siempre por discutirse a sí misma y desfasarse del calendario estricto. Así, la imagen tiene que estarse enfocando cada momento para que no salga borrosa" (14). Confiamos que, con el paso del tiempo y la indagación exhaustiva de las críticas y los críticos del género criminal mexicano, se continuará edificando el andamiaje de las aportaciones femeninas a este género literario dominado por los varones.

La mujer mexicana en el panorama social, político y cultural del siglo veinte

Para una mejor comprensión de la evolución de la narrativa criminal en México escrita por mujeres, consideramos necesario conocer su contexto social, político, cultural y literario. Desde la época colonial, siglo 17, hasta la primera mitad del siglo veinte, las mujeres mexicanas se enfrentaron al androcentrismo en cuanto a la negación de sus derechos a la educación, la escritura, el sufragio, la igualdad laboral, el divorcio y la custodia de los hijos.[1] Las ideologías feministas europeas y anglosajonas que llegaron a México durante la época del porfiriato (1876–1911), exigían la lucha por la igualdad, la libertad y el progreso de las mujeres, sin embargo, causaron desacuerdos entre algunos intelectuales mexicanos. Genaro García y Ricardo Flores Magón, por ejemplo, defendían los derechos femeninos. Otros, como Andrés Molina Enríquez y Horacio Barreda, consideraban el feminismo como un movimiento absurdo y veían a la mujer como un objeto decorativo cuyas emociones superaban su intelecto y su lugar debería ser en el hogar al servicio de los hombres (padre, hermanos, esposo) (citado por Jaiven 140–141).

La discriminación de la capacidad intelectual de la mujer, el silenciamiento de su voz y su confinación al espacio doméstico, serían cuestiones insostenibles para las sucesivas generaciones de mujeres. Entre 1900–1960 cientos de mexicanas (consideradas radicales) traspasaron el umbral represivo del patriarcado y rompieron el silencio en su lucha contra la marginalización. Organizaron protestas, grupos feministas, comunistas y congresos en defensa de la igualdad de género,[2] situándose a sí mismas como protagonistas del panorama social, político y cultural de sus respectivos momentos históricos.

Entre las primeras defensoras de los derechos femeninos, podemos mencionar a Columba Rivera, quien en 1900 fue la primera mexicana en obtener el título de médica cirujana en la Escuela Nacional de Medicina. En 1907, las hermanas Carmen y Catalina Frías fundaron la organización las "Hijas de Anáhuac" para defender los derechos laborales de las trabajadoras de varias fábricas de textiles en la ciudad de México. En 1916, Herlinda Galindo y Elena Torres, promovieron los derechos a la educación y el sufragio en Mérida Yucatán. En 1919, Elena Torres, Evelyn Roy, Refugio García y Julia Nava de Ruisánchez, crearon el Consejo Feminista Mexicano y defendieron el sufragio femenino, los derechos de las obreras y la emancipación económica de la mujer en la ciudad de México (Cano 25–33). A este inventario podríamos agregar aquellas que se unieron a la Revolución Mexicana (1910–1917) como servidoras domésticas y en la línea de batalla como soldaderas, coronelas y generalas. Cuando estalló la Segunda Guerra Mundial en 1939, México ofreció apoyo a los Estados Unidos. Mientras los hombres sirvieron como pilotos y mecánicos de la Fuerza Aérea, algunas mujeres organizaron comités y colaboraron como enfermeras y conductoras de vehículos en defensa de la nación (Cano 46). Su participación, sin embargo, no se menciona en las fuentes del gobierno. A pesar de haber permanecido en la invisibilidad, estas pioneras dejaron una marca indeleble en la sociedad mexicana. Gracias a ellas, la mujer contemporánea disfruta de más derechos en el campo de la política y la educación, aunque todavía queda mucho por hacer en cuanto a la desigualdad de género.

La mujer mexicana en el ámbito literario

En el ambiente literario las mujeres mexicanas también se enfrentaron al constante ninguneo y la indiferencia; un producto de la obliteración de la desigualdad de género. Desde el siglo XVI hasta finales del XX, la historia de la literatura mexicana ha sido preponderadamente masculina con un axiomático vacío de la escritura femenina. La expectativa de la mujer escritora se limitaba a ensayos cortos sobre temas propiamente "femeninos" (el cuidado de los hijos, el esposo, el hogar), así como la poesía. Muchas escritoras no contaban con los recursos económicos para dedicarse de lleno a la escritura, minimizando así las posibilidades de publicar sus trabajos. Aun así, publicaban en revistas femeninas en boga tales como *La mujer mexicana. Revista mensual científico-literaria consagrada a la evolución y al perfeccionamiento de la mujer* (1904); *La voz de la mujer* (publicado en El Paso, TX) y *Rueca* (1942), así como periódicos locales como *Vésper*, fundado en 1901 en Guanajuato por Juana Belén Gutiérrez de Mendoza (Cano 25, 26).

Para 1950 solamente un puñado de autoras mexicanas habían adquirido cierto reconocimiento en el ambiente literario sin antes pasar por las restricciones ya mencionadas. Tal es el caso de las canónicas Nelly Campobello, Guadalupe Dueñas, Elena Garro, Rosario Castellanos, Amparo Dávila, Elena Poniatowska, María Luisa Mendoza y Margo Glantz. Concordamos con Oswaldo Estrada cuando asegura que leer a Castellanos y otras autoras de su época sigue siendo una "tarea urgente" porque "escribe sobre sí misma y otras mujeres, sobre la falta de acceso a la cultura de sus congéneres con el machismo y la otredad" (*Ser mujer* 63). Sin duda alguna, la historia de la escritura femenina mexicana del siglo veinte es más amplia y no puede ser resumida a estas cuantas autoras. Es evidente que los trabajos de un sinnúmero de escritoras han quedado en el olvido o nunca fueron publicados (Refugio Barragán Toscano, por ejemplo, es poco conocida). Hoy más que nunca es imperante reexaminar y reconstruir el canon literario para situar, como señala Debra Castillo, "women from the footnotes to the main text, that fills in the temporal and topographical gaps between Sor Juana Inés de la Cruz and Luisa Valenzuela" (351). De igual importancia es el trabajo de "excavación" literaria de los críticos y las críticas si se quiere resolver la cuestión sobre la "escasa" participación de la mujer en las letras mexicanas y rescatar a las mujeres olvidadas en la historia literaria. Es imperante hacer búsquedas minuciosas en los archivos de las bibliotecas (privadas y públicas) y las librerías de viejo, así como analizar concienzudamente sus textos y publicarlos en revistas de renombre y libros e incluir a las autoras en los programas de cursos escolares de todos los niveles educativos.

Capítulo seis

Las escritoras mexicanas y el género policial

Si las escritoras mexicanas en general se enfrentaban a retos culturales y sociales para publicar sus trabajos, para las autoras del género policial fue aún más escabroso el camino debido al carácter "hombruno" de este tipo de narrativa. Sin embargo, este asunto se dio desde el nacimiento del policial clásico en los Estados Unidos con Edgar Allan Poe. Los escritores dominaron el panorama literario del policial tanto en los Estados Unidos como en Europa y pocas mujeres (Agatha Christie, Dorothy L. Sayers, P.D. James y otras) lograron alcanzar reconocimiento. México no sería la excepción. Ante las limitaciones impuestas a la mujer en el ámbito educativo, social, político, cultural y literario no es de sorprender que el policial mexicano haya sido dominado hasta la fecha por los escritores. Es difícil trazar con exactitud la contribución de las escritoras al género policial mexicano de la primera mitad del siglo veinte. Entre 1940 (cuando el género llega a México) y 1960 solamente se registra María Elvira Bermúdez con la novela *Diferentes razones tiene la muerte* (1943)[3] y dos libros de cuentos: *Detente, sombra* (publicado tardíamente en 1984) y *Soliloquio de un muerto* (1951). Margos de Villanueva se une a la lista con la novela *22 horas* y un año más tarde publicaría su obra de teatro *La muerte nos visita*, un drama de corte policiaco dividido en tres actos y estrenado ese mismo año en el ya canónico teatro Arcos Caracol de la Universidad Autónoma de México (UNAM).

La escasa contribución de las mujeres al género policial clásico mexicano se debe a diversos factores. Primero, el marcado desinterés de las editoriales en los autores locales. Por petición del público lector, las editoriales mexicanas preferían publicar las traducciones de los autores anglosajones y británicos (Poe, Conan Doyle, Christie, Chesterton, Ellroy y otros.). Esta fue una problemática que afectó tanto a autores como autoras como lo expresó Bermúdez: "El poco interés de los editores en materia policiaca es notorio. A mí me ha sucedido. He tropezado con muchas dificultades para publicar mis cuentos policiacos aparecidos en *Selecciones*" (Torres, *Muertos* 103). Segundo, las restricciones culturales y sociales impuestas en la mujer afectaron su incorporación a un género literario que era considerado masculino al tratar el tema del crimen. De acuerdo con Pilar Melero, cualquier texto escrito por mujeres que saliera de las coordenadas impuestas por la censura androcéntrica terminaba confiscado o destruido: "The fact that we still have access to their writing, and to the wide range of topics it covers—from politics to gender—points to the existence of many more texts that have been lost. Their disappearance reveals the erasure of subjects and/or objects consigned to canonical oblivion, considered unworthy of preservation" (9). Para evitar la confiscación de sus manuscritos y lograr la aceptación de las editoriales, algunas autoras escribían bajo seudónimos con nombres masculinos (Bermúdez lo hizo bajo el seudónimo de Raúl Weill y Margos de Villanueva bajo Silvestre Martín). La limitada participación de la mujer en la literatura en general y el policial en particular, subraya las pugnas que las escritoras han afrontado en una sociedad patriarcal negadora de las féminas como un orden social emergente, cuestión que aún es prevalente en el siglo veintiuno.[4] El propósito central de esta segunda sección del libro es precisamente rescatar de la invisibilidad a las autoras de la narrativa criminal en México y demostrar como mediante su escritura deconstruyen el discurso misógino que las mantiene marginalizadas tanto en el ámbito social y político, así como en el literario. A continuación, veremos como las autoras pioneras del policial clásico, Bermúdez y Villanueva, construyen en los años cuarenta y cincuenta historias de crimen desde un estilo único.

Capítulo siete

Las pioneras del policial mexicano 1940-1960: María Elvira Bermúdez y Margos de Villanueva

El policial clásico de María Elvira Bermúdez

La crítica concuerda que María Elvira Bermúdez (1916-1988) es la primera escritora en incursionar en el género policial mexicano. Defensora de los derechos femeninos, fue también la primera en obtener un título de abogada y trabajar como actuaria en la Suprema Corte de Justicia. La mayoría de sus relatos se publicaron en la revista *Selecciones policiacas y de misterio* (1946-1953) dirigida por Antonio Helú, aunque también colaboró en los periódicos *Excélsior*, *El Nacional* y *México en la Cultura* (Torres, *Muertos* 102). En la antología *Los mejores cuentos policíacos mexicanos* (1955), Bermúdez publicó uno de sus cuentos a la par con los pioneros del policial clásico mejor conocidos (Antonio Helú, Rafael Bernal, Pepe Martínez de la Vega) así como otros autores de menos renombre (Antonio Castro Leal y Rubén Salazar Mallén). En sus ensayos "La novela 'negra' y la literatura social" (1987) y "¿Qué es lo policiaco en la narrativa?" (1987), Bermúdez demostró su conocimiento del policial y los escritores estadounidenses y europeos, pero también expresó su desagrado del estilo duro del sucesor del policial clásico: el género negro de la década de los años setenta. En el aspecto social, en el libro de ensayos *La vida familiar del mexicano* (1955), la autora indaga sobre el papel de la mujer y el machismo en la sociedad mexicana (Duffey 24); cuestiones que también recalcaría en su ficción como veremos en los cuentos que aquí analizaremos.

 A pesar de haber sido una escritora prolífica, la contribución de Bermúdez al género policial no sería reconocida hasta la segunda mitad del siglo veinte con sus novelas *Diferentes razones tiene la muerte* (1943) y *Muerte a la zaga* (1985) ambas protagonizadas por el detective Armando H. Zozaya. De la influencia de Agatha Christie,[1] Bermúdez creó la primera mujer detective en Latinoamérica, María Elena Morán, ganándose así el título de la "Agatha Christie mexicana" (Reyes, Juan "María Elvira" n.p.). Desafortunadamente, Bermúdez incluyó la detective en solamente tres cuentos ("Detente sombra", "Precisamente ante sus ojos" y "Las cosas hablan")[2] mientras que Zozaya es el protagonista en la mayoría de sus historias.

Por lo general, Bermúdez prefería la fórmula del policial clásico (deducción y enigma), sobre el policial puro, según declaró en su ensayo "Novelas policiacas mexicanas" (32). Paradójicamente en los cuentos que aquí analizaremos, "Detente, sombra", "Madrugada", "Advertencia inútil" y "Un cuarto en Ámsterdam" de la colección *Detente, sombra*, la autora rompe con la fórmula del relato clásico: no incluye un detective y otorga el papel protagónico a las mujeres; desmantela la imagen tradicional que la sociedad ha asignado a la mujer; indaga en la búsqueda de la autenticidad femenina y se reinventa a sí misma como autora[3] al subvertir el modelo masculinizado del policial.

Para el conocedor de la literatura mexicana es fácil identificar el título del cuento "Detente, sombra" con el soneto de Sor Juana Inés de la Cruz "Detente sombra de mi bien esquivo." Sin embargo, a diferencia del poema de la Décima Musa el cual trata la temática del anhelo del amor y el amante fugaz, Bermúdez aplica el título al crimen: la homicida entra fugazmente al apartamento de la víctima para asesinarla. De la misma forma que Sor Juana levantó polémicas entre sus contemporáneos por escribir sobre temas considerados "mundanos", Bermúdez se resiste al discurso literario masculino que consideraba a la mujer como un objeto decorativo incapaz de construir historias criminales y lo comprueba mediante su amplia publicación literaria (Lugones 743).

No conforme con otorgar el protagonismo a una mujer detective, en "Detente, sombra" la autora excluye completamente a los personajes masculinos; un desafío a la fórmula y virilidad del género policial. Bermúdez crea una gama de personajes femeninos que se apropian de la esfera pública a contracorriente del entretejido social compuesto de dominadores y dominados. Los personajes femeninos son ubicados en las mismas coordenadas que los masculinos y desfila ante el lector la diversidad de género, raza, clase y estatus económico de la mujer mexicana.[4] Así, en el elenco tenemos a políticas, jueces, doctoras, abogadas, escritoras, una mujer policía, una taxista, una periodiquera (la testigo del caso), una celadora, una crítica literaria (la sospechosa) y una escritora (la víctima), lesbianas y mujeres heterosexuales; cada una compone el mosaico del engranaje de la historia protagonizada por la detective María Elena Morán. La detective demuestra que la mujer también tiene la capacidad intelectual y astucia para resolver el misterio de un crimen. Mediante crear personajes femeninos a cargo de empleos considerados "masculinos" durante la época (la ruletera, la policía, la celadora, la periodiquera) y romper con la imagen de la mujer virginal instaurada en el imaginario colectivo, Bermúdez otorga voz a las mujeres y reconstruye una imagen más cercana al intelecto y sexualidad femenina de la mujer mexicana contemporánea, algo sumamente raro en esa época.

En "Detente, sombra" Bermúdez va más allá de reconocer la importancia de la mujer en el campo laboral e intelectual, también explora el derecho a la sexualidad y se acerca de soslayo al lesbianismo; un tema tabú en la sociedad mexicana. La víctima, América, es una escritora lesbiana. Cuando la detective y su amiga, la licenciada Oralia, analizan el asesinato de América, ambas evitan usar la palabra "lesbiana" directamente: "Sucede que América Fernández tenía *cierta fama*. Pero Georgina es *normal*, absolutamente normal. Es soltera y no se le conoce ninguna aventura" (el énfasis es mío 191). Aunque con sus comentarios la detective y Oralia muestran cierta intransigencia hacia las preferencias sexuales femeninas, rompen los parámetros al bromear sobre las posibilidades de una relación homosexual:

> María Elena reprimió una sonrisa e indagó—Y, *lo de* América, ¿sería cierto?—Quién sabe. A mí no me consta, y no me gusta hablar de lo que no me consta. Lo único que sé decirte es que en los altos círculos literarios y políticos de México hay algunas gentes…—¿Te consta? Oralia no supo que contestar y al fin dijo riéndose.—¡Cómo eres! María Elena comentó:—Después de todo, si eso es cierto, nada tiene de extraño. (191; el énfasis es mío)

Cuando la detective le pide a Oralia que le proporcione los medios para contactar a las amigas de América, ella le devuelve la broma: "¿Con las raras? Pero, hombre, María Elena, ¡cómo has cambiado! Yo no sabía… Las carcajadas de Oralia se apagaron ante la amenaza directa de su amiga" (191). Estos comentarios sociales eran anómalos en la literatura si tomamos en cuenta que

Capítulo siete

las primeras organizaciones de lesbianas en México se formaron durante la década de los setenta: Árkatas en 1975, Lesbos en 1977 y Oikabeth en 1978 y la primera manifestación pública en defensa LGBT se llevó a cabo en 1978. Es evidente, entonces, que Bermúdez se adelanta a su tiempo con tramas liberales que aún estaban distantes en el horizonte mexicano.[5]

Además de abordar la temática del lesbianismo, Bermúdez critica con humor y sarcasmo las expectativas de pureza y virginidad impuesta en la mujer por la sociedad. Cuando una mujer aborda el taxi donde viene la detective, las mujeres entablan una conversación. Ante la pregunta de la detective: "¿Es usted trabajadora social, señorita?", la mujer le contesta con una broma: "Trabajadora social, no. Señorita sí; pero no por mi culpa. Y temo que al caso que voy, moriré señorita. Y no crea, mi mamá me manda a hacer mandados a altas horas de la noche por calles oscuras, pero ni así. La ruletera y María Elena no contuvieron la risa" (211). Mediante el comentario sarcástico de la mujer (su madre la manda a la calle por las noches con la esperanza de que pierda su virginidad), Bermúdez desmitifica el estereotipo de la importancia de guardar la pureza femenina hasta el día de matrimonio. Bermúdez reconocía lo que años más tarde Marta Lamas apuntaría sobre la mujer mexicana: "No existe la Mujer; existe una amplísima variedad de mujeres, y por lo general su clase social, su edad, sus orígenes étnicos su grado de escolaridad y su tipo de consumo las acercan más a sus congéneres masculinos que a las demás mujeres" ("Cuerpo" 10). La diversidad femenina ha sido ignorada por los escritores varones del policial tanto en la época de Bermúdez como en el siglo veintiuno. Por lo general, los escritores confinan a los personajes femeninos a un papel secundario fijo en una estructura social (esposas, hijas, secretarias, servidoras, amantes), una práctica cultural difícil de erradicar y que, consciente o inconscientemente, se transfiere a la literatura. Bermúdez por otra parte, está alerta de estas cuestiones y, no solamente otorga papeles importantes a sus personajes femeninos, sino también aborda temáticas que concierne a las mujeres en el espacio íntimo del hogar, tales como la violencia doméstica y el machismo.

Con referencia a lo anterior, en "Madrugada" y "Advertencia inútil" las temáticas de la violencia doméstica y el machismo son el asunto central del crimen. Enmarcado en el tema de las relaciones amorosas y los problemas matrimoniales, la trama de "Madrugada" se desarrolla en la ciudad de México a mediados del siglo veinte. Se muestra el crecimiento urbano ante la modernización y la prosperidad económica y resalta cierta añoranza por el aire provinciano que ha cedido ante los cambios de la industrialización: "Los edificios modernos han roto la armonía burguesa de esta vieja calle capitalina. Las residencias de la era porfiriana se han convertido en oficinas, clubes, colegios y la quietud del antaño, protegida por aromadas y propicias frondas, es interrumpida ahora por los conos de luz fugitiva de los automóviles" (7). Bermúdez se adentra en la psicología de los personajes (inusual en el policial clásico) y muestra los conflictos entre Alfredo y Concha, un matrimonio que se odia mutuamente, pero continúan casados por egoísmo e intereses monetarios.

El engaño y la manipulación conforman el tejido diegético. Alfredo caracteriza el típico personaje de la época de oro del cine mexicano (1930–1960): el macho conquistador de mujeres, que, a pesar de ser casado pretende llevar una vida de soltero. Alfredo le es infiel a su esposa con Guillermina, una joven "guapa y llamativa" (8) y planea cometer el asesinato perfecto para deshacerse de Concha. El personaje masculino revela su machismo en diferentes formas. Por ejemplo, se expresa negativamente tanto de su esposa como de Guillermina y mira a la joven como objeto sexual. A pesar de esto, es dominado por Concha. Bermúdez subvierte la imagen de la mujer sumisa y crea un personaje femenino calculador y frío, pero también retrata la desigualdad de género. Mientras Alfredo se desenvuelve en el espacio público—tiene un empleo, disfruta de las bebidas alcohólicas, los amigos y los espectáculos en los bares—su esposa está confinada al espacio doméstico. Si bien la temática del machismo es expuesta desde un ángulo conservador, Bermúdez traspasa los límites de lo esperado para las mujeres de su época: construye un personaje femenino subversivo, que, detrás de la apariencia sumisa enmascara sus planes de asesinato.

La crítica a las actitudes y comportamiento de ambos géneros es ecuánime. No es claro si ella lo odia a él por ser infiel o si él empezó a salir con otra mujer como consecuencia del carácter dominante, controlador y violento de su esposa. Alfredo, con su actitud machista, no exterioriza abiertamente sus emociones. Más bien, el narrador omnisciente revela que Alfredo tiene terror de Concha: "Se paró en seco. Se avecinaba una tormenta más. Su mujer gritaría, lo insultaría, quizás hasta le pegara, como alguna vez llegó a hacerlo.

Capítulo siete

Valía más obedecerla" (14). Alfredo la detesta y desea asesinarla. Así que disemina entre sus conocidos una historia falsa en la cual inventa que su esposa quiere suicidarse. Para lograr sus planes, deja su pistola en la recámara, sale al bar con un amigo, regresa por la madrugada (de allí el título del cuento), se pone unos guantes y entra a la alcoba para asesinar a Concha mientras ésta duerme. Su propósito es hacer creer a otros que Concha había cometido suicidio mientras él estaba ausente. Mientras busca la pistola, debido a su estado de ebriedad, no se da cuenta que Concha está detrás de él lista para asesinarlo con su propia arma. Al final, Concha resultó más astuta que él: ella también había informado a sus amigas que su marido tenía una amante y les había hecho creer que la había amenazado con "suicidarse si no le concedía el divorcio" (34). Después de matarlo, Concha coloca el arma en la mano de la víctima, limpia todo y "sale gritando del departamento—¡Qué horror, Fina! ¡Alfredo se ha matado! ¡Y yo que nunca se lo creí!..." (39). Concha sobrepasa la astucia de su esposo y desde el lugar asignado por el orden simbólico planea la coartada perfecta para asesinarlo en venganza por los engaños maritales. Termina así la trama con el crimen perfecto y la victoria de la mujer.

Bermúdez crea una narración criminal, pero no es necesariamente un cuento policiaco al estilo clásico por varias razones. Primero, el crimen se comete al final del cuento, por lo tanto, no existen dos historias (la del crimen y la de la investigación) típico del policial clásico. Segundo, tampoco hay un detective que investigue el caso y ofrezca pistas al lector para dar con el asesino. Tercero, el clímax ocurre al final del cuento cuando Alfredo entra en la recámara para llevar a cabo sus planes. El final es inesperado, ya que todo parecía indicar que Alfredo asesinaría a su mujer; no viceversa. En este sentido es un cuento bien confeccionado.

"Advertencia inútil" es, en nuestra opinión, uno de los cuentos mejor logrados de esta colección por el tratamiento psicológico de los personajes y los aspectos oníricos del surrealismo. Aunque de corte criminal, al igual que "De madrugada" la historia se aleja de la fórmula del policial clásico: no existe un detective ni una investigación y el criminal ya ha pagado por su delito antes de narrar su historia. Los personajes no tienen nombres propios y los títulos y sobrenombres recalcan la jerarquía de los personajes. Mientras que el personaje femenino lleva el título de "tía", representando así la autoridad, al sobrino se le conoce por "mariquita", un apodo humillante que moldearía su personalidad en un ser inseguro y lleno de resentimientos. El sello inconfundible del estilo de Bermúdez se distingue en varias áreas: la construcción de personajes femeninos dominantes (la tía), el plan fallido del crimen perfecto, la temática del machismo y la construcción cultural de género (en este caso reforzada por la tía y los personajes secundarios). Todo hilvanado con los aspectos psicológicos, lo onírico, el surrealismo y los soliloquios.

Bermúdez otorga voz al criminal quien, al salir de la prisión, cuenta retrospectivamente el maltrato físico y psicológico que fuera objeto en casa de su tía. La trama inicia a *media res* desde la perspectiva del criminal recientemente liberado de la cárcel después de pagar su sentencia por "asesinar" a su tía. Durante el trayecto a la casa y mediante el *flashback*, el protagonista recuenta un pasado perturbador: "Todas las mañanas su tía lo llevaba al mercado pegado a sus negras faldas. Un día en que lloró mucho para que ella le comprara unos trastecitos, ella le pegó. *Ya me tienes harta con tus caprichos. A quién se le ocurre. Trastecitos de barro. Ni que fueras niñita*" (énfasis de la autora 43–44). Al prohibir al niño jugar con objetos considerados femeninos, la historia recalca la construcción social y cultural de género, adelantándose así a los estudios de género y sexualidades que surgirían en los Estados Unidos y Europa en la década de los años sesenta después de la publicación del ensayo "Segundo sexo" (1949) de Simone de Beauvoir.[6] Aunque el niño no tenía inclinaciones homosexuales, la tía lo manipulaba para hacerle creer que era homosexual e impedir que se casara. Por una parte, se quejaba con los vecinos que su sobrino no quería estudiar y quería estar pegado a ella "*como si fuera una señorita*" (énfasis de la autora 46), pero en realidad ella lo obligaba a hacer los quehaceres: "Yo era la criada de mi tía, nomás. Una criada sin sueldo y sin horas de salida. Y golpeada siempre" (46). La tía se encargó de desprestigiar a su sobrino con los vecinos y gracias a ella, todos lo llamaban *Mariquita*, un sobrenombre típico en México (de connotación negativa) para referirse a los homosexuales.

La autora indaga en la psicología del personaje lo cual es un acercamiento poco común en el policial clásico. El abuso físico y psicológico forjó la personalidad del sobrino. Incapaz de mantener una relación sentimental con una mujer, se refugiaba en la compañía de un amigo de la infancia, quien después lo rechazó cuando trató de acercarse a él. Aunque aparentemente la ambición al dinero fue el móvil del asesinato de la tía, el verdadero motivo fue el rencor producido a raíz del hambre, la miseria y el maltrato verbal, físico y emocional. Al hacerse adulto, el sobrino se dio cuenta que la tía provenía de una familia acomodada que mantenía una buena relación con "los majestuosos gobernantes" del porfiriato (48). Sin embargo, la tía había vendido todas las propiedades y adoptado al sobrino para cobrar por su manutención: "Pero lo vendió todo y se cambió a esa pequeña casa de la calle de Alonso en donde atesoraba su dinero. Tardé años en descubrir el escondrijo" (48). En venganza por las miserias y el maltrato, el sobrino empezó a planear el asesinato perfecto para quedarse con la casa y el dinero. El sobrino puso arsénico en una de las píldoras que su tía tomaba cada noche y esperó pacientemente a que su plan se llevara a cabo:

> Vieja miserable. Trabajo me costó abrir la caja sin que se notara, meter la capsulita y volver a cerrarla. Pero lo hice bien... Tuve que esperar. Me confortaba la seguridad de que iba a ser el azar, y no yo, el que, por mano de ella misma, daría la muerte a mi pariente. Sucedió el siguiente martes. Me levanté muy quitado de la pena porque ella no me había llamado aún... Esperé una o dos horas más, y fui en busca del doctor. Forzamos la puerta y, en efecto, ahí estaba, muerta ya. El doctor dijo que había sido del corazón. Yo me reí por dentro. (52–53)

Después de la muerte de la tía, el sobrino disfrutó de su libertad por algún tiempo. Sin embargo, la conciencia lo llevó a confesar que él había sido el causante de la muerte. Aunque al principio las personas (incluyendo su amigo) no le creían su historia, uno de los vecinos lo acusó con las autoridades, lo apresaron y sentenciaron a diez años de prisión.

Los papeles tradicionales del hombre y la mujer son subvertidos con los personajes de la tía y el sobrino. La tía, en vez de ser la madre abnegada y cuidar de su hijo adoptivo, es abusiva, lo mantiene restringido y en sujeción mientras que el sobrino es un ser pasivo y dominado. Constantemente el sobrino recordaba las palabras de su tía "*Te advierto que siempre tendrás que obedecerme. Que nunca dejaré que te salgas con la tuya*" (énfasis de la autora 49). Aun después de muerta, la tía continúa atormentándolo: "Tuve la certeza de que mi tía comenzaba a vengarse. De que no me dejaría disfrutar en paz de su dinero. Porque el sueño volvió y, con él, mi servidumbre" (54). El personaje femenino continúa dominando hasta el final del cuento.

Los aspectos oníricos permiten al lector escudriñar en la psicología del personaje. De corte surrealista, los sueños del personaje revelan la verdad sobre la muerte de la tía:

> Soy una cosa pequeña. Un objeto. Pero con vida. Estoy guardado en el cajón de una cómoda. Sé que tengo una leve oportunidad para escapar. Debo alcanzar la ranura que está ahí, en la parte posterior del cajón. Pero, aunque estoy solo aquí dentro, otras cosas que no veo me empujan y me impiden circular libremente. Son objetos viscosos y pesados. Pero no tienen vida, como yo. (56)

Los objetos tratan de ayudarle a escapar, pero "un gigante cabezudo" lo atrapa y le impide liberarse. Así, cae en otro cajón y la historia se repite de nuevo. En el subconsciente del protagonista, el gigante cabezón simboliza la presencia dominante de su tía y los cajones representan los temores que lo mantuvieron atrapado por muchos años. Al despertar, el personaje va a la habitación de su tía y abre el cajón donde ella guardaba las pastillas: "Destapa dos o tres de las cajitas de adentro, hasta que halla la cápsula del veneno, con su señal inconfundible e intacta. Y entonces, de golpe, descifra su sueño, la advertencia inútil de toda una vida" (58). Con esta frase finaliza el cuento. La tía nunca había tomado la píldora envenenada y su muerte había sido como el médico lo había diagnosticado: un paro cardiaco. Así, el sobrino se da cuenta, demasiado tarde, que pagó por un crimen que no cometió. La advertencia de la tía "nunca te saldrás con la tuya" resultó cierta en el sentido que no pudo asesinarla. Al mismo tiempo fue una advertencia inútil porque la muerte se encargó de hacer justicia y liberar al sobrino de la opresión femenina; aunque esto es ambiguo pues el final abierto no revela si el sobrino pudo recuperarse de sus traumas.

El séptimo cuento de la colección, "Un cuarto en Ámsterdam", es el que mejor refleja la creatividad artística de Bermúdez. La autora de nuevo rompe con la pureza de la fórmula del policial clásico para crear una historia heterogénea de varios géneros literarios. El espacio local (la ciudad de México) es reemplazado por el internacional (Ámsterdam) en una historia híbrida entre lo fantástico, la ciencia ficción, el misterio, lo gótico y el policial. Es digno de notar que este es el único cuento de la colección que incluye una referencia específica del tiempo cuando ocurre la trama: 1968. Según el narrador, "en México se estaban celebrando las Olimpiadas. Una mezcla de orgullo y zozobra la invadió. Su patria era—claro— el tema dominante en toda Europa; pero no sólo con motivo de las Olimpiadas, sino por causa de los estudiantes" (228). El cuento fue publicado en 1984 por lo tanto es difícil saber si fue escrito en 1968, año clave en la historia y la literatura de México. En ese año el país no solamente fue sede de las Olimpiadas, también ocurrió la matanza de Tlatelolco en donde cientos de estudiantes perdieron la vida al ser atacados por los grupos militares del gobierno de Gustavo Díaz Ordaz durante una manifestación pacífica. Aunque las Olimpiadas fue la noticia más sobresaliente a nivel mundial, la violación de los derechos humanos de parte del gobierno mexicano se mantuvo en el anonimato por muchos años. Sin embargo, con la referencia a los estudiantes con un sentimiento de "zozobro", Bermúdez discretamente denuncia el abuso gubernamental. A nuestro juicio, por su transgresión de la fórmula del policial clásico, "Un cuarto en Amsterdam" a la par con "Advertencia inútil" son los mejores cuentos de la colección.

La historia es narrada por una turista mexicana que se encuentra de vacaciones en Ámsterdam. La mujer—de nombre desconocido—trata de encontrar la explicación a la misteriosa desaparición de Albert, el dueño del restaurante "Albert's Corner." Aunque la narradora no es una detective, intrigada por la historia de Albert inicia pesquisas informales para resolver el misterio. De acuerdo con la mesera, Albert había comentado que se iría en el barco que estaba pintado en uno de los cuadros creados por él mismo para decorar el restaurante. La noche de la desaparición de Albert, el barco de la pintura también desapareció. Ante esta historia fantástica, la narradora construye varias conjeturas basadas en las historias orales de las culturas prehispánicas (los aztecas), los indígenas mexicanos (nahuales) y los aspectos góticos (lobos, gatos, perros negros): "había encontrado en las Historias de Fantasmas: primera, el desaparecido se convierte en animal, como resultado de la maldición de la bruja. Ah, y como cuadraba esa teoría en ambientes como el mexicano. Los nahuales. Una mujer que desaparece… y el perro negro que aparece de pronto y aúlla toda la noche" (235). Siguiendo el estilo del detective del policial clásico, la narradora utiliza su intuición, así como su conocimiento de la literatura y la cultura para forjar el cuadro que la conduce a las hipótesis.

La metaliteratura es otro rasgo sobresaliente del cuento. Como alter ego de Bermúdez, la protagonista es una ávida lectora de varios géneros literarios: la ciencia ficción de Julio Verne, el policial de Agatha Christie y el terror y lo fantástico de H. P. Lovecraft. La lectura la inspira a investigar y le otorga perspicacia para resolver el misterio de la desaparición de Albert. La narradora descarta las hipótesis fantásticas porque "no era la literatura fantástica la que iba a auxiliarla a resolver ese problema" (236). En vez de eso, sigue el modelo de Miss Marple, la detective de Agatha Christie:

> En Albert's Corner se había cometido un asesinato mondo y lirondo. Esa, y no otra, podía ser la solución. Un crimen perfecto, desde luego. El asesino, o la asesino [sic], no había dejado tras de sí el mínimo rastro, ni siquiera un triste cadáver. Pero había que desenmascararlo, qué diablos. Ella no sería Miss Marple, pero era la viva encarnación de Armando H. Zozaya. (237)

En sus pesquisas la narradora aplica la astucia que había aprendido de sus lecturas de Miss Marple y Zozaya (el detective creado por Bermúdez) para descartar las hipótesis que no llevan a ningún lugar. Interroga a las meseras del restaurante y confía en sus destrezas de "extranjera entrometida y presuntuosa" (238). En el restaurante la narradora observa desde su mesa las acciones de las meseras, las interroga y apunta la información en una pequeña libreta. Cuando regresa a su cuarto del hotel (de allí el título del cuento), arma el rompecabezas con la información de sus apuntes y logra descifrar el misterio.

Siguiendo el ejemplo de la literatura policiaca, al final de la historia la narradora hace un recuento sobre cómo resolvió el caso. Albert no había sido asesinado. Con la ayuda de Jorma, una de las meseras con la cuál este sostenía una relación extramarital, Albert salió del restaurante disfrazado y se escondió en la casa de su amante. Jorma, por su parte, reemplazó la pintura del restaurante por otra similar que Albert había pintado: "fue precisamente el borrón del barco la circunstancia que le dio la clave de la desaparición de Albert. Era un borrón en el doble sentido de la palabra: el resultado de la acción de borrar y una mancha fea en el conjunto. El primero de una pista que ella, paciente y tenaz, fue siguiendo" (253). De acuerdo con las suposiciones de la narradora, Jorma

Capítulo siete

"debió hacer notar a Dora la anomalía en el cuadro y sugestionarla hasta hacerla gritar" y "se encargó de avivar" la confusión que esto causó en el restaurante (258).

A pesar de haber resuelto el caso, la astucia e inteligencia de la protagonista queda en el anonimato de un cuarto de hotel en Ámsterdam. Se representa así la situación de la mujer escritora que escasamente recibe reconocimiento. La investigación ocurre solamente en la privacidad del cuarto y la narradora nunca le comenta a nadie sobre sus pesquisas: "Mira en torno suyo, satisfecha. No cuenta con otros confidentes para su teoría que aquellas cuatro paredes de su cuarto" (259). La protagonista no tenía motivos para resolver el misterio, es decir, no se trata de apresar al criminal y entregarlo a la justicia. Tampoco está interesada en impresionar a nadie con su talento detectivesco ya que solamente ella sabe sobre la solución del misterio. Más bien, su curiosidad, así como sus lecturas del policial, la impulsaron a investigar. Aunque en un momento dado la narradora menciona al detective Armando Zozaya como uno de sus modelos a seguir, ella demuestra una sagacidad similar ante un caso complicado de un asesinato fingido por intereses pasionales y monetarios.

A pesar de su abundante contribución al policial clásico y el reconocimiento de los críticos Luis Leal, Donald Yates, Vicente Francisco Torres, Ilan Stavans, Miguel Rodríguez Lozano y otros, aún hacen falta estudios que abarquen la obra completa de María Elvira Bermúdez (los pocos acercamientos a algunos de sus cuentos se han hecho en algunas tesis de doctorado y maestría). Sin duda alguna su fructuosa labor por promover el género policial mexicano mediante la crítica y la escritura creativa, la hace merecedora de un lugar especial en la literatura mexicana contemporánea.

El policial clásico tardío de Margos de Villanueva en *22 horas*

Margarita [Reinbeck] de Villanueva (Ciudad de México, 1920), también conocida con los seudónimos Margos de Villanueva y Silvestre Martín, es la única escritora del policial clásico de la época de Bermúdez que hasta ahora se conoce. Rodolfo Usigli, uno de los dramaturgos mexicanos del siglo veinte más importantes, consideró a Villanueva como una de las mejores dramaturgas mexicanas de las primeras generaciones. Villanueva ha escrito unas diez obras de teatro, entre ellas una policiaca de tres actos: *La muerte nos visita* (1956). En cuanto a la narrativa policial, la autora escribió solamente una novela: *22 horas* (1955), sin embargo, ha pasado prácticamente desapercibida por la crítica. En cuanto a la autora, Vicente Francisco Torres opina que "Mientras nuevos estudios no demuestren lo contrario, la primera novela policiaca mexicana escrita por una mujer es *22 horas* (1955) de Margos de Villanueva" (*Muertos* 48). Sin embargo, en 1943 María Elvira Bermúdez ya había publicado su novela *Diferentes razones tiene la muerte*. En base a esto, otros críticos consideran Bermúdez como la primera autora mexicana del policial clásico. Torres señala que el valor literario de *22 horas* consiste en dos detalles: "el primero es que el investigador resuelve el caso aconsejado por su novia; el segundo consiste en que está muy bien escrita" (*Muertos* 48). Concordamos con la primera observación, pero no totalmente con la segunda. Aunque la novela tiene sus aciertos en la creación del enigma, una multiplicidad de personajes sospechosos, situaciones engañosas que desvían la atención del lector del verdadero criminal y la resolución del caso de una manera única, el exceso de adjetivos en la descripción de los espacios y personajes, así como los estereotipos le restan valor literario. A pesar de esto, el intento de salir de la periferia y entrar en el círculo masculino del género policial en una época de restricciones culturales y sociales para la mujer, hace la novela de Villanueva merecedora de un análisis cuidadoso.

22 horas es protagonizada por el recién ascendido a comisario José Silvestre quien investiga su primer caso: el asesinato de Mario Fuentes un "rico y conocido corredor de bolsa" (7). La trama, narrada en primera persona por el detective, cae en el tedio por la economización del diálogo y la abundancia de las descripciones. Si bien se incluyen los diversos estratos sociales, la historia sigue al pie de la letra los tópicos del policial clásico: hay un detective, la clase burguesa y el enigma del cuarto encerrado. Tirsa, la esposa de Mario, lo encuentra asesinado en la lujosa habitación de su residencia. El caso toma dos cursos: por una parte, aparenta ser un crimen pasional y por otro, un crimen por intereses monetarios. Apegándose a la línea tradicional del policial clásico, todos los personajes son sospechosos ya que de una forma u otra tienen un aparente motivo para asesinar a Fuentes o estuvieron de visita en la casa antes de la hora del asesinato. La investigación se lleva a cabo en 22 horas; de allí el título de la novela.

Capítulo siete

Villanueva acierta en la representación de la prosperidad económica de la ciudad de México de los años cincuenta, un período conocido como "El Milagro Mexicano" (Kehoe y Meza 240).[7] El interior de la casa de la familia Fuentes refleja el ambiente y el lujo de la clase media alta que emergió después de la Revolución Mexicana: "daba la impresión de buen gusto. Había alfombras chinas, magníficos cuadros, obras de arte moderno, regios muebles y, en los floreros, rosas graciosamente colocadas" (10). La alcoba de los Fuentes es moderna, decorada con buen gusto "en tonos de amarillo y azul pálidos" (34) y la casa está rodeada de amplios jardines. El trato del lenguaje, por otra parte, deja mucho que decir. El tono afeminado en la voz del detective en algunas escenas es incongruente con la personalidad viril del personaje. Una escena particularmente notoria es cuando el detective visita a su novia Pilar. Después de hablar sobre el crimen y tratar de deducir juntos quien es el culpable, el detective describe el momento: "Pronto me llevó a las más dulces regiones del ensueño" (70). Locuciones como ésta resta credibilidad en el detective ya que un hombre en el ambiente machista de la cultura mexicana de los años cincuenta (y aún hoy en día) difícilmente se expresaría de esa forma, especialmente en la novela policiaca.

La novela también deja mucho que desear en el trato de los personajes en cuanto al racismo y clasismo se refiere. Mientras que los personajes secundarios son estereotipados y se exageran sus cualidades o defectos físicos, los personajes aristocráticos son bellos y de ojos claros (la "raza cósmica" con la que soñara el filósofo mexicano José Vasconcelos en los años treinta). Las descripciones son más apropiadas para la novela de la época del romanticismo que para la novela policial de la segunda mitad del siglo veinte. Mario Fuentes es un hombre de "hermoso rostro y varonil" (9), es decir la imagen perfecta del hombre: bien parecido, exitoso y millonario. Tirsa, su esposa, es "alta, delgada, de pelo negro, facciones finas; tenía unos grandes y rasgados ojos verdes de mirada penetrante; desbordaba personalidad" (34). De igual forma, las amistades de los Fuentes, quienes también pertenecen a la burguesía, son idealizados. Antonio Quijano, amigo del muerto, es un abogado "inteligentísimo, noble, culto, honrado, trabajador, sincero; tenía un carácter dulce y reposado" (30). María, su esposa es una mujer de "Ojos verdes, nariz perfilada y pelo castaño claro" (58). En contraste con la clase burguesa, la descripción de los personajes de bajo nivel socioeconómico es despectivo. Por ejemplo, el narrador da a entender que Elena Paz, la secretaria de Fuentes, procede de descendencia africana y "… es feucha, morena, de pelo muy rizado" y ojos oscuros (70). Pedro Rojas, el novio de Rosa (la sirvienta de los Fuentes) es un hombre violento "enclencle, amanerado, ojituerto" (75) "era un sinvergüenza, un ingrato, un loco" (29). Ya sea intencional o no, la descripción de los personajes refleja la discriminación racial y el clasismo, cuestiones que han prevalecido en México desde la época de la colonia.

De igual forma sobresale la desigualdad de género, los dobles estándares y las expectativas de la sociedad en el comportamiento de las mujeres. Como símbolo de la esposa y madre perfecta, Tirsa era una "Mujer aristócrata en sus modales, dulce, hermosa y una madre única" (12) y "Se pasaba los días cuidando a sus hijos, pintando o leyendo" (23). La autora retrata la actitud pasiva de algunas mujeres burguesas cuya posición social sobrepasaba la importancia del amor y el respeto a la pareja. Protectora de su matrimonio y las habladurías de la sociedad, Tirsa tolera que su marido tenga una relación amorosa con la esposa de su mejor amigo, Quijano, y permite el desliz siempre y cuando el nombre de la amante no sea mencionado en casa y su esposo respete su lugar de esposa ante la sociedad. La infidelidad del esposo, por otro lado, no es criticada por el narrador. Más bien, es aceptada como algo natural en la sociedad; un asunto comúnmente conocido en México con la frase "tener casa chica."

Por otra parte, sin importar el nivel socioeconómico se exponen las envidias, las hipocresías, las traiciones y el delito. Con el personaje de Quijano se exhibe cierta igualdad de género. Su esposa, María, lo engaña con Fuentes, pero él excusa su conducta al argumentar que él también había tenido relaciones extramaritales en el pasado: "¿Con qué derecho exigía que fuera más fuerte y virtuosa que yo?" (47). María por su parte, es muy frívola y le tiene envidia a Tirsa. Con un tono humorístico el narrador revela que la llamaban "la estampilla" porque "se pegaba a los hombres como los sellos al papel" (29). La madrastra de Fuentes es otro personaje femenino que no sigue el patrón de la mujer tradicional. Ella es una mujer dominante que no quiere a su hijo y solamente lo busca cuando necesita dinero. Según el narrador, la madrastra y los hermanos de Fuentes son "parásitos de la sociedad" (54) y cuando ella es interrogada por el detective insulta a su nuera y la acusa de ser la asesina (63). Aunque los personajes de María y la madre de Fuentes rompen con el papel de la mujer abnegada, no escapan a las críticas de otros personajes; cuestión que no ocurre con los personajes masculinos.

Por otra parte, aunque todos los personajes son sospechosos del crimen (característica del policial clásico), se refuerza el estereotipo del asesino de bajos recursos económicos como el culpable. Fuentes había empleado a Pedro Rojas, pero terminó despidiéndolo al descubrir que era un ladrón. Pedro le debía dinero a Fuentes y lo amenazó con matarlo por haberlo despedido. Se descarta a Pedro como sospechoso cuando éste presenta una coartada creíble: a la hora del asesinato había estado en el hotel con Rosa, la sirvienta de los Fuentes. La mejor prueba es que había olvidado su cartera en el cuarto del hotel. Rojas regresa con el detective al hotel y éste corrobora su historia con la recepcionista. Sin embargo, esta es una pista falsa y el detective descubre que Rojas es el asesino. Había venido a visitar a Fuentes para hablar sobre la deuda que tenía con él. En su cólera, Rojas tomó el revólver que Quijano le había regalado a Fuentes y accidentalmente le disparó. Rojas trató de aparentar que había sido un suicidio porque pensó que todo lo acusaba. Recuperó la letra de su deuda de la cartera de Fuentes y le puso el arma en la cabeza, pero olvidó remover las colillas de cigarrillos que había dejado en el cenicero; pista que conduciría a la resolución del caso. Cuando Tirsa llegó y encontró el cuerpo de su marido, pensó que éste se había suicidado porque tenía cáncer. Para evitar la crítica de la sociedad y que la aseguradora no pagara la póliza, Tirsa puso el arma lejos de su esposo para simular un asesinato. Se recalcan así los doble estándares sociales: mientras que Rojas paga por su delito, el narrador pasa por alto el adulterio y los engaños de la clase acomodada.

Villanueva no logra desarrollar los personajes; más bien toma un acercamiento cauteloso y cae en las descripciones trilladas al estilo de la novela romántica del siglo diecinueve. Concordamos con Torres cuando observa que el aspecto más rescatable de la novela es la encomienda del análisis matemático del crimen a un personaje femenino, Pilar, quien resulta ser más astuta que su novio el detective y gracias a ella se resuelve el crimen. Si bien Pilar es una mujer moderna e inteligente, el personaje no es completamente desarrollado y su participación en la historia es superficial. A diferencia de la narrativa policial de gran calidad literaria de María Elvira

El nacimiento del policial clásico en los Estados Unidos

Bermúdez, la única escritora del policial de los años cincuenta, la novela de Villanueva es un tanto descuidada en el lenguaje, los espacios y la creación de los personajes. A pesar de esto, Villanueva merece reconocimiento por incursionar en un género dominado por los escritores durante una época de restricciones para las mujeres en la mayoría de los ámbitos. A pesar de los cambios sociales, culturales y políticos que el país estaba experimentando en las décadas subsiguientes, la incursión de las mujeres en el policial mexicano seguía siendo insuficiente. Sin embargo, los trabajos de las pioneras María Elvira Bermúdez y Margos de Villanueva ya habían dejado su marca en la literatura policial mexicana.

Capítulo ocho

Las autoras del policial mexicano 1970–1990: Un acercamiento a las novelas de Rosa Margot Ochoa, Ana María Maqueo y Carmen Boullosa

Introducción

La diversidad de expresiones y estilos literarios entre 1960–1970 en las letras mexicanas, ensancha en buena manera la lista de obras escritas por los hombres. Carlos Fuentes se destaca en el panorama literario mundial con sus novelas experimentales al lado de los autores del boom (Julio Cortázar, Gabriel García Márquez y Mario Vargas Llosa). A la par con Fuentes, también sobresalen Xavier Villaurrutia, José Gorostiza, Jorge Cuesta, Carlos Monsiváis, Octavio Paz, Agustín Yáñez, Juan José Arreola, Salvador Elizondo, Fernando del Paso y José Revueltas. A éstos se unen las nuevas generaciones de la "literatura de la Onda" (Gustavo Sainz, Parménides García Saldaña y José Agustín).

En esta década la literatura de autoría femenina empieza a ganar reconocimiento, aunque a un ritmo más lento que la narrativa masculina. Entre las escritoras podemos mencionar a Inés Arredondo (1928–1989) con su libro de cuentos *La señal* (1965); Rosario Castellanos (1925–1974) con sus obras de corte indigenista: *Balún Canán* (1957), la colección de cuentos *Ciudad Real* (1960) y la novela *Oficio de tinieblas* (1962); Elena Garro (1920–1998), con *Los Recuerdos del porvenir* (1963); Luisa Josefina Hernández (1928), la menos conocida a pesar de ser una autora prolífica con nueve novelas: *El lugar donde crece la hierba* (1959), *Los palacios desiertos* (1963), *La cólera secreta* (1964), *El valle que elegimos* (1965), *La memoria de Amadís* (1967), *Nostalgia de Troya* (1970), *Apostasía* (1978), *Apocalipsis cum figuris* (1982), *La Cabalgata* (1988); y Josefina Vicens con *Libro Vacío* (1958), el cual la hizo acreedora del premio Xavier Villaurrutia. Cabe agregar que Vicens quedó prácticamente en el olvido mientras Carlos Fuentes, quien participó para ganar el mismo premio con *La región más transparente* (1958), ha recibido pleno reconocimiento hasta el día de hoy.

En la literatura policial, por otra parte, entre 1960–1980 la escasez de autoras era evidente. Hasta donde sabemos, solamente María Elvira Bermúdez continuaba activa con los textos previamente mencionados. Margos de Villanueva se aleja totalmente del policial para dedicarse al teatro. En 1978 Rosa Margot Ochoa publica su novela *Corrientes secretas*, la única de corte policial que se le conoce. Es casi imposible saber con certeza si durante esas décadas las mujeres no tenían interés en la narrativa criminal; si sus escritos quedaron inéditos o si sus obras fueron rechazadas por las casas editoriales al considerar el crimen un tema radical que las mujeres no deberían de abordar en sus escritos. Cualquiera que sea la cuestión, Gabriela Cano expresa lo que hemos recalcado hasta ahora:

> La invisibilidad de las mujeres como agentes sociales, capaces de influir positivamente sobre su entorno, es consecuencia de un menosprecio ancestral. Sus acciones y palabras se juzgan irrelevantes; sus nombres, fechas de nacimiento y muerte se olvida, o si acaso, se registran con exactitud y, con mucha frecuencia, sus documentos impresos o manuscritos se destruyen o se extravían. (22)

En el caso de Bermúdez, la autora declaró abiertamente su aversión hacia el género negro y su preferencia por el policial clásico: "El *thriller* y la novela de espionaje son variantes dentro del género. Ésta última tiene grandes dosis de violencia y sexo. En lo general no puedo leer escenas de tortura" (Torres, *Muerte* 107). En el caso de Ochoa, hasta donde sabemos, nunca expresó la razón por la cual no escribió más historias policiales.

Es importante enfatizar que la insuficiente publicación de historias criminales escrita por mujeres contrasta con las tendencias rebeldes y transgresoras de la juventud mexicana, así como los movimientos feministas de esa época. En la década de los años sesenta las ideas feministas europeas de las décadas anteriores (*The Second Sex* (1949) de Simón de Beauvoir) y el énfasis sobre la sexualidad, los derechos políticos, laborales y reproductivos, alcanzaron el pensamiento de algunas mujeres mexicanas a pesar de que éstas no encajaban totalmente en las propuestas liberales de las mujeres blancas. La influencia del feminismo, no obstante, se hizo notoria en el envolvimiento de las mujeres mexicanas en el activismo político. En 1961, por ejemplo, la abogada María Cristina Salmorán fue la primera en ocupar el puesto de ministra de la Suprema Corte de Justicia.[1] En 1964, varias mujeres se vincularon con el Partido Comunista Mexicano en la ciudad de México. En 1968 un buen número de mujeres participaron en la protesta estudiantil contra el gobierno de Gustavo Díaz Ordaz y perdieron la vida o la libertad en la archiconocida Matanza de Tlatelolco. Tal fue el caso de Ignacia Rodríguez y Roberta Avendaño, estudiantes de la Facultad de Derecho de la UNAM, quienes fueron acusadas de sedición y encarceladas por varios meses (Cano 53–54).

Las propuestas de la tercera ola feminista con *The Feminine Mystique* (1963) de Betty Friedan y *Sexual Politics* (1969) de Kate Millett, así como *The Dialectic of Sex* (1970) de Shulamith Firestone, sacudieron los cimientos del sistema patriarcal estadounidense y europeo ante el cuestionamiento de la domesticidad femenina obligatoria y las relaciones entre "sexo y género, lo público y lo privado, masculino y femenino, igualdad y diferencia" (Jaiven 143). La influencia del *Rock and Roll* estadounidense y las ideas *hippies* de "amor y paz" aunadas a la liberación sexual femenina y la introducción de la pastilla anticonceptiva, produjeron, en la opinión de Juan Antonio Rosado, "la igualdad sexual de la mujer" (321); cuestión que en nuestra opinión aplicó más a la mujer estadounidense y europea que a las mujeres mexicanas. Ciertamente algunas jóvenes universitarias se "atrevieron" a traspasar los umbrales culturales y heteronormativos de la "decencia" (el lenguaje y los comportamientos considerados apropiados); sin embargo, esto fue más típico en algunos sectores sociales de la ciudad de México. La vedette Gloria Ríos (1928–2002), por ejemplo, fue la primera mujer rocanrolera en grabar un disco en los años cincuenta, aunque pasó prácticamente desapercibida y hasta la fecha pocos saben sobre ella. Influenciadas por la música en boga del *Rock and Roll*, otras jóvenes desafiaron la autoridad paternal y en 1971 asistieron al festival de Avándaro en el Estado de México—una réplica del festival estadounidense Woodstock, famoso por el consumo de marihuana, el sexo y la quema de ropa interior femenina como símbolo de libertad y rebeldía contra las normas sociales.[2]

El surgimiento de los estudios feministas (*Women's Studies*) durante la década de los años setenta en los Estados Unidos, tuvo cierta influencia en las jóvenes mexicanas universitarias y profesio-

Capítulo ocho

nales de la clase media. A raíz de esto, analizaron la condición de la mujer en el área laboral, el espacio doméstico, la sexualidad, la violencia doméstica es así como el derecho al aborto (Jaiven 144). Si bien estas jóvenes adoptaron los nuevos valores acarreados por la modernidad, a diferencia de las anglosajonas y europeas, las mexicanas daban suma importancia al concepto de la familia como una institución central de la sociedad. Además, consideraban el matrimonio como la mejor opción para tener una vida respetable y ejercer la sexualidad y la maternidad. Esta actitud hacia el matrimonio, reforzada por las costumbres culturales, estaba en oposición a las propuestas de Friedan, Millett y sobre todo Firestone, quienes consideraban la estructura familiar como el meollo central de la opresión femenina—desde la óptica de la mujer estadounidense blanca, burguesa y profesional. Si bien las propuestas feministas sobre "lo político es personal y lo personal es político" fue aceptada por una buena parte de mujeres anglosajonas y europeas, estas ideologías resultaron incompatibles con el contexto cultural y social de la mayoría de las mujeres latinoamericanas en general y la mexicana en particular de los años setenta y ochenta.[3]

Los estigmas sociales tocante a la soltería femenina, la virginidad, la maternidad, el cuidado de la familia, la servidumbre y los doble estándares de moralidad embebidos en el imaginario colectivo tanto de los hombres como de las mujeres, son difíciles de erradicar y en México aún eran de suma importancia hasta los años ochenta. El ámbito cultural, señala Marta Lamas, "es un espacio simbólico definido por la imaginación y determinante en la construcción de la autoimagen de cada persona… La raíz misma de la cultura es esa parte del individuo que no está determinada por la historia y que consiste en el núcleo inicial y fundador del aparato psíquico: el pensamiento simbólico" ("Cuerpo" 5). En México, la cultura (el conjunto de creencias, modos de vida, prácticas y costumbres) y la sociedad (conjunto de personas que conviven bajo normas comunes) ha posicionado a la mujer en un lugar inferior al hombre; asunto que también sucede a nivel mundial y Firestone expone en su análisis de la represión de la mujer anglosajona.

La mayoría de las mujeres mexicanas, influenciadas por las tradiciones culturales, sostenían una actitud conservadora y rechazaban (y algunas aún rechazan) las ideas feministas de la tercera ola. Rosario Castellanos criticó con sarcasmo la pasividad femenina de sus compatriotas ante la objetivación y represión de la mujer por el

Orden establecido: "en este país al menos, las mujeres no elegimos. Nos sentamos pasivamente a esperar que un hombre vuelva sus ojos hasta el rincón que nuestra modestia nos depara y descubra las cualidades maravillosas que nos adornan" ("Costumbres" 462). Es conveniente recalcar que la mujer mexicana del siglo veintiuno se ha liberado hasta cierto punto de las actitudes tóxicas producto del machismo y han dejado de dar importancia a la virginidad y el matrimonio, pero aún queda mucho por hacer. A este respecto Marina Castañeda comenta: "El machismo no sólo sigue vigente, sino se ha vuelto un tema cada vez más apremiante en las sociedades modernas... el machismo invisible domina la vida cotidiana, la comunicación, la salud y la sexualidad de todos y cada uno de nosotros" (19). El machismo, claro está, se da en todos los sectores sociales. Sin embargo, parece estar más arraigado en las áreas rurales y provincianas del país, así como en los sectores de bajos recursos económicos de las grandes urbes.

El surgimiento de los estudios postcoloniales de Edward Said (*Orientalismo*, 1978) a la par con el postfeminismo de finales de los años ochenta con bell hooks, Naomi Wolf y Camille Paglia, dieron origen a los estudios de género (*Gender Studies*).[4] Bajo este nuevo rubro se empezó a analizar la condición de los grupos marginales (el subalterno) desde la perspectiva de la dominación y la violencia. Sin embargo, como asegura Chandra Talpade Mohanty en su ensayo "Bajo los ojos de Occidente: academia feminista y discursos coloniales", la aplicación de las teorías poscoloniales y feministas occidentales en los estudios de la mujer del tercer mundo ignoraban las cuestiones culturales, raciales, sociales y políticas, únicas a la subordinación de la mujer en estas áreas geográficas. Las académicas de clase media urbana bajo el discurso feminista anglosajón, afirma Talpade Mohanty, "producen estudios académicos de sus hermanas rurales o de la clase trabajadora en los que asumen sus culturas de clase media como la norma y codifican las historias y culturas de la clase trabajadora como el Otro" (1). Las propuestas de Talpade Mohanty exponen la influencia que la cultura y la sociedad han tenido en la postura de la mayoría de las mujeres (y los hombres) en cuanto a su posición subalterna (esposa, madre abnegada y servidora) en el discurso hegemónico.

A pesar de que algunas escritoras se consideraban a sí mismas liberales y expresaban su descontento contra la represión femenina, las costumbres culturales y sociales sería uno de los factores que afectaría la participación de las mujeres en la escritura de corte criminal. Entre 1960–1980 la contribución femenina al género negro era prácticamente inexistente. Si las mujeres mexicanas de esas décadas eran liberales como resultado de la "revolución sexual" como asegura Juan Antonio Rosado (321), ¿por qué las escritoras se mantenían alejadas de la narrativa criminal? ¿Por qué Rosa Margot Ochoa y María Elvira Bermúdez preferían el policial clásico en vez del estilo duro del género negro de Rafael Bernal en la denuncia de la crítica social y la corrupción política y el trato del lenguaje, los personajes y los espacios marginales? Silvia Isabel Gámez asegura que "La novela negra es un terreno poco explorado en México por las mujeres. Estereotipos, resabios feministas y una educación tradicional propician la ausencia" (1). Un acercamiento hermenéutico desde la perspectiva de las intersecciones de raza, género, clase, momento histórico, político y cultural, nos permite entender mejor la postura de las escritoras mexicanas de la segunda mitad del siglo veinte en cuanto a la escritura del género negro y su rechazo al estilo "masculinizado" de esta narrativa. La influencia cultural y social que conforma los procesos psíquicos, perfomativos e identitarios, o en palabras de Pierre de Bourdieu el *habitus*, nos ayuda a entender la pasividad (si así lo queremos creer) de la mujer mexicana en cuanto a la escritura en general y el policial en particular. Aunque no descartamos la posibilidad de que algunos escritos saldrán a la luz en las décadas futuras, todo parece indicar que hasta finales de los años setenta, muchas mujeres preferían dedicarse al cuidado de la familia en vez de la escritura, especialmente la novela negra y más tarde el neopolicial de Taibo II.[6]

Anacronismo en *Corrientes secretas* de Rosa Margot Ochoa

La periodista, poeta y escritora Rosa Margot Ochoa León (1924), incursionó en el cuento, la novela, la poesía y el teatro. Su gusto por el policial clásico la inspiró a escribir *Corrientes secretas* (1978), la única novela policial que se le conoce. A pesar de las nuevas tendencias narrativas del género negro en boga a finales de los años setenta (estilo duro y el lenguaje vulgar de los barrios bajos de la ciudad de México, la violencia, corrupción política y denuncia social), Ochoa aborda el tema del crimen y la violencia doméstica desde una perspectiva conservadora. El hilo narrativo sigue las temáticas distintivas del género negro—la ambición al dinero y el engaño—aunque desde un acercamiento mesurado en el trato del lenguaje y las acciones. A esto se mezclan rasgos de la novela romántica decimonónica o el melodrama contemporáneo (uso excesivo de adjetivos y descripciones de los personajes y espacios), el misterio, el horror psicológico y el abuso infantil.

A pesar de las tradiciones culturales y sociales aún conservadoras de finales de los años setenta, Ochoa se apropia del derecho a la escritura policial para construir un discurso femenino a contracorriente de la construcción cultural de la mujer. La autora crea la típica historia de la madrastra malvada del cuento infantil y la combina con una historia policial donde las mujeres son las protagonistas en vez del detective. Sobresalen dos personajes femeninos dicotómicos: Luisa Escudero, la protagonista, es una maestra rural abnegada y romántica; Armandina del Ribero, la antagonista, es la típica *femme fatale* (fría, perversa y calculadora) capaz de cualquier cosa por ambición al dinero.

La historia se desarrolla en la hacienda "El Cenote" cerca de Mérida, Yucatán y es contada retrospectivamente por Luisa desde su vejez: "Aún en la actualidad, después de tantos años, con frecuencia, durante el sueño, mi espíritu me abandona para penetrar, como si fuera la primera vez, en la "Hacienda del Cenote" (5). La narradora inicia la historia con una descripción de sus primeras emociones al llegar a "la imponente casa" (5) de tres pisos en el cual había "algo siniestro" (6) en el ambiente. A esto agrega comentarios sobre el misterio de mansiones encantadas, fenómenos parasicológicos y una reflexión filosófica sobre la maldad humana. La introducción es típica de las películas de horror: un mayordomo recibe a la protagonista, quien, al entrar a la lujosa mansión tiene un presentimiento negativo. Mientras la dueña de la casa le da la bienvenida, Luisa mira con temor "entre los barrotes de la escalera una pálida carita que la espiaba" (8). Este primer encuentro con la niña sería clave en toda la novela como símbolo del estado represivo de la criatura y su rescate heroico de parte de Luisa.

El título de la novela, *Corrientes secretas*, y el nombre de la hacienda, "El Cenote", constituyen una metáfora de las acciones de la antagonista y el ambiente engañoso creado por ésta. Semejante a un cenote bajo cuyas aguas cristalinas pueden existir corrientes submarinas mortales, la belleza de la lujosa casona es engañosa. En su interior se conciben traiciones y muerte y detrás del estatus aparentemente estable de la familia del Ribero, se esconden secretos criminales por ambición al dinero. Armandina es una mujer maquiavélica y criminal. Después de asesinar a su esposo Alberto del Ribero, despide a todos los miembros de la servidumbre y contrata personal nuevo para encubrir que Anita, la heredera universal de la fortuna de su esposo, no es su hija. Además, contrata a Luisa para que imparta clases privadas a Anita y a su hermanastra Estela; todo con el propósito de manipular la situación y hacer creer que Anita padece de sus facultades mentales. De esta forma, la niña sería llevada al manicomio y la fortuna que había heredado de su padre pasaría a manos de su madrastra. Luisa relata cómo ella participó en aclarar la situación, proteger y rescatar a la inocente (Anita) y encontrar a la culpable (la madrastra).

Es digno de mencionar que *Corrientes secretas* se encuentra entre las primeras novelas del policial que no se basan en la ciudad de México como el espacio central de la narrativa. Ochoa descentraliza la narrativa, se aleja de los suburbios y se enfoca en el espacio provinciano, uno de los territorios de ocupación maya más antiguos del país.[7] Se recalcan los hechos y lugares históricos importantes de Mérida del siglo XVI. La narradora describe con detalle el Parque Centenario, así como la Casa Montejo o también conocida como "la del Adelantado, construida sobre lo que fuera la Plaza Ceremonial. Ésta luce en todo su esplendor la portada de estilo plateresco, edificada con piedras de los monumentos mayas, en el año de 1549" (87). La Casa Ayala, los diferentes barrios, las capillas y las plazas "que proliferan por todas partes, siendo la más bella la de Santa Lucía, con sus antiquísimos portales circundando dos de sus costados, y como las otras, sembrada de almendros, tamarindos y laureles, bajo cuya sombra los originales confidentes propician los encuentros furtivos y las citas de amor" (86). De igual manera, se menciona la conquista de Yucatán en 1528 a manos del español Montejo. El narrador describe la belleza del centro de Mérida e hilvana el pasado con el presente:

> Lo recorrió lentamente, gozando con las flores tropicales e iridiscentes que lo alfombraban, mientras trataba de imaginar cómo habría sido al fundar la Capital Montejo el mozo, hijo del Adelantado, dentro de la ciudad maya de T'ho, aquel barrio de Santa Catarina que agrupara en el siglo XVI, a todos los indios mayas, y ocupada ahora por el parque y la Casa Ayala, el manicomio del Estado. (85)

Tampoco faltan otros hechos históricos importantes del siglo diecinueve: la separación de Campeche y su creación como Estado libre y soberano en 1862 durante el gobierno de Benito Juárez; la importancia de la industria maderera y la construcción de la Casa de Gobierno en "lo que fuera el Templo de Bakumcháan, destruido en 1625" (87). Aunque la inclusión histórica de la provincia es un detalle peculiar que enriquece la novela, esto puede distraer de la cuestión principal: el crimen y la investigación. Por otra parte, es digno de reconocer que la autora no se apega al policial clásico puro ni a la fórmula del género negro. Más bien, otorga originalidad a su novela al usar su propio estilo en vez de mimetizar el estilo narrativo en boga del género negro de Rafael Bernal.

Aunque se mantiene la tensión mediante el misterio de la supuesta locura de Anita y el diálogo rápido al estilo *thriller*, similar a la novela *22 horas* de Margos de Villanueva que analizamos en el capítulo anterior, el aspecto del lenguaje tiene mucho que desear. La locución cae en la cursilería debido a la exageración de adjetivos y los clichés. Anita, por ejemplo, tenía "dos enormes ojos azules salpicados de brillantes chispas doradas" (16). En contraste, su hermana Estela tenía "el negro cabello que enmarcaba su atractiva carita inventando suaves ondas su caída natural, terminaba en sedosos rizos que acariciaban sus hombros" (20). Incluso, algunas escenas traen reminiscencias de *María* (1867), una novela del romanticismo del colombiano Jorge Isaacs (1837–1895). Luisa, por ejemplo, visita a sus tíos en Campeche y al ver a su primo Mario se enamora de él y mantienen una relación idealizada. Además, hay una referencia directa a la novela: "¿Sabes que había ido a hacer Estela a mi recámara el día del disparo?—preguntó Luisa por fin.—¿Qué cosa?—A dejar entre mis libros "María" de Jorge Isaacs, para que no supiera su mamá que lo había leído" (138). Es sabido que la lectura de *María* era considerada inapropiada para las "señoritas" del siglo diecinueve. La incorporación de estos detalles en *Corrientes secretas* produce un texto híbrido que parece parodiar la novela del romanticismo. Esta estrategia, sin embargo, en vez de enriquecer el texto, lo recarga de una narrativa romántica alejada de la fórmula del género policiaco centrada en la violencia y el crimen.

Por otra parte, la elaboración de la psicología de los personajes es una de las características más acertadas de la novela. Se expone la maldad de la madre y el horror que ésta impone en sus hijas mediante sus juegos maquiavélicos. Armandina toma los juguetes de la habitación de Estela y los coloca en la cama de Anita. Estela, al pensar que su hermana está robando sus pertenencias, la acusa de un delito que ésta no había cometido, apoyando así inconscientemente los planes de su madre. A medida que avanza la trama, los delitos se hacen más extremos. Por ejemplo, una noche el gato de Estela aparece muerto y ensangrentado en la cama de Anita:

> Luisa abrió la puerta del baño, la de la recámara de Anita y horrorizada vio a la niña de pie, bañada en sangre, sosteniendo en su cerrado puñito una enorme navaja y con los ojos vidriosos, casi fuera de sus órbitas, fijos en algo que le pareció una pelota colorada semiescondida entre las cobijas de la cama. ¡Lo que había creído una pelota, era el destrozado cuerpo del gatito de Estela! (43)

Todo parece acusar a Anita. Estela reacciona fríamente ante la muerte de su gato. Esto es una pista falsa para desviar la atención del lector hacia Estela como la culpable. Anita, por su parte, sufre el efecto psicológico normal de cualquier niña de su edad: "No había vuelto a pronunciar una palabra ni probado bocado alguno. Sentada en una silla, sus pupilas inmóviles y horrorizadas miraban hacia dentro sus recuerdos de pesadilla" (45). En otra ocasión se escucha un disparo en la recámara de Armandina. Anita es acusada por Miguel, el sacerdote de la familia, de disparar a su madre. Al final se revela que Armandina había estado planeando el complot en contra de Anita e incluso había llegado al extremo de dispararse a sí misma para convencer a los demás sobre la locura de su hijastra. Al ver que todos sus planes han fallado gracias a la perspicacia de Luisa, Armandina trata de envenenar a la niña mediante mezclar arsénico en la leche que sería servida a Anita. Esa noche las dos hermanas intercambian sus bebidas y Estela es envenenada por accidente.

Rosa Margot Ochoa hace a un lado las convenciones masculinizadas del género negro de la década de los setenta y ochenta y otorga la investigación (aunque informal y temporal) a Luisa en vez del detective, Obdulio Campos. A pesar de su constitución física delicada, Luisa utiliza su intuición (como el detective del género negro) y se deja guiar por sus lecturas de novelas policiacas para tratar de encontrar las respuestas: "Cuando menos eso dicen todas las novelas policiacas. Espero que tengan razón" (126). Anita desaparece después de que supuestamente disparara a Armandina.

Luisa trata de encontrarla e inspecciona la cueva que la niña usaba como escondite durante sus crisis psicológicas. Gracias a las pesquisas de Luisa, el inspector Campos logra atar cabos, aunque no resuelve el caso en ese momento. Si bien Campos decide cerrar la investigación, Luisa no se da por vencida. Continúa con sus pesquisas mediante interrogar a Estela y logra resolver el caso. Al final, Armandina es entregada a la justicia—un rasgo típico del policial clásico—y Anita es adoptada por sus tíos paternos.

Como hemos demostrado, en la década de los setenta las escritoras todavía tenían mucho trabajo que hacer para vencer los tabús y demostrar que también son capaces de construir historias, ambientes, lenguaje y personajes que rompan con el estereotipo de las historias románticas y de amor en la escritura femenina. Mientras que los escritores del policial de los años setenta (Bernal y Taibo II) reflejaban en su escritura la realidad social mediante el uso del lenguaje del argot mexicano, los espacios urbanos, la corrupción política, los barrios bajos y un detective corrupto, las escritoras se mantenían al margen de este estilo. A pesar de esto, con la novela de Rosa Margot Ochoa ya se empiezan a perfilar las tendencias que devendrían en la narrativa de sus sucesoras de las siguientes décadas: la descentralización del espacio de la ciudad de México, la relegación del papel del detective, así como la construcción de personajes femeninos que rompen con el papel tradicional de la madre abnegada.

Las autoras del policial mexicano 1980–1990

En comparación con las décadas anteriores, los años ochenta y noventa fueron más productivos para las escritoras del policial mexicano. María Elvira Bermúdez se mantiene activa con la publicación de su novela *Muerte a la zaga* (1985). A ésta se une Malú Huacuja del Toro con *Crimen sin faltas de ortografía* (1986), donde trata las temáticas de la corrupción en la academia, el engaño, la manipulación, la decadencia sexual, el machismo y la represión femenina. Ana María Maqueo, incursionó con tres novelas: *Crimen de color oscuro* (1986), *Amelia Palomino. Un crimen de rostro amable* (1989) y *Los peligros del cristal* (1990). Alicia Reyes, por su parte, publicó *Aniversario número 13* (1988) y *El almacén de Coyoacán* (1990). En ésta última, Reyes crea su historia entre los parámetros del policial clásico y el género negro. Sobresale una polifonía de voces basada en los distintos estratos sociales. Aunque incluye una diversidad de personajes (alrededor de 15), la construcción es débil y no logra desarrollarlos completamente. Algunos participan esporádicamente en el diálogo cuando son interrogados por el investigador, mientras otros tienen una participación más activa. Tomando en cuenta la actitud conservadora que la autora toma en su narrativa, son admirables las descripciones eróticas de las escenas durante los encuentros sexuales de los personajes femeninos. En este aspecto la autora se acerca, aunque tímidamente, al género negro, pero se encasilla en el policial clásico a pesar de que en México este género ya había quedado prácticamente sepultado tras el éxito del neopolicial.

Mujeres que matan: La narrativa criminal de Ana María Maqueo

Las novelas *Crimen de color oscuro* y *Amelia Palomino* de Ana María Maqueo, merecen un estudio más detallado por su trato con los personajes femeninos y la temática de la violencia doméstica y el feminicidio. Ambas novelas están ambientadas en Veracruz, una ciudad porteña al este de México, y son protagonizadas por Roberto Alatorre, el capitán y jefe de homicidios. Al igual que las autoras previamente mencionadas, Maqueo recurre al estilo del policial clásico (el misterio del crimen, la investigación del detective y la resolución del caso) en vez del estilo violento y gráfico del género negro. Ambas historias tratan el tema del feminicidio a manos de un miembro de la familia en los círculos sociales burgueses. Mientras en *Crimen de color oscuro*, Laura, la hija menor de Eugenio Bermúdez (un ingeniero millonario de reputación dudosa) es ahorcada por su hermana mayor por celos y envidia, en *Amelia Palomino* la víctima es una mujer viuda asesinada por uno de sus hijastros por intereses monetarios.

Típico del policial clásico, la tensión en ambas novelas es sostenida por el misterio del crimen seguida por la investigación. Ambas historias empiezan de manera similar: Alatorre recibe una llamada mientras duerme, acude a la escena inmediatamente e inicia con los interrogatorios. En *Amelia Palomina,* Amelia es asesinada mientras yace en estado de coma en un hospital. El enigma de su muerte consiste en que nadie tenía acceso a su habitación a la hora de su fallecimiento y la única persona que la acompañaba (su hermana Rosaura) dormía profundamente bajo los efectos de un somnífero que le suministrara su médico. Automáticamente esto convierte a Rosaura en la primera sospechosa. Sin embargo, los hijastros de Amelia (Francisco, Ricardo, Jorge y Blanca) también son sospechosos ya que ellos heredarían la fortuna de su padre después de la muerte de Amelia.

En *Crimen de color oscuro* el asesinato es más gráfico y las descripciones más intensas. Laura "había sido estrangulada con una cuerda de nailon, de tipo corriente, que se encontraba todavía en el cuerpo. Después de la muerte recibió varios golpes y heridas leves, principalmente en la cara y el pecho" (22). Además, "Siete uñas de las manos aparecieron rotas, trozadas hacia arriba… le cortaron mechones de pelo" (22). Su cuerpo fue encontrado a la orilla de una carretera aislada. Al momento de su muerte tenía tres meses de embarazo y en su cuerpo se encontró evidencias de alcohol (23). El detective Alatorre interroga a la familia cercana. Siguiendo el estilo del policial clásico, todos los personajes son sospechosos: los padres, las dos hermanas (Teresa y Marisol), el novio de Laura y los criados que viven en la casa.

Aunque en ambas novelas la mujer es víctima del crimen, esto es solamente el pretexto para deconstruir la imagen tradicional de la mujer y reconstruir un discurso disidente opuesto a la subjetividad y los signos culturales de representación. En *Amelia Palomino*, por ejemplo, la protagonista, Amelia, es una mujer calculadora, ambiciosa, vengativa y cruel que planeó todo para despojar a los hijastros de la herencia de su esposo. Después de la muerte de su marido, ella hereda una cuantiosa fortuna. A pesar de ser millonaria, su ambición la lleva a organizar ilícitamente en su casa juegos de póker y ruleta. El espacio de la casa se convierte en un recinto de apuesta al cual asisten personajes importantes de la clase media veracruzana y se manejan grandes sumas de dinero.

Nelly Richard señala que "Para transgredir efectivamente la norma socio-masculina, hace falta que la dinámica de los signos que moviliza lo femenino, rompa, desde la textualidad misma, con las significaciones excluyentes y monológicas" (21). En *Amelia Palomino* Maqueo infringe la imagen de la mujer sumisa prefabricada por una sociedad patriarcal mediante la construcción de un personaje femenino posmoderno que sabe manejar a los demás a su antojo. Todos los hijastros de Amelia (un ingeniero, un político, un profesor de universidad y una ama de casa) tenían motivos suficientes para asesinarla ya que a pesar de ser profesionales (excepto Blanca, quien es una ama de casa tradicional), se encontraban en la bancarrota; la muerte de su madrastra significaba la recuperación económica al heredar las propiedades de su padre. Los personajes se someten a Amelia por interés al dinero y aún después de su muerte ella controla la situación. La verdadera personalidad de Amelia se va develando mediante los recuerdos de los personajes expuestos a través del flashback durante los interrogatorios del detective. Aunque los personajes rehúsan confesar la verdad, en su mente afloran recuerdos de los problemas y discusiones que tuvieron con Amelia, reforzando así la declaración de las empleadas domésticas quienes coinciden con la opinión negativa sobre Amelia.

Caba agregar que sobresale una diversidad de personajes femeninos con personalidades propias. Amelia tiene un carácter determinado e intenta escapar del anonimato que conlleva ser la viuda de un hombre poderoso. Rosaura, la hermana de Amelia, aunque no es un personaje totalmente desarrollado, tampoco sigue el modelo tradicional femenino. Más bien, al igual que Amelia, no permite que la maternidad forje su identidad. Al contrario, Rosaura detesta a los niños y decide no tener hijos porque no le interesa perpetuar su descendencia. Por otra parte, se conforma con llevar una vida pacífica y cómoda en el espacio doméstico y no se atreve a romper por completo con la sujeción impuesta en la mujer por la sociedad y la cultura mexicana. A diferencia de su madrastra, Blanca es un personaje tradicional con una personalidad gris y apagada; se dedica a su hogar y al cuidado de su hijo, no tiene un empleo que la respalde en caso de que su marido le falte y es incapaz de mantener una conversación sobre temas profundos.

Aunque el enigma de la muerte de Amelia atrapa al lector, las digresiones y repeticiones distraen de la temática de los conflictos familiares. La descripción sobre la personalidad de Amelia, por ejemplo, es constantemente repetida por los personajes durante los interrogatorios, particularmente en los comentarios de los hijastros. Otra digresión sucede casi al final de la novela cuando Alatorre se encuentra en la ciudad de México y por casualidad se topa con un viejo amigo. Ambos se van a un bar donde continúan hablando de viejos recuerdos. En otro segmento, Alatorre y su esposa Marcela, un personaje al que apenas se le menciona, van en búsqueda de una casa que desean rentar cerca de la playa. Ninguna de estas digresiones tiene un hilo comunicativo con la trama.

Por otra parte, las repeticiones conllevan cierto simbolismo si tomamos en cuenta que en la literatura "La descripción de un objeto en el comienzo del relato destaca su importancia como clave de la peripecia o sirve como sinécdoque del sujeto a quien se refiere" (Altisent 139). En ambas novelas el tópico de la lucha entre perros es una constante que representa la disputa por el poder y el dinero. En contraste con las múltiples menciones a los perros, en *Amelia Palomino* hay una escena clave que, aunque se emplea solamente una vez, no deja de ser importante: Amelia remueve su maquillaje en la privacidad de su habitación dejando al descubierto su verdadera apariencia. Aunque esta escena parecería como una digresión superflua de la rutina de limpieza facial que muchas mujeres llevan a cabo, es un antecedente de lo que vendrá después: de la misma manera que la protagonista se remueve el maquillaje que le otorga una belleza superficial, los personajes se encargan de desenmascarar su fachada de mujer respetable que se había forjado ante la sociedad. Durante el interrogatorio, los hijos manifiestan que Amelia es una estafadora sin escrúpulos y vengativa. Después de muerta Amelia sigue burlándose de sus hijastros ya que antes de morir a propósito había nombrado herederos universales a las criadas y algunos sobrinos que nunca había conocido.

Al final, Alatorre logra descifrar el enigma de la muerte de Amelia, pero a diferencia del policial clásico dónde el detective restaura el orden mediante aprehender al culpable, Alatorre se convierte en cómplice del crimen, hace justicia propia y decide no entregar el criminal a las autoridades (el estilo del género negro). Después de las evidencias reunidas durante su investigación, el detective concluye que Amelia merecía ser asesinada por su perversidad y se cuestiona si Ricardo (el hijastro), quien la mandó asesinar para que no revelara algunas actividades ilícitas que le perjudicarían en su carrera en la política, debería pagar por el crimen.

En *Crimen de color oscuro* la construcción de los personajes femeninos es similar a la de *Amelia Palomino*. Las tres hermanas y la madre tienen personalidades diferentes. Gloria Bermúdez, la madre, había perdido su identidad ante la opresión de su esposo, Eugenio. De acuerdo con Antonio, el chofer de la familia, Gloria

> Es como un gorrión, grisecita [sic], suave. Muchas veces uno siente como que no está bien aquí, como si no se sintiera en su casa, ¿me entiende? Siempre pide todo disculpándose. Todos la callan, le gritan… El ingeniero hace como que no la ve. Pobre. Dicen que de joven era la muchacha más guapa y alegre de todo el estado. Él se la acabó, dicen. (21)

Capítulo ocho

Marisa, la hija mayor, detesta la burguesía de su familia y la hipocresía de la comunidad. Critica que otros sean serviciales solamente por conveniencia y compara a su familia con "el olor a pescado" del ambiente del puerto de Veracruz (14). Teresa, la segunda hija, es una científica "… de trato difícil. Se decía que no tenía una sola amiga, un galán… Había instalado en Veracruz unos importantes laboratorios. Además de investigación científica, se hacían análisis exclusivamente para gente pobre, sin recursos" (15). Teresa no usa joyas, ni adornos femeninos o juveniles, más bien, "Teresa daba la impresión de una monja, de una persona sin edad; correspondía a la imagen que de ella se tenía, una mujer serena, inteligente, fría" (15). Detrás de esta fachada, sin embargo, se oculta la envidia hacia su hermana menor, Laura, una joven de 22 años mimada por su padre. Laura es una mujer liberal: llega tarde a casa, no obedece a sus padres, tiene relaciones sexuales antes del matrimonio y queda embarazada. Es caracterizada por otros personajes como "Hermosa, frívola, caprichosa… tonta" (17) por haber traspasado las reglas de "castidad y decencia." El amor sin objeciones que le demuestran sus padres (le permiten hacer lo que le venga en gana) sería uno de los detonantes que impulsaría a Teresa a asesinarla.

Al final de la novela, hay un cambio en la personalidad de la madre y ésta resurge con fuerza para delatar a Teresa. Ante la sorpresa de la familia y los criados quienes están acostumbrados a una madre y esposa sumisa, Gloria toma las riendas del asunto y ordena que todos se callen y escuchen su mensaje: "ahora me toca hablar, después de tantos años, de tantas palabras guardadas, de tantas lágrimas y gritos contenidos, me toca a mí" (149). Gloria toma agencia de su propio discurso y se enfrenta a la supresión masculina y el abuso de su hija Teresa: "De pronto surgió de otro mundo, de otra vida, la madre se enderezó. Se acercó a Teresa. Sin una mirada, sin la menor entonación de voz… Una fiera. En eso se había transformado" (148). Según Gloria, Teresa asesinó a Laura por celos de su novio y del cariño de sus padres hacia ésta, especialmente del amor maternal. El final es sorprendente; después de ser descubierta, Teresa se suicida mediante un tiro en la boca. Para evitar las murmuraciones de la comunidad y el oprobio de la familia, los periódicos registran la muerte de Teresa como otro asesinato más. La novela termina con un final abierto: "Habían salido ya los periódicos de la tarde. Circulaba además una nueva fotonovela.—¡Carajo!" (150). Así, aunque se resuelve quien fue la asesina de Laura, el caso queda entre familia, una cuestión que refleja la realidad de algunas familias mexicanas quienes por el temor al "qué dirán" mantienen en secreto situaciones consideradas embarazosas.

Estas dos novelas policiacas demuestran que el talento de Maqueo como escritora es indiscutible. A pesar de seguir la fórmula del policial clásico, un estilo narrativo prácticamente caducado para los años ochenta, logra entretejer los hilos de la trama de manera que mantiene la tensión y el interés del lector. Lo más sobresaliente es la construcción de los personajes femeninos. A diferencia de las novelas policiacas de algunos escritores donde las mujeres son solamente un brochazo en la narrativa y son representadas como objetos de decoración y uso sexual, los personajes de Maqueo plantean una perspectiva más apegada a la realidad de la mujer mexicana contemporánea y sus diferentes expresiones en la sociedad. Se rescata así el discurso femenino y se reubican sus voces tanto en la ficción como en los círculos literarios.

Las autoras del género negro a finales del siglo veinte

A pesar del auge del género negro o neopolicial, a finales del siglo veinte la narrativa criminal aún era dominada por los hombres. Existen controversias entre algunos autores y autoras en cuanto al motivo de la insuficiente publicación de autoría femenina. Desde el punto de vista de Juan Hernández Luna, escritor de género negro, las escritoras se mantenían al margen de los temas de la violencia y el crimen por falta de interés: "Podríamos fantasear, decir que a las mujeres que escriben policiaco las suicidaron o las desaparecieron. Y además robaron todos sus libros. Pero creo que el asunto policial le es indiferente a la sensibilidad femenina; el tema de quien lo hizo, *el who done it*, no les interesa" (citado por Gámez 1). Myriam Laurini, autora de género negro, ofrece su perspectiva: "nos educaron para ser buenas amas de casa, esposas, madres y, si nos diera por escribir, debemos dedicarlos a la novela intimista, de amor, a no meternos en el terreno de hombres. Esto es claro, basta observar la poca o nula participación de reporteras en México que cubran la nota roja" (citado por Torres Pastrana). Paco Ignacio Taibo II, por lo contrario, no cree que las consecuencias de una educación tradicional sea el trasfondo de la carencia de escritoras con temas criminales. Para apoyar su argumento señala a Lydia Cacho y Sanjuana Martínez como "las que están haciendo los grandes reportajes de tema criminal" (citado por Gámez 1).

Tomando en cuenta las restricciones impuestas en la mujer que ya hemos mencionado previamente, podemos deducir que si algunas mujeres se apegaban a las temáticas concernientes al espacio doméstico y la familia no era tanto porque no les atrajeran las temáticas que van más allá de lo tradicional. Más bien, se debía a dos factores primordiales que comparten una importancia equivalente: las coerciones sociales y culturales que crean en el imaginario colectivo la imagen de la mujer sumisa, así como la indiferencia o el poco interés de las editoriales por publicar sus obras; asunto que ha sido criticado ampliamente por académicas y escritoras. Debra Castillo, por ejemplo, explica que "In the workplace, in the privacy—or non-privacy—of her home, in the public or political arenas, in the publishing houses, the Latin American woman is still largely a shadow construct" (10). Nelly Richard ratifica el argumento de Castillo y agrega que la literatura de las mujeres está "cautiva a la institucionalidad literaria del mercado editorial" cuya "tradición canónica tiende a omitir la producción de las mujeres o bien trata de recuperarla de su marginación bajo el subterfugio paternalista del falso reconocimiento de lo "femenino" (10). La mexicana Julia Rodríguez, autora de novela negra,[8] concuerda con Castillo y Richard. Utiliza su experiencia personal para comentar sobre el rechazo de algunas editoriales como un factor importante en cuanto a la insuficiente producción de la escritura femenina: "Les cuesta trabajo aceptarnos, entender que podemos aportar algo más que la clásica novela donde el tema central es la pareja" (Citado por Gámez 2). Malú Huacuja del Toro, quien ha estado escribiendo novela policiaca desde la década de los cincuenta, tiene una queja similar. En una entrevista con Antonio Díaz, Huacuja comentó sobre la discriminación y acoso al que se enfrentan las mujeres que desean incursionar en el género negro y agregó que para publicar un libro las autoras necesitan formar parte del "grupo de escritores y grupos políticos", de lo contrario "no existes como escritora policiaca en el mercado editorial. Nadie reseña o critica tus novelas, porque las reseñas se entregan como trueque a cambio de un favor editorial o publicitario y nadie te invita a las ferias de libros ni te da distribución" (Díaz, *Inequidad* n.p.). Si la cuestión de las escasas oportunidades de publicación para las mujeres es cierta como aseguran las mencionadas críticas y autoras, podemos ver que el ninguneo hacia sus textos todavía persiste desde la época de María Elvira Bermúdez, quien hizo comentarios similares. Si bien es fácil asumir que las escritoras no se interesan en temáticas que rebasen el contexto doméstico, la historia literaria desde la época de la colonia demuestra lo contrario, como confirman los poemas eróticos (para su época) de Sor Juana Inés de la Cruz. Las pugnas de las escritoras feministas Latinoamericanas del siglo veinte por su derecho de expresión en la escritura tales como Victoria Ocampo, Rosario Castellanos y otras, demuestra que las limitaciones de la mujer en las esferas sociales, culturales y literarias se deben al Orden simbólico lacaniano fundamentado en la imagen de la mujer como el "Otro".

A pesar del número limitado de publicaciones policiales escrito por mujeres, a finales del siglo veinte se empieza a perfilar un cambio en la forma de contar las realidades de la sociedad mexicana. Los cambios en los roles de género se reflejan en las historias de las autoras quienes, al adjudicar su propio punto de vista del crimen, proponen una escritura diferenciada de sus contemporáneos varones. Los movimientos de las mujeres en el espacio público iniciados por las feministas de los años setenta y su tenacidad en cuanto a "lo personal es político" se intensifica durante los años noventa otorgando visibilidad a las mujeres. Con todo, la desigualdad de género en México es aún palpable, como señala Marta Lamas: "A finales del siglo XX, en nuestro país, al cabo de oleadas y revolcones de variado signo, las mexicanas se ubican de lleno como figuras protagónicas en el ámbito público, aunque con desigualdades sustanciales" (10). Dichas disparidades fueron abordadas por algunas escritoras del género negro de finales de los años noventa. Y aunque algunas preferían el estilo tradicional del policial clásico, como es el caso de Alicia Reyes en *El almacén de Coyoacán* (1990), otras, como Carmen Boullosa con *La Milagrosa* (1993) y Myriam Laurini con *Morena en rojo* (1994) y *Qué raro que me llamen Guadalupe* (2008), entran de lleno al género negro y lo renuevan con protagonistas femeninos que pugnan en contra de las imposiciones hegemónicas, tanto en la esfera privada como en la pública. Existen también otras autoras que han alcanzado poco reconocimiento. Tal es el caso de Malú Huacuja del Toro con su segunda novela policiaca: *Un cadáver llamado* Sara (1988–1989), (publicada por entregas en el suplemento *Sábado* del periódico

Uno más uno)⁹ y Julia Rodríguez, quien se acerca de sesgo a la narconovela con *¿Quién desapareció al comandante Hall?* (1998).¹⁰

Las autoras de la narrativa criminal de finales del siglo veinte y principios del veintiuno abordan temáticas que afectan a la mujer posmoderna y su lugar en la sociedad mexicana: la sexualidad femenina, la prostitución infantil, la trata de blancas, la venta ilegal y el consumo de estupefacientes, la violencia de género y el feminicidio. Las escritoras mexicanas finalmente se atreven a traspasar el umbral del policial clásico e incursionar en el género negro (o neopolicial) para ofrecer la perspectiva femenina de las problemáticas culturales, sociales y políticas del país. Así, deconstruyen "la problematización de la identidad y la crítica de la representación hacia las luchas emancipadoras por la significación" (Richard 49) y abren el camino para las nuevas generaciones de autoras que emergerían en el siglo veintiuno.

La escritura como herramienta de reconstrucción de identidad femenina en *La Milagrosa* de Carmen Boullosa

Con la implementación del neoliberalismo y el Tratado de Libre Comercio bajo la presidencia de Carlos Salinas de Gortari durante la década de los años noventa, México enfrentó varios retos económicos, sociales y políticos trascendentales. Las ideas neoliberales de prosperidad económica para el país beneficiaron solamente a las empresas transnacionales causando la marginalización de las clases trabajadoras y el aumento de la pobreza como consecuencia de la devaluación del peso ante el dólar (Carriedo Castro n.p.). Ante la falta de empleos y la proliferación del crimen organizado, cientos de mexicanos se envolvieron en la venta y distribución de estupefacientes con el apoyo de policías corruptos. Como consecuencia del incremento de la corrupción, se acentuó la desconfianza del pueblo mexicano hacia el Partido Revolucionario Institucional (PRI), el partido en el poder político por más de setenta años (Close 48). Las ideas e instituciones de la globalización neoliberal fueron cuestionadas política e intelectualmente por medio de protestas. Los miembros de la rebelión zapatista de Chiapas en 1994, por ejemplo, manifestaron su descontento ante el abuso del poder y la falta de justicia.

En el aspecto religioso, el gobierno de Salinas de Gortari efectuó en 1992 la reforma al artículo 130 de la Constitución Mexicana, una de las reformas más importantes de la segunda mitad del siglo veinte. Estos cambios otorgaron la libertad religiosa a los mexicanos y abrió las relaciones diplomáticas entre la Santa Sede y el estado mexicano después de más de ciento treinta años de restricciones (Martínez de Codes 528). A pesar de que estos cambios lograron la apertura al reconocimiento legal de unas 5179 asociaciones religiosas (Martínez de Codes 529), la mayoría de los mexicanos (89.7%) continuaban profesando el catolicismo, la religión tradicional impuesta por los españoles durante la colonización. La realidad es que ante la aparente "amenaza" de los nuevos grupos religiosos, algunos católicos se aferraron con más intensidad a sus creencias y tradiciones.

La corrupción política y el fanatismo religioso del catolicismo sería el contexto que forjaría la trama de la novela *La Milagrosa* (1993) de Carmen Boullosa. Los desafíos que enfrentaba el México contemporáneo exigían una revalorización del discurso literario que capturara los haberes sociales y políticos y reformulara las praxis sociales representadas en la literatura. Aunque *La Milagrosa* sigue el modelo del neopolicial en cuanto a la crítica directa de la corrupción política del gobierno mexicano se refiere, a diferencia de las novelas de Taibo II y otros autores del neopolicial de los años noventa, Boullosa rompe el relato lineal del neopolicial para construir una narrativa heterogénea fragmentada a partir de múltiples narradores y géneros literarios: las notas personales de la protagonista (apodada la Milagrosa por sus habilidades curativas), las cartas de agradecimiento de sus adoradores, la grabación del detective en un casete y un narrador desconocido identificado como "el transcriptor". Bajo el pretexto de una historia policiaca, el entramado ficcional gira alrededor de la corrupción política del PRI y las tradiciones religiosas del pueblo mexicano. Como ha reiterado Kay Pritchett, *La Milagrosa* "presents itself as a detective story but then reveals profound symbolic reference to matters of Mexican identity" (788). Aunque estamos de acuerdo con esta observación, en este segmento estaremos analizando la novela desde otra perspectiva: como la autora utiliza el género neopolicial para abordar la temática de la identidad de la mujer mexicana y su derecho a la escritura.

Capítulo ocho

La protagonista, apodada la Milagrosa, utiliza la escritura como una forma de liberación de las ataduras impuestas por las tradiciones religiosas y culturales. Mediante una actitud irreverente, el personaje construye una expresión que deshace "los signos referenciales de la representación masculina" (cuerpo, libido, goce, heterogeneidad, multiplicidad) (Richard 18).[11] La Milagrosa es una joven que había sido mitificada desde la niñez por una muchedumbre supersticiosa. Al considerarla una santa, los vecinos la habían confinado al espacio de una cabaña en el barrio "Santa Fe" de la ciudad de México, "donde los que entran no viven para contarlo" (*La Milagrosa* 80). Aquí vienen sus adoradores diariamente a pedirle todo tipo de milagros. Ante las demandas y restricciones de los creyentes, la Milagrosa pierde su identidad como mujer y se deja llevar por las ideologías religiosas sobre su santidad. El proceso de mistificación de la Milagrosa, hace eco en las palabras de Rosario Castellanos cuando señala:

> ... el hombre convierte a lo femenino en un receptáculo de estados de ánimo contradictorios y lo coloca en un más allá en el que se nos muestra una figura, si bien variable en sus formas, monótona en su significado. Y el proceso mistificador, que es acumulativo, alcanza a cubrir sus invenciones de una densidad tan opaca, las aloja en niveles tan profundos de la conciencia y en estratos tan remotos del pasado, que impide la contemplación libre y directa del objeto, el conocimiento claro del ser al que ha sustituido y usurpado. (*El eterno femenino* 9)

Con la beatificación del personaje, sin embargo, llegaron también las consecuencias: la Milagrosa pierde su identidad de mujer y su derecho a la sexualidad y expresión de temas considerados "mundanos". Los vecinos la visten de blanco a semejanza de la Virgen María, la alimentan y la mantienen estática en una habitación a dónde vienen sus adoradores a pedirle milagros. Desde aquí, diariamente ve desfilar cientos de personas a las que se siente obligada a servir.

A la par con la subjetividad del personaje femenino, se denuncia la condición política del país bajo el dominio del Partido Revolucionario Institucional (PRI), el partido político que había dominado el panorama por más de setenta años. La Milagrosa utiliza sus "poderes" para cambiar el futuro político de la nación entera. Manipula los acontecimientos para que Felipe Morales, representante del PRI como candidato a la presidencia, pierda las elecciones. La referencia al fraude electoral durante las elecciones de 1988 cuando Salinas de Gortari se impone sobre Cuauhtémoc Cárdenas, candidato izquierdista del Partido de la Revolución Demócrata, es directa: "Esta pesadilla caía como anillo al dedo al único, digo al respetable único partido en el poder. Porque por ahí andaba Cárdenas, el hijo del otro Cárdenas, el presidente que nacionalizó el petróleo (eran otras épocas)" (76). Ignacio Sánchez Prado recalca la importancia de la presencia de Cárdenas en la política del país: "Cardenas's candidacy also meant a major transformation in left-wing politics, where practices associated with more radicalized stances (such as the guerrilla movements of the 1970s) migrated to the backburner of society and culture" (*Screening Neoliberalism* 109). Sin embargo, debido a la corrupción política y el fraude electoral, la situación de México se convirtió para los buscadores de justicia en una "pesadilla" cuando Cárdenas no logró subir a la presidencia. La autora va más allá de recrear en su novela la corrupción política del país. La subyugación de los mexicanos por el poder político es una representación a mayor escala de la subyugación del personaje femenino, el tema que más nos interesa analizar. A nuestro juicio, la temática central de la novela es la pérdida de la identidad del personaje femenino y las acciones que ésta toma en su reconstrucción y liberación de las ideologías culturales y religiosas.

La fragmentación narrativa, así como la de la protagonista, es una representación de la fragmentación política y social del país. Ante las demandas de la muchedumbre, La Milagrosa se ha fragmentado en un intento de complacer a todos: "Así me regalo como carnada para el botiquín de la variedad. Rezongando pierdo el uno, imito la forma de diálogo que obliga al plural" (100). En un intento de liberación y desafiando las tradiciones culturales mexicanas que imponen el catolicismo como la religión a seguir, la Milagrosa renuncia a las cadenas del fanatismo religioso para encontrarse a sí misma: "Debo retornar al uno. Uno, uno, uno: no puedo permitir mi fuga, mi disolución, no tengo porque ser la herida cubierta con el vestido rojo de mi propia sangre exhibida en el carnaval del otro" (101, 102). La protagonista escapa del espacio de sujeción para encontrar su propia identidad. Rompe con las reglas de la virginidad y descubre su sexualidad al iniciar una relación amorosa con el detective. A partir de ese momento, ella se resiste a ser llamada Milagrosa, el apodo que la identificaba como una santa dotada de poderes. También exige al detective que la llame por su nombre verdadero: Elena. De esta forma, el personaje reconstruye su identidad y al mismo tiempo desafía los estigmas y etiquetamientos de pureza y virginidad que reducen las opciones femeninas al matrimonio como la única opción de satisfacción personal.

Aunque el descubrimiento de la sexualidad fue el primer paso hacia la liberación de la protagonista, la escritura, sería el principal dispositivo de reconstrucción de su identidad como mujer. A juicio de Nelly Richard, la incorporación de la escritura como productividad textual y la identidad como juego de representaciones "para construir y deconstruir los signos de lo "femenino", lejos de naturalizarse como una referencia invariable, cambian de máscaras en el interior del texto" (14). Mediante la escritura, las mujeres deconstruyen y reconstruyen "los códigos narrativos que violenta la estabilidad del universo referencial y que, por lo mismo, desfigura todo supuesto de verosimilitud de los mecanismos literarios de personificación e identificación femeninas" (Richard 14). Por su parte, Élène Cixous invita a las mujeres a abandonar la imitación del falocentrismo y escribir sobre sus propios cuerpos desde una posición activa para contrarrestar la pasividad que el sistema le ha asignado (251). También propone que la escritura femenina no puede ser definida por el modelo de la escritura masculina, más bien, debe ser un espacio de liberación donde la escritora se reconoce y define a sí misma mediante la apropiación de su discurso y las representaciones de las problemáticas sociales que afectan a las mujeres.

El ejercicio de la escritura permite a Elena mantener su singularidad (representada mediante el símbolo 'uno') y escapar del fanatismo religioso. Su liberación representa los intentos de las autoras mexicanas por hacer de la literatura un medio para expresar sus perspectivas sobre la sujeción social, política, cultural, sexual y literaria impuesta en la mujer por el Orden simbólico. Al alterar los códigos del neopolicial, Boullosa demuestra que la escritura femenina tiene la habilidad de desmantelar los artefactos culturales, sus símbolos y significados para construir una imagen de la escritora que difiere de la definición hegemónica. Tenemos en la novela de Boullosa una perspectiva novedosa (para el neopolicial) donde la forma y el contenido tienen igual importancia, mostrando así que la narrativa criminal de autoría femenina deja de ser lectura de quiosco digna de ser analizada por la crítica literaria.

Las autoras del policial mexicano 1970–1990

Para ponderar, la reconstrucción de la identidad femenina en la novela de Boullosa señala hacia una nueva panorámica en la literatura criminal de autoría femenina. Seguramente existen otras escritoras del género que pasaron desapercibidas durante las décadas de los años noventa y sus obras quedaron en el anonimato de una bodega o nunca fueron publicadas. No sería hasta el siglo veintiuno que las escritoras del género criminal empezarían a surgir con más fuerza en el ámbito literario, ganando reconocimiento y premios, aunque aún queda camino por transcurrir en el proceso de descolonización y reconstrucción del canon literario.[12] Hacemos eco a las observaciones de Ignacio Sánchez Prado cuando asegura:

> After years of postrevolucionary regime that actively sought to discipline its citizens through a very restricted notion of the "Mexican," and of a "national literature" to represent it, a new caste of writers has emerged from the fissures of urban popular identities. Consequently, literature has been presented with the duty of providing spaces of representation and imagination to these new figures of the urban landscape, in order to account for the new complexities of cultural subjectivities in a world facing a collapse that makes it unable to impose its ideologies and representations upon its subjects. (*Screening Neoliberalism* 111–112)

Si las escritoras han de forjarse un lugar en la narrativa criminal dominada por hombres, es necesario reexaminar las temáticas y el estilo con el cual éstas son representadas en el texto. Se trata de deconstruir los procesos perfomativos que sitúan a las escritoras en la literatura "light", romántica e idealizada. Cómo veremos en el siguiente capítulo dedicado a las escritoras del siglo veintiuno, éstas han demostrado su capacidad para crear historias crudas e implacables en un género literario dominado por los hombres. Al plasmar en la ficción la realidad de las mujeres en el México contemporáneo, ofrecen al lector la oportunidad de cuestionar su propia participación en la desigualdad de género. A los críticos literarios les corresponde, como señala Catherine Belsey, "to seek not the unity of the work, but the multiplicity and diversity of its possible meanings, its incompleteness, the omissions which it displays but cannot describe, and above all its contradictions" (604). Es decir, rescatar del anonimato los textos y nombres de autoras mediante analizar sus escritos y darlos a conocer a otros.

Capítulo nueve

La narrativa criminal femenina del siglo XXI: Representaciones estéticas de la violencia contra la mujer

Introducción

La violencia como herramienta de poder ha sido utilizada por diferentes culturas y épocas alrededor del mundo para subyugar al sujeto considerado "inferior" a la cultura dominante. Como ejemplo basta mencionar la conquista española y la opresión de los indígenas en América Latina durante el siglo dieciséis. Estos operativos de poder se transfieren del macrocosmos nacional al microcosmos individual y, aunque desde la perspectiva foucaultiniana cada individuo está sujeto a su entramado sociohistórico sin importar el género sexual al que pertenezca, la historia demuestra que la violencia ha afectado principalmente a las mujeres. En su ensayo *The Second Sex* (1949) Simone de Beauvoir aseguraba que la construcción social, cultural e histórica de género refuerza la desigualdad y promueven la sumisión y la dominación de la mujer. Dicha subordinación ha sido retroalimentada y consolidada a través del tiempo por las tradiciones, la sociedad, la familia e incluso la religión, siendo la violencia uno de los mecanismos más comunes para imponerse sobre las féminas.

Las formas de violencia contra la mujer varían desde la emocional, física, verbal, hostigamiento sexual, violación, clitoridectomía (en algunos países africanos), prostitución y abuso infantil. De acuerdo con la Organización Mundial de la Salud, la violencia contra la mujer se define como "todo acto de violencia de género que resulte, o pueda tener como resultado, un daño físico, sexual o psicológico para la mujer, inclusive las amenazas de tales actos, la coacción o la privación arbitraria de libertad, tanto se producen en la vida pública como en la privada" (OMS n.p.).[1] Rossana Hernández Dávila y Ricardo Soto Ramírez consideran la violencia contra la mujer como "una forma de discriminación que impide

Capítulo nueve

que las mujeres, en igualdad con los hombres, puedan ejercer sus derechos y libertades que se establecen en el marco de los derechos humanos" (17). La violencia contra las féminas se genera a partir de las prácticas culturales que desvalorizan el género femenino ante el masculino, como explica Nelson Arteaga Botello: "La violencia homicida contra las mujeres responde a procesos de desafiliación social en las esferas de víctimas y victimarios [...] es una respuesta al resquebrajamiento del modelo hegemónico de feminidad y masculinidad" (5). Francisca Gargallo agrega que la violencia de género es uno de los resultados de la oposición hegemónica al proceso de construcción de las mujeres como sujetos que floreció a raíz de las propuestas feministas. El patriarcado, recalca Gargallo, es el responsable de la represión, de la subordinación de las mujeres y de la injusticia social (140). Otros críticos, como Marina Castañeda, afirman que la violencia contra las mujeres es una de las expresiones más extremas y comunes del machismo a la cual recurren algunos individuos para afirmar su masculinidad y dominación en las esferas domésticas y públicas (19). Claro, no podemos negar que algunas mujeres también manifiestan rasgos machistas (violencia contra los hombres, esposos, hijos y otras mujeres), lo que Castañeda cataloga como "machismo invisible" (19).

En el pasado, el maltrato a la mujer era considerado en algunos casos un proceso normal de las relaciones familiares y se reservaba al espacio privado. La mujer del siglo veintiuno, sin embargo, está menos dispuesta a tolerar el abuso tanto en el espacio doméstico como en el público sin que esto signifique que el problema haya sido erradicado. Ciertamente las ideas de la tercera ola feminista de los años setenta y su lema "lo personal es político" en lo referente a los derechos femeninos en cuestiones personales (la sexualidad, el aborto) y lo público (la desigualdad en la política y el empleo) han influenciado a las mujeres mexicanas (Monsiváis, *Misógino* 65). Consideradas radicales, las feministas de la tercera ola, Betty Friedan, Kate Millet, Shulamith Firestone y otras, señalaban que la identidad femenina había sido formada por el sistema falocéntrico y apuntaron al patriarcado como la raíz de la opresión de las mujeres. Además de criticar el sexismo, argumentaron que las relaciones entre ambos sexos siempre ha sido una cuestión política y una lucha de poder que restringe a la mujer en todos los ámbitos. También cuestionaron el lugar de la mujer en el espacio doméstico y la maternidad como los factores que definen la identidad femenina. Estas propuestas, señala Nuria Varela, "identificaron como centros de dominación áreas de la vida que hasta entonces se consideraban «privadas» y revolucionaron la teoría política al analizar las relaciones de poder que estructuran la familia y las relaciones afectivas" (31). A pesar de que la mayoría de las mujeres en México consideraron las propuestas feministas como radicales y extremadas, algunas se sintieron estimuladas para romper el silencio y exponer públicamente la violencia que hasta entonces habían tolerado detrás de las bambalinas del espacio privado.

El reconocimiento de la violencia contra la mujer en México dio como resultado la formación de nuevas organizaciones sociales y gubernamentales para la protección de las víctimas y la prevención de la violencia doméstica (Torres Falcón 11). Las mexicanas ahora cuentan con el apoyo de diversas organizaciones en todo el país: Centro de Apoyo a Mujeres Violadas, A.C.; Centro de Apoyo a la Mujer, Colima; Subprocuraduría de la Defensa de la Mujer y el Menor, Baja California Sur; Centro SI Mujer de Atención a la Salud General Integral de la Mujer, Torreón, Coahuila; Subprocuraduría de Atención a los Delitos Sexuales y la Violencia Intrafamiliar, San Luis Potosi (Santiago 417).[2] La fundación de estos recursos para proteger a la mujer contra la violencia, aunque valiosos, no han logrado erradicar la problemática. Hacemos eco a las palabras de Chandra Talpade Mohanty cuando afirma que la eliminación efectiva de la violencia contra las mujeres requiere una transformación profunda en la estructura social que "decolonice" las prácticas culturales añejas desde un proceso colectivo e histórico (7). El nuevo milenio se ha destacado por la lucha colectiva de las mujeres a nivel mundial para traer este cambio.

La lucha de las mujeres en la era de la tecnología

Los avances tecnológicos de finales de siglo veinte y la globalización de la época neoliberal han visibilizado a nivel mundial la problemática de la violencia de género. A partir de la difusión de las redes sociales, la concientización sobre la violencia contra la mujer ha adquirido una dimensión internacional sin precedentes. Como ejemplo basta mencionar el acoso sexual, una forma común de violencia de género que ha existido desde tiempos inmemoriales y ha sido vista como una forma "natural" de piropear a las mujeres sin tomar en cuenta el efecto psicológico que esta práctica tiene en las féminas (de hecho, muchos hombres piensan erróneamente que a todas las mujeres les complace el acoso sexual). El uso de las redes sociales como arma de denuncia contra el acoso sexual se popularizó en el 2017 cuando algunas actrices anglosajonas, hartas del abuso masculino, denunciaron públicamente a varios hombres influyentes de la cinematografía estadounidense. Esto desencadenó el movimiento global #Metoo. Miles de mujeres de todo el orbe—de diferentes edades, niveles sociales, económicos y educativos—se unieron a la denuncia y utilizaron el símbolo #Metoo para hacer público el acoso sexual del cual ellas también habían sido víctimas de parte de familiares, esposos, novios, amigos y empleadores. Así, las mujeres unificaron sus voces con el propósito de promover la justicia, penalizar dichos actos y concientizar a la sociedad. En México, la denuncia sobre el acoso sexual alcanzó el ámbito literario. El 23 de marzo del 2019 inició el movimiento #MeTooEscritoresMexicanos para denunciar el acoso sexual de algunos autores contra las escritoras. Como resultado, los nombres de algunos autores quedaron expuestos a la luz pública (*El sol de México*, "Con #MeToo", n.p.).[3]

A pesar de la visibilidad a nivel internacional que las redes sociales han otorgado a la violencia contra la mujer en sus diversas formas—física, emocional, psicológica, sexual, verbal—la problemática aún persiste a nivel mundial. Es una cuestión arraigada en las raíces culturales que requiere una concientización social tanto entre hombres como mujeres. En el caso de México, el Instituto Nacional de Geografía e Historia (INEGI) reporta que un 40% de las mujeres mexicanas han enfrentado durante su vida algún tipo de violencia, siendo el cónyuge o el novio el perpetrador más común ("Estadísticas, 2023" 1–6). Algunas mujeres que han experimentado la violencia doméstica desde la niñez aceptan el maltrato como una forma natural de las relaciones humanas y no denuncian a sus atacantes (Santiago 435). Al no pagar por las consecuencias de sus actos, la violencia doméstica continúa perpetuándose y creciendo en magnitud. Los empujones y el abuso verbal son seguidos por los golpes y en muchos casos termina en la muerte de la persona abusada.[4] En México, los feminicidios, término acuñado por las feministas Dianna Rusell y Jill Radford para definir el asesinato misógino de mujeres por ser mujeres, se han cometido ante la impasividad de las autoridades. Aunque en 1993 Ciudad Juárez fue una de las primeras ciudades en registrar una cifra alarmante de feminicidios, en la última década la desaparición, tortura y asesinato de cientos de mujeres se ha esparcido a diferentes áreas geográficas del país. Según las cifras oficiales, desde 1993 hasta la fecha se han registrado más de 100 casos. Otras organizaciones de los derechos femeninos discrepan de esta información y aseguran que la cifra supera los 500 casos. De acuerdo con la INEGI, en comparación con los hombres, las mujeres son asesinadas más violentamente (asfixia, acuchillamiento). Esta misma fuente señala que los homicidios de mujeres en México ocurridos entre el 2000 y el 2018 "Nueve de cada 10 víctimas adultas de delitos sexuales son mujeres" ("La guerra contra las mujeres" n.p.).[5] El incremento de los feminicidios ha motivado a miles de mujeres a participar en marchas y protestas contra la violencia, pero sin resultados satisfactorios hasta ahora (*El Sol de México*, "Mujeres marchan" n.p.).[6]

Las autoras mexicanas de la narrativa criminal del siglo veintiuno

Como era de esperarse, la violencia contra la mujer no pasaría desapercibida en la narrativa mexicana como un reflejo de la realidad social. Desde sus respectivas épocas y puntos de vista, las pioneras Sor Juana Inés de la Cruz, Nelly Campobello, Rosario Castellanos, Elena Poniatowska, Elena Garro y Laura Esquivel, entre otras, utilizaron la escritura como plataforma discursiva para exponer la misoginia, el abuso masculino y el estereotipo de la mujer en sus diversas imágenes: pura, monstruo o prostituta. De manera similar, las escritoras del género policiaco del siglo veinte, como explicamos en el capítulo anterior, aunque construyeron en sus novelas imágenes de la mujer un tanto conservadoras, si se quiere, recrearon estéticamente la condición de la mujer mexicana en el área laboral, el espacio doméstico, la sexualidad y la violencia doméstica (Jaiven 144).[7]

Con las escritoras del nuevo milenio, la representación de la violencia contra la mujer en la literatura mexicana cambiaría drásticamente en todos los géneros literarios, incluyendo la narrativa criminal.[8] Un buen número de autoras de las nuevas generaciones (nacidas en las décadas de los años 60 y 70) están aportando su perspectiva sobre el efecto del crimen y la violencia en las mujeres. Además, su narrativa reflexiona en temas tabúes (la sexualidad femenina, la pedofilia, el aborto) que por lo general se tratan de

Capítulo nueve

sesgo o definitivamente se evitan en la narrativa mexicana. Sus historias se nutren del contexto turbulento social, cultural y político que continúa afectando a las mujeres a lo largo y ancho del país. Como veremos en el recorrido de este capítulo, las tramas enfocadas en las relaciones amorosas y familiares son reconfiguradas desde el teje y maneje del lenguaje, los espacios y la creación de personajes femeninos postmodernos que luchan en contra del sistema falocéntrico.

Entre las autoras más sobresalientes del siglo veintiuno que expresan la violencia contra la mujer (a menor o mayor grado) sobresalen Susana Pagano con *Trajinar de un muerto* (2001); Malú Huacuja del Toro con *Un dios para Cordelia* (2004), *La lágrima la gota y el artificio* (2006) y *La invención del enemigo* (2008); Mónica Lavín con *Despertar de los apetitos* (2005) y *Café cortado* (2008); Cristina Rivera Garza con *La muerte me da* (2007) y *El invencible verano de Liliana* (2021); Myriam Laurini con *Qué raro que me llame Guadalupe* (2008); Ana Ivonne Reyes Chiquete con *Muerte caracol* (2010); Nadia Villafuerte con *Por el lado salvaje* (2011); Guadalupe Nettel con *El cuerpo en que nací* (2011) y *El huésped* (2006); Patricia Valladares con *Tan frío como el infierno* (2014); Fernanda Melchor con *Temporada de Huracanes* (2017); Liliana Blum con *Pandora* (2015), *El monstruo Pentápodo* (2017) y *Cara de liebre* (2020). En la novela narco, han incursionado: Iris García Cuevas con *36 toneladas* (2011); Orfa Alarcón con *Perra Brava*, (2010) y *Loba* (2019); Jennifer Clement con *Ladydi*, (2014) y Malú Huacuja del Toro con *Crueldad en subasta* (2015). Estas "hijas" y "nietas" de las autoras del policial clásico, han sido espectadoras de la violencia extrema del México de los últimos veinte años. Para algunas ellas, en vez de escribir historias románticas de amor, resulta más natural escribir sobre descuartizamientos, sangre y horror, desde una perspectiva más gráfica que sus antecesoras. Otras, toman un acercamiento más mesurado para contar las diversas formas de violencia contra las mujeres. Como señala Oswaldo Estrada, las autoras mexicanas del nuevo milenio:

> Challenge our notions of women's literature with transgressions of all types, with controversial explorations of gender and sentimentalism in contemporary societies, and with the problematic construction of identities in globalized or deterritorialized environments. When we approach their narratives, this group of writers intentionally problematizes de dichotomy of male

and female, in sync with current waves of postmodernism and postfeminism. ("Ráfagas" 64)

Algunas autoras (Blum, Alarcón, Valladares, Pagano, Rivera Garza y Melchor) han logrado publicar en editoriales importantes (Alfaguara, Tusquets, Océano, Penguin y Planeta), no sin antes haber pasado por las dificultades que esto implica. Asimismo, han sido ganadoras de reconocimientos y premios literarios de renombre, entre los cuales podríamos mencionar el Premio Internacional Sor Juana Inés de la Cruz y Premio Pulitzer, 2024 (Cristina Rivera Garza), Premio Nacional de Novela José Rubén Romero (Susana Pagano). Varios líderes del género criminal mexicano, tales como Paco Ignacio Taibo II, Martín Solares, Élmer Mendoza, Eduardo Antonio Parra y Bernardo Fernández (BEF), han apoyado a algunas escritoras (Blum, Alarcón, García Cuevas) y les han otorgado reconocimiento público en ferias de libros y festivales literarios significativos, tales como La Feria Internacional del Libro de Guadalajara (FILA) que se lleva a cabo anualmente. A pesar de esto, como expresa Adriana Pacheco Roldán, aún queda trabajo por hacer:

> Contrario a lo que se ve en temarios escolares y universitarios, librerías y premios literarios, hay centenas de escritoras mexicanas de gran talento y abundante producción. Sin embargo, tanto las que producen en México como el extranjero aún luchan por dar a conocer su obra y romper las barreras de una actividad que siempre ha estado dominada por los hombres. ("Las escritoras" n. p.)

Como muestra de la necesidad de brindar más reconocimiento a las escritoras de la narrativa criminal en Latinoamérica y España, basta mencionar el Premio Dashiell Hammett inaugurado en 1987 y sufragado por la Asociación Internacional de Escritores Policíacos para reconocer a la mejor novela policiaca escrita en español. En un lapso de 37 años, desde su fundación, solamente tres escritoras han logrado ganar el premio: las españolas Cristina Fallarás en el 2013 con su novela *Las niñas perdidas* (2011) y Berna González Harbour en el 2021 con *El sueño de la razón* (2019). La argentina Claudia Piñeiro, es la primera latinoamericana en ganar el premio en el 2022 con *Catedrales* (2020). Todos los demás ganadores son hombres y algunos de ellos han recibido el premio

Capítulo nueve

hasta 3 veces. No se trata de cuestionar aquí el proceso de selección de la mejor novela negra ya que todos los autores que han ganado el premio son merecedores de éste por su excelente producción literaria. Más bien, se trata de estimular a más escritoras para que participen en el concurso y a los evaluadores a tomarlas en cuenta.

A pesar de las circunstancias que han mantenido a muchas escritoras en el anonimato, la nueva generación de autoras hace eco de las palabras de Marcela Lagarde: "Solamente como sujetos es posible asegurar condiciones sociales que nos permitan vivir como sujetos plenos y que esto no sea un hecho sólo aceptado verbalmente" (85). Así, continúan deconstruyendo el discurso hegemónico que, mediante la exclusión de la perspectiva femenina, ha forjado en el imaginario colectivo los códigos y mistificaciones de lo que es "ser mujer." Todavía queda trabajo por hacer, sin embargo, a través de nuevos paradigmas y desde la perspectiva del discurso femenino, las autoras continúan erigiendo sujetos autónomos que exponen abiertamente las cuestiones que conciernen a la mujer.

Factores que han contribuido al éxito de las escritoras de la narrativa criminal del nuevo milenio

Aún sin recibir el reconocimiento que merecen, las autoras de la narrativa criminal del siglo veintiuno sigue incrementando. Esto se debe a tres factores: la influencia de las ideas feministas de la cuarta ola, las redes sociales, así como el apoyo de un público lector joven. Las nuevas autoras van más allá de la denuncia de la violencia. Para ellas es primordial el empoderamiento de la mujer[9] mediante la reconstrucción de su imagen desde la perspectiva del feminismo de la diferencia (el enfoque en la libertad, en vez de la igualdad); según proponen las nuevas teorías feministas de la cuarta ola con las interseccionalidades de bell hooks [sic], el decolonialismo de Chandra Talpade Mohanty, así como la denuncia contra el machismo y la represión femenina de María Lugones, Marta Lamas, Marcela Lagarde, Victoria Sendón de León y Milagros Rivera, entre otras (Varela 53).

Definido por la tecnología, el feminismo globalizado de la cuarta ola reafirmó la postura de las mujeres del nuevo milenio en cuanto a la importancia de la unidad femenina y su beligerancia contra la violencia hegemónica. Este es el resultado de los movimientos feministas que ya se estaban gestando a finales de los años noventa los cuales, gracias a la tecnología, se dieron a conocer más rápidamente por todo el globo acogiendo nuevas locuciones. Como observa Carmen V. Valiña, la cuarta ola feminista ha recurrido a "la importancia de las redes sociales para promover el activismo online, su visibilidad global a gran escala y la repercusión mediática de las celebridades que la promueven" (n. p.). Nuestras escritoras se aprovechan de la tecnología (blogs, redes sociales) para expresar sus preocupaciones sobre las diferentes facetas de la desigualdad de género. Por lo general, las autoras se mantienen en comunicación con sus lectores mediante Facebook, Instagram, X (previamente Twitter) y otras. Las redes sociales ofrecen a los lectores la oportunidad de articular su admiración y respeto por las escritoras, sus temáticas criminales y formas de representación estética en la literatura. Dichos comentarios, disponibles para miles de usuarios con solo presionar un botón, atraen la atención a los textos de las autoras; un factor importante para la venta y distribución de sus libros, sean éstos en papel o electrónicamente.

El apoyo de un público lector joven (entre 14–30 años) formados en la era de la globalización y el Internet, es el tercer factor que ha contribuido a la visualización de las escritoras mexicanas del siglo veintiuno.[10] Tanto los lectores "millennials" (nacidos entre 1980–1990) así como los de la "Generación Z" (nacidos entre 1990–2010), son receptores liberales que están al tanto de las cuestiones sociales y políticas. Sus ideologías se acercan más al diálogo y la solución que al rechazo. Los y las jóvenes se identifican con el tono juvenil que algunas autoras utilizan en su literatura para abordar gráfica y lingüísticamente las problemáticas actuales (violencia, drogas, secuestros, extorsiones, sexo). Mediante personajes jóvenes en ambientes, espacios y situaciones con los cuales la juventud está familiarizada, se recrean signos de sus propias realidades. Si a esto agregamos la inclusión de la música de interés actual (bandas, reggae) o la influencia de la cinematografía hollywoodense en la elaboración de imágenes grotescas relacionadas con el crimen y la muerte, tenemos la fórmula para la aceptación y el éxito de las escritoras de la narrativa criminal del siglo veintiuno.

Resulta oportuno mencionar que las representaciones estéticas de la violencia contra la mujer no son únicas en la literatura escrita por mujeres; algunos escritores también se han encargado de denunciar en sus novelas esta dinámica social.[11] Sin embargo, en el caso de las escritoras cuyas obras aquí analizamos, van más allá de las temáticas típicas del género negro (la violencia producida por el tráfico de drogas o el abuso de un sistema gubernamental corrupto) para escudriñar desde su propia cosmovisión y discurso (con un estilo alejado de las escritoras mexicanas canónicas anteriormente mencionadas) la temática de la violencia contra las mujeres y la cosificación de éstas. Como declara Cathy Fourez: "Dentro de las tragedias humanas que ocupan nuestra triste actualidad, la literatura dedica un espacio, cada vez más importante, a la demolición y la desaparición de cuerpos de mujeres, como lo ilustra la novela negra que habla del México de estos treinta últimos años" (n. p.). El siguiente segmento lo dedicaremos a cinco escritoras del siglo veintiuno que han utilizado el arte de escribir para denunciar la violencia contra la mujer: Myriam Laurini, Susana Pagano, Liliana Blum, Cristina Rivera Garza y Ana Ivonne Reyes Chiquete. Veremos como construyen la trama alrededor de temas que afectan directamente a las mujeres: la trata de blancas, la prostitución infantil, la violencia doméstica, el machismo, la pedofilia y el feminicidio. Por su estilo escritural alejado del neopolicial de los años ochenta y noventa, catalogamos las novelas de estas autoras bajo el rubro del post-neopolicial.

La narrativa despiadada de Myriam Laurini: Prostitución infantil en *Qué raro que me llame Guadalupe*

La México-argentina Myriam Laurini es posiblemente la primera escritora de la narrativa criminal mexicana en romper con las ataduras culturales que inculcan en la mujer "los buenos modales femeninos" y la colocan en la subjetividad del espacio asignado a la mujer. En *Qué raro que me llame Guadalupe* (2008), la autora hilvana una historia sin restricciones en el uso del lenguaje duro, la violencia, las situaciones caóticas y la muerte, demostrando así que las mujeres también tienen la capacidad de crear tramas alejadas de la imagen de la mujer sumisa y conservadora cincelada por la hegemonía en el imaginario colectivo. Dicha configuración restringida de la mujer trunca la posibilidad de representarse a sí misma mediante un discurso disidente que pugne contra las reglas masculinas. Como asegura Lucía Guerra, "en el contexto hegemónico de lo literario y lo cultural, la mujer nunca se ha erigido como un Sujeto ni mucho menos ha podido crear un mito de lo masculino en el cual se reflejen sus propios ideales y temores" (187). Contrario a esto, Laurini se adueña de la escritura y se erige como Sujeto al ingresar sin tapujos en el género negro dominado por los hombres y enfocar el lente inquisitivo en cuestiones que afectan a la mujer moderna: el microcosmos del ambiente decadente de los burdeles, la drogadicción, la prostitución infantil, los proxenetas y la trata de blancas; problemáticas internacionales que han empeorado a partir del fácil acceso al internet como producto de la globalización.

Bajo el tema central de la violencia contra la mujer, en este segmento analizaremos como la autora recrea la mutilación de la libertad femenina desde diferentes ángulos y perspectivas. En *Qué raro que me llame Guadalupe*, la mayoría de los personajes son culpables de algún crimen o cómplices de éste. Sin embargo, el enfoque diegético recae sobre Berenice, una adolescente prostituta acusada de tres asesinatos, incluyendo a su bebé de tres meses de edad. La víctima/victimaria narra retrospectivamente su historia a un abogado. La voz de éste, sin embargo, no se incluye en el diálogo. La protagonista repite las preguntas del abogado y contesta de manera defensiva. De esta forma se otorga prioridad al discurso de la víctima. Desde su celda Berenice describe los procesos psíquicos y perfomativos que moldearon su personalidad:

> Licenciado, usted dice que me llamo María de Guadalupe. A mí se me hace raro que me llame Guadalupe porque siempre me llamé Berenice y me decían Ver, Bere, Beren, y ahora salen con que me llamo Guadalupe. No me gusta ese nombre de virgencita, porque ni de virgencita ni de virgen tengo un pelo. Soy puta de nacimiento. Al haber nacido de una puta, a fuerzas me tuve que hacer puta desde el mismo día en que vi el mundo. (9)

El ambiente decadente del prostíbulo, un viejo hotel llamado "El Universo", ha moldeado la perspectiva de sí misma como un ser destinado a la prostitución, fragmentando así su personalidad y truncando su habilidad para reconocer su verdadero nombre. Rodeada de prostitutas, borrachos, drogadictos y abuso sexual, para ella este tipo de vida es normal. El entorno decadente ha cauterizado su subconsciente al grado que no le impresiona la muerte de las prostitutas debido a la violencia, drogadicción o enfermedades sexuales: "Murieron varias de las conocidas; unas de sífilis, otras de tuberculosos, de cáncer, de sobredosis o Sida las últimas.

Capítulo nueve

Son muy descuidadas con su salud y después se andan quejando cuando están al borde de la caja, recién ahí les entra el susto" (37). La empatía de Berenice hacia las otras mujeres ha sido cauterizada por el ambiente y las situaciones que la han rodeado desde niña. Su padre, apodado el Puroloco, dueño del hotel y proxeneta, vendía a su hija como prostituta y abusó sexualmente de ella. Al quedar embarazada, Berenice no sabe con certeza si el bebé es hijo de Puroloco o de algún otro cliente. Ella detesta estar embarazada e intenta tener un aborto, sin embargo, el bebé logra sobrevivir. Al nacer el bebé, ella lo maltrata físicamente, no lo alimenta y termina asesinándolo, asunto que al principio de la novela niega contundentemente: "No me diga que no es una cabronada decir que yo metí al escuincle en una bolsa de basura y que voy y lo tiro justito en el basural de la esquina. Una mugre historia se inventaron para este evento" (37). Después confiesa a sangre fría la verdad: "Me fui encima y le apreté el cogote con una media. Dejó de llorar y de respirar. Sentí un gran alivio. Tomé unos tragos de tequila. Se me ocurrió que debía parecer un accidente. Lo puse sobre la mesa y lo empujé. Me dormí un rato. Al despertar tuve la idea del secuestro" (107). La imagen tradicional de la madre abnegada que se sacrifica por sus hijos es deconstruida con el personaje de Berenice. Para ella la muerte de su bebé no tiene importancia; es solamente un objeto que le impide concentrarse en su trabajo como servidora sexual. Por otra parte, al asesinar a su hijo quizás inconscientemente quería evitar que se convirtiera en un proxeneta al igual que su padre / abuelo, a quién también planeaba asesinar.

A pesar de ser retratada como un monstruo, el teje y maneje del ambiente y las situaciones revelan que Berenice es una víctima más del sistema. A su padre, el Puroloco, solamente le interesan "los números que significaban pesos, por cobrar y por pagar; los gramos de cocaína y marihuana que repartía, la cantidad de pastillas psicotrópica" (39). Además de explotar a las prostitutas (incluyendo a su propia hija y esposa), Puroloco también extorsiona a los clientes: "comerciantes prósperos, comandantes de policía, empleados públicos de nivel medio, periodistas, pasantes de abogacía, médicos, dentistas, ingenieros o arquitectos recién recibidos" (41) a los cuales fotografiaba en secreto durante el acto sexual con niñas menores de edad.

Las temáticas de la prostitución infantil, la trata de blancas y la violencia contra la mujer son hilvanadas sin restricciones en el uso del lenguaje duro, la violencia, las situaciones caóticas y la muerte. Puroloco asigna un sector especial del hotel en donde mantiene en secreto un ring de prostitución infantil, lugar donde Berenice fue prostituida por su padre. Para mantener el interés de los clientes, los ayudantes de Puroloco, Iguana, Corcholata y Tanqueta, se encargan de raptar niñas "que no pasaban de los doce" (10). Las niñas son abusadas psicológica, física y sexualmente. Al llegar a la adolescencia, si sobreviven, son transferidas al burdel donde se tornan en piltrafas humanas por el abuso de las drogas y el constante ultraje sexual.

Berenice cuenta sin miramientos el horror de las niñas: "Algunas eran rebeldes, casi todas al principio no se dejaban tocar, ponían cara de piradas, se escondían debajo de las camas, se arrinconaban, se metían adentro del ropero. Bien latosas que eran y son, había que ablandarlas poco a poco, no fueran a morder a un cliente y nos la armara gorda" (23). En este ambiente, Jacqueline, una de las niñas, es violada, martirizada y asesinada por uno de los clientes:

> Jacqueline estaba tirada en un diván, los ojos abiertos y la mirada inmóvil, la boca cerrada con cinta adhesiva, la piel morena agrisada, los diminutos senos repletos de heridas delgadas y profundas, heridas de hojas de afeitar, el vientre, los brazos las piernas con quemaduras de cigarro y sangre, mucha sangre, demasiada sangre, toda la sangre que encerraba un cuerpo de doce años. (101)

En vez de dar parte a la autoridad, los ayudantes de Puroloco encubren el delito, llevan el cuerpo a las afueras de la ciudad y desde el coche "arrojaron el cuerpo de la niña" (103). La muerte de la niña se mantiene en secreto hasta que Berenice es apresada y acusada de su muerte.

La ficcionalización de la prostitución infantil en la novela de Laurini no está alejada de la realidad mexicana. En *Esclavas del poder. Un viaje al corazón de la trata sexual de mujeres y niñas en el mundo* (2010), Lydia Cacho efectuó una investigación internacional bien documentada sobre la prostitución infantil y la complicidad de las autoridades. En cuanto a México, Cacho afirma que las zonas turísticas de Cancún, Playa del Carmen y Acapulco, son "los lugares perfectos porque allí no se hace efectiva la ley que castiga a los clientes de la prostitución forzada y la explotación sexual infantil" (131). También explica que los clientes más asiduos son los turistas estadounidenses y canadienses quienes conocen la actitud permisiva del gobierno local y el "amparo de jueces federales que impiden a las autoridades locales clausurar los establecimientos" (Cacho 132). Es obvio que las reformas hechas en diciembre de 1990 al Código Penal del Distrito en cuanto a los delitos sexuales y el aumento a la pena del delito de violación, el hostigamiento y abuso sexual (Cano 66) no amparan a las mujeres y las niñas sin importar el área geográfica del país.[12] En su investigación en dos barrios de la ciudad de México, Cacho establece: "Tan sólo en esas dos áreas de la capital mexicana contabilizamos a 1,528 mujeres en situación de trata y resguardadas en prostíbulos protegidos por las mafias; 947 eran niñas menores de diecisiete años" (161). A pesar de la gravedad de estos delitos, la prostitución infantil es una temática poco abordada en la ficción. Sin pretender ser excluyente, nos atrevemos a asegurar que Laurini es la primera escritora del género negro mexicano en explorar la crueldad y abuso físico, sexual, psicológico y mental en los burdeles, otorgando así voz a las niñas raptadas y prostituidas.

La violencia contra las niñas y las mujeres se recrea en la novela para exponer el discurso del orden simbólico que coloca a la mujer en la posición el Otro, devaluándola así desde muy temprana edad. Al igual que Berenice, las niñas crecen en el prostíbulo y ya de adultas continúan siendo manipuladas y abusadas física, sexual y emocionalmente por Puroloco: "—¡Lárguense de una vez a chambear! Viejas hijas de su puta cogida y rechingada madre. Ya me hartaron, rucas malolientes a verga podrida" (21). Laurini no se intimida ante el lenguaje duro típico del género negro. Al contrario, lo aplica al máximo a la par con la construcción de las situaciones decadentes y abyectas en las que viven las mujeres. Aunque al final la protagonista se declara culpable del asesinato de su hijo y permanece en la prisión, el texto ha cumplido su objetivo: denunciar la violencia contra la mujer desde la perspectiva de la mujer misma (Berenice).

Con esta novela, Myriam Laurini rebasa las modalidades del género negro de diferentes formas. Estas nuevas tendencias narrativas del siglo veintiuno que ya no se identifican con su antecesor el neopolicial, es lo que a través de este libro hemos propuesto como el post-neopolicial.[13] Primero, en vez de narrar el crimen desde los espacios abiertos (las calles de la ciudad) como era común en el neopolicial, el ojo inquisitivo se adentra en los espacios personales de los personajes para exponer las cuestiones familiares afectivas. Laurini utiliza la sátira y el humor negro para abordar la violencia doméstica, el engaño marital, y la criminalidad; cuestiones que afectan a cualquier familia sin importar el estrato social y económico. Segundo, el "licenciado" actúa como una especie de detective, sin embargo, es un personaje secundario pasivo y un receptor al cual los personajes individualmente relatan en dónde se encontraban a la hora del homicidio. Las múltiples versiones de los hechos desde la voz de los personajes entretejen el palimpsesto diegético para dejar entrever la realidad social de miles de familias mexicanas: la pobreza, la ignorancia y la decadencia social y moral. El drama colectivo en el hotel es una representación de las familias en las urbes mexicanas (Ciudad de México, Ciudad Juárez, Tijuana, Monterrey y otras) que pugnan por subsistir entre la miseria. En contraste con la crítica directa hacia las instituciones gubernamentales (estilo típico del neopolicial), la crítica social se hace indirectamente mediante el drama de los personajes y las situaciones. Por otra parte, la corrupción política, cuestión central del neopolicial, ya no tiene importancia en el post-neopolicial. Más bien, lo que interesa es exponer las consecuencias de ésta sobre los ciudadanos. Ante esta nueva forma de narrar la violencia y los problemas sociales, tanto la novela de Myriam Laurini, como la de Susana Pagano que analizaremos en el siguiente apartado, se alejan de los parámetros del neopolicial y crean las nuevas vertientes de la narrativa criminal del siglo veintiuno: el postneopolicial.

Violencia doméstica y machismo en *Trajinar de un muerto* de Susana Pagano

Susana Pagano nació en la ciudad de México en 1968 y debutó en el espacio literario con su novela *Si yo fuera Susana San Juan* (1998), la cual la hizo acreedora en 1995 al Premio Nacional de Bellas Artes José Rubén Romero. En el 2000 publica su segunda novela, *Trajinar de un muerto*, seguida por *La pitonesa de Aguaprieta* (2010). En el 2018 publica la versión digital de dos novelas, *En tus ojos un rostro*, así como *Palabras en el fuego,* las cuales formarían la saga que lleva por título *Crímenes marchitos* (Escritores.org n.p.). En *Trajinar de un muerto,* la novela que aquí estaremos analizando, utiliza una perspectiva humorística y grotesca para abordar una amplia gama de temáticas que afectan a la sociedad mexicana actual: la violencia doméstica y sexual, la prostitución, la pedofilia, el machismo, la homofobia, los feminicidios, los embarazos indeseados, el aborto, la pobreza y la delincuencia juvenil. Como mencionamos anteriormente, *Trajinar de un muerto* se acerca más a las coordenadas del post-neopolicial, aunque conserva la base de la violencia y el crimen de su antecesor el neopolicial.

Ubicada en un barrio pobre de la ciudad de México, la historia inicia con un cortejo fúnebre en el cementerio. Se trata del funeral de Lolo Manón, quien fuera apuñalado brutalmente en su apartamento. La historia inicia con un palimpsesto de dos narradores: los soliloquios de Francisco, el primo de la víctima, y un narrador omnisciente. Con un estilo rulfiano en el trato lingüístico, Francisco tiene una conversación mental con Lolo mientras los familiares y amigos llevan el ataúd en sus hombros. La voz del narrador omnisciente complementa los pensamientos de Francisco en la descripción del ambiente y el espacio. Desde una perspectiva humorística (los apellidos y las situaciones), la escena de apertura presenta el elenco completo de los personajes: familiares, amigo y vecinos del muerto:

> Eres un ingrato, primo querido. El cortejo camina lentamente por callecitas laberínticas, retorcidas y llenas de basura, hojas secas y almas juguetonas que se esconden, murmuran, ríen y vuelven a esconderse en sus tumbas un tanto carcomidas y sucias. Hoy tenías que buscar a Cholita ¿acaso ya se te olvidó? Natalia va a la cabeza del cortejo, vestida de negro de pies a cabeza y lentes oscuros para cubrirse sus ojos hinchados de tanto llorar. La siguen sus hijas Natalita y Ricarda, a un lado van Gloria Manón y Florencia Ruiseñor de Tocino. Las gemelas no lloran, Florencia tampoco. Sobre los hombros de Francisco Tocino, Lolito y Hortensio Manón, Ramiro Pérez, Aguinaldo Misiones y Jaime Cocinero se apoya el féretro con los restos mortales de Lolo Manón. (11)

La novela rompe con los parámetros del neopolicial y se acerca más al post-neopolicial: hay un crimen, pero los detalles sobre la forma como la víctima fue asesinada se revelan hasta el final de la novela. Hay una investigación del caso, pero no se sabe con certeza si el interrogador es un detective ya que los personajes lo llaman de diferentes formas (comandante, detective, sargento, licenciado); su participación en la trama es pasiva y su nombre no se da a conocer. La trama ocurre en el espacio cerrado de un hotel en un barrio de bajos recursos económicos en la Ciudad de México (en vez de las calles de la ciudad). Además, la estructura es fracturada en viñetas desde la voz individual de cada personaje lo cual requiere la atención de un lector activo.

Si bien Pagano aborda múltiples temáticas que afecta a las mujeres mexicanas (el aborto, la prostitución, embarazos indeseados, los feminicidios), aquí nos enfocamos en la representación estética del machismo por ser ésta la raíz principal de la violencia contra la mujer. Como si no pudieran escapar de su propio destino, los personajes arrastran la herencia cultural del machismo y se encargan de perpetuarla. Todos son sospechosos del crimen y durante el interrogatorio del detective / comandante / sargento / licenciado (según la perspectiva del personaje), relatan su relación con el muerto. El lector, en este caso, se encarga de reunir las piezas sueltas para tratar de encontrar al asesino de Lolo.

La investigación es el pretexto para entretejer el contexto íntimo de cada personaje cuya historia devela la influencia negativa de su entorno infantil. Con una pincelada de naturalismo urbano, los personajes se resignan a su estado físico y mental en un ambiente donde predomina la pobreza, la ignorancia y la violencia. Aguinaldo Misiones, quien tenía una relación con Gloria (la hermana del difunto), revela el círculo vicioso de la violencia y machismo en su familia:

> Con los demás, la historia se ha repetido más o menos; ellos les pegan, las embarazan y las dejan; ellas lloran, maldicen su suerte y luego se juntan con otro igual o peor. Mi hija la más menor tiene cuatro hijos, todos de diferente marido, ¡Figúrese usté! A mi mujer la conocí un día de juerga. Ella andaba fichando en la cantina… A mi pobre mamacita casi le da el supiritaco cuando le presenté a mi señora con cinco meses de embarazo y el ojo moreteado por andar de ofrecida otra vez. A puñetazo limpio le quité lo perdida. (13)

Aguinaldo Misiones considera el uso de la violencia para controlar a las mujeres de la familia como la medida más natural del mundo, sin importar si están embarazadas. Otros personajes manifiestan una actitud similar. Lolo Manón, el difunto, es un personaje desempleado, violento, borracho, machista, sexista y homofóbico. Se casó con Natalia siendo muy jóvenes y tuvieron cuatro hijos: Lolito, Hortensio y las gemelas. Lolo rechaza a las gemelas por ser mujeres y promete que no les permitirá casarse cuando estas crezcan. Con la herencia que recibe de algún familiar lejano, Natalia compra una pequeña tienda de abarrotes sin consultar a su esposo. Lolo, desde su perspectiva machista, no aprueba la adquisición del negocio ya que esto brindaría a su mujer la oportunidad de independizarse de él. Al desobedecer sus órdenes, Natalia "Sabía que en cualquier segundo me iba a romper los dientes; no porque me pegara muy seguido, pero ya le conocía ese tonito de voz y estaba esperando el primer trompazo" (23). Sin embargo, a pesar de que su negocio mejoró su situación económica, Natalia no logró independizarse totalmente; el temor e inseguridad la ataron a Lolo hasta el día que lo asesinaron.

La trama mezcla viñetas del presente con el pasado para revelar la complejidad cultural del machismo. En un pasaje referente a uno de los muchos amoríos que Lolo tuvo durante su juventud muestra su percepción denigrante hacia las mujeres: "Soy un macho hecho y derecho, piensa. Coge su botella de cerveza y se sienta a la orilla de la cama. Mira a su alrededor sin ver, muy atento a los sonidos del baño. Le gustan las mujeres, todas las mujeres, No soy muy exigente, ¿para qué?, todas sirven para. Lo mismo, ¿no?" (25). Su actitud misógina y despectiva se repite en múltiples ocasiones mediante el lenguaje y las acciones: insulta a sus amigos, su esposa y sus hijos y reacciona con violencia ante la mínima provocación.

Los personajes masculinos son seres inseguros que demuestran su "hombría" mediante el lenguaje y la violencia. Lolo es un espejo de "el pelado" descrito por el filósofo mexicano Samuel Ramos en su libro *El perfil del hombre y la cultura en México* (1934): "Es un animal que se entrega a pantomimas de ferocidad para asustar a los demás, haciéndoles creer que es el más fuerte y decidido. Tales reacciones son un desquite ilusorio de su situación real en la vida, que es la de un cero a la izquierda" (54). La psicología del mexicano aseguraba Ramos, "es resultante de las reacciones para ocultar un sentimiento de inferioridad" (53). Por su parte Octavio Paz en *El laberinto de la soledad* (1950) consideraba que "El macho es un ser hermético, encerrado en sí mismo, capaz de guardarse y guardar lo que se le confía. La hombría se mide por la vulnerabilidad ante las armas enemigas o ante los impactos del mundo exterior" (34). Estas prácticas culturales (el *habitus* según Pierre Bourdieu) se heredan a través de la familia y se llevan a cabo inconscientemente, afectando tanto a hombres como a mujeres. Para Bourdieu, "The habitus is a set of *dispositions* which incline agents to act and react in certain ways. The dispositions generate practices, perceptions and attitudes which are 'regular' without being consciously coordinated or governed by any 'rule'" (énfasis del autor 12). Estas disposiciones, asegura Bourdieu, no surgen de un día para otro. Más bien son adquiridas gradualmente durante las experiencias de la niñez y las relaciones con otras personas, asunto que Susana Pagano deja entrever en las historias personales de los personajes.

La violencia doméstica y el abuso sexual conforman la parte central de la trama, reflejando así la realidad de la sociedad mexicana contemporánea. De acuerdo con estudios efectuados en encuestas públicas y muestras aleatorias en zonas urbanas, rurales, hospitales y maquiladoras en la década de los años noventa (época cercana a la publicación de la novela de Pagano), un 50% de las mujeres mexicanas declaran haber sufrido violencia doméstica de varias índoles: física, emocional, psicológica y sexual, siendo el esposo o el novio el principal responsable (Santiago 433). La representación ficcional de la violencia doméstica desde la perspectiva de la mujer es esencial para concientizar la población y erigir iconografías positivas de la mujer en el imaginario colectivo. Para lograr su objetivo, Pagano primeramente expone diferentes escenarios y perspectivas del machismo y sus consecuencias (engaños maritales, embarazos indeseados, pobreza, violencia, ignorancia, familias alienadas).

Todo lo anterior sirve como el punto de partida para reconstruir una imagen positiva de los personajes femeninos. Sin embargo, la autora es imparcial: tanto los personajes masculinos como los femeninos son culpables de la perpetuidad del machismo. La violencia de Lolo, por ejemplo, es tolerada por su esposa Natalia. Se expone el típico caso: el esposo la golpea, ella guarda silencio y trata de encubrir el problema, él regresa con flores, le pide perdón, ella lo perdona y la historia se repite hasta que finalmente sucede la fatalidad. Natalia también tolera las infidelidades y el trato de sirvienta: "Lolo tenía varios días de no ir a dormir a la casa; supongo que se quedaba con su amiguita de ese entonces,

Capítulo nueve

si no, ¿dónde?" (55). Al crecer, sus hijos cuestionan a sus padres, pero sobre todo a su madre por permitir que la maltraten: "¿Qué te pasó en el ojo mamá? ¿Por qué te pegó? ¿Y cómo se atreve a pegarte? ¿Por qué te dejas mamá?—No puedo hacer nada, él es así y, pues ni modo... Híjole mamá, de veras, ¿he? Yo no sé quién está peor, si él por pegarte o tú por dejada" (58, 59). El temor es uno de los principales factores que obligan a las mujeres maltratadas a guardar silencio. En el caso de Natalia, ésta se resigna a vivir bajo la violencia masculina. Sin embargo, después de la muerte de su esposo, Natalia sale de su letargo y empieza a cuidar de su persona: se compra ropa y zapatos nuevos, asiste al salón de belleza y ya no se deja manipular por los problemas de su hijo Lolito. A pesar del cambio en la imagen de Natalia, la historia termina justo cuando inicia su empoderamiento y se deja a la imaginación del lector el desarrollo completo del personaje.

El machismo masculino no es el único recreado en la denuncia sobre la violencia contra la mujer. También se muestra la violencia femenina como la otra cara de la moneda del machismo o lo que Marina Castañeda cataloga como "el machismo invisible." Florencia Ruiseñor de Tocino, esposa de Francisco (primo de Lolo), es lo opuesto de Natalia. Florencia tiene un carácter violento y manipula a su esposo mediante negarle las relaciones sexuales. Francisco relata que "En esa época, ella era un poquito menos fiera y a veces me obedecía; nomás nos casamos, le salió lo pantera encabronada. La noche de bodas no dejó ni que la tocara y se puso a dar de gritos como si la fuera a violar" (61). El verdadero meollo del asunto, sin embargo, es revelado más tarde por Florencia. Ella y su hermana menor habían sido violadas por su padre ante la pasividad de su madre:

> Pero un día, mi papá se cansó de hacerlo siempre con mi mamá y decidió variarle un poco. Se metió en mi cama y lo demás ya se lo imaginará usted...Otro día se pasó al catre de mi hermana y así andaba, rodando de cama en catre como rata de circo. Lo que ya no me pareció fue cuando le hizo un niño a mi hermana, y entonces me largué a las calles, primero con el pretexto de juntar dinero pal aborto y luego como que me fue gustando el asunto. (81)

Víctima del machismo, Florencia se convirtió en una prostituta siendo aún muy joven. Aunque se negaba a tener relaciones sexuales con Francisco, mantenía relaciones con otros hombres. Su actitud hacia su esposo era como una especie de venganza hacia su padre. Así, de víctima pasó a ser victimaria, perpetuando el machismo inconscientemente.

Los intercambios lingüísticos (variaciones en el acento, la entonación y el vocabulario) son otra forma de erigir los niveles de jerarquía en el círculo familiar y social. Francisco relata que desde que eran niños Lolo lo dominaba mediante el lenguaje y las acciones: "Además me decía: maricón, cobarde, pareces vieja, se te va a caer la mano" (38). El abuso verbal continúa en la vida de Francisco. Al casarse con Florencia ésta no permite que su marido la doblegue: "Coscolina tu madre. A mí no me insultas, animal. Soy tu esposa y me respetas" (62). Las jerarquías de poder y violencia, sin embargo, son transferidas a las siguientes generaciones. Lolito, el hijo mayor de Lolo, por ejemplo, perdió todo respeto por su padre y utiliza un lenguaje amenazador para manifestar su poder y defender a su madre:

> No le hables así a mi mamá, bato. Mucho cuidadito cómo me hablas tú a mí, todavía soy tu padre y me respetas. Valiente padre. Eres un mantenido, carnal. A mi jefa nomás le hablas para pedirle lana o chelas, pero se te acabó tu roc and rol. De ora en adelante, a ver si alguna de tus viejas te dan un par de varos de vez en cuando porque con nosotros ya no cuentas. (52)

Aunque el padre trata de afirmar su autoridad, no lo logra. La juventud se impone y Lolito ya no permite más abuso de parte de su progenitor. Al igual que Florencia, Lolito ha evolucionado de víctima a victimario repitiendo así el círculo vicioso.

Las consecuencias del machismo, sin embargo, no pueden ser retenidas en el espacio del hogar. La INEGI declara que "La exposición a entornos violentos durante los primeros años de vida se ha relacionado no solo con la normalización de la violencia doméstica, sino con su reproducción en etapas posteriores" ("Encuesta Nacional" 12). Francisco y Lolo son violentos no solamente en el espacio doméstico, sino también en el espacio público. Ambos establecen su jerarquía de poder mediante el abuso infantil, la pedofilia y el feminicidio. Lolo rapta jovencitas, las asesina y las trae a un cuarto de hotel para que Francisco lleve a cabo sus fantasías sexuales. Francisco acaricia los cadáveres, derrama su semen y les deja puesto un liguero que roba de las pertenencias de su esposa.

Capítulo nueve

Después de la necrofilia, Lolo se encarga de tirar los cuerpos en algunos terrenos baldíos. De esta forma ambos personajes encausan su machismo y frustración hacia personas inocentes, expandiendo así la violencia doméstica hacia las esferas públicas.

La tensión de la trama se mantiene mediante el interrogatorio y la dilación de la resolución del caso. Todos los personajes son sospechosos de la muerte de Lolo: Francisco tenía resentimiento hacia Lolo por su abuso desde la infancia. Aguinaldo Misiones lo odia porque embarazó a su hija adolescente. Florencia lo detesta porque maltrata a Natalia. Sus hijos, Lolito y Natalia, en diferentes ocasiones expresan su odio y le desean la muerte. El asesino se revela hasta el final de la novela de una forma por demás grotesca y escatológica: Francisco, su primo, fue el culpable y confiesa el crimen en un soliloquio y diálogo con el muerto:

> Traté de llevarte a tu cama, ¿no te acuerdas de eso, primo?, pero nomás medio abriste los ojos y dejaste caer la cabezota al piso… Pero te valía madre, como todo. Por eso me enojé tanto contigo en ese momento, Lolo; porque me di cuenta de que también yo te valía madre toda la puta vida, y la locura de Tinita y Florencia y la bruta de Natalia y tus méndigos hijos. (166)

Pero el asesinato de Lolo no sería el único. Al no tener acceso a las jovencitas después de la muerte de Lolo, el resentimiento de Francisco hacia Florencia, su esposa, alcanza su clímax y lo conduce a asesinarla: "Sólo está Florencia que, durante todos estos años, lo ha ignorado como a un fantasma, que no se ha cansado de humillarlo acostándose en camas ajenas. Francisco observa a su esposa desde el otro lado de la mesa" (160). Después de asesinarla consuma el acto sexual que por tantos años había deseado. Los recuerdos de la muerte de su primo lo excitan: "Su falo, antes tímido y tristón, paulatinamente reverdece como árbol extendiendo sus ramas hacia el infinito. Y también por eso me dije: ¿qué caso tiene que este güey siga así lo que le queda en este mundo?" (166). El soliloquio de Francisco se mezcla con la voz del narrador omnisciente formando un palimpsesto oral:

> El pene de Francisco parece estar a punto de reventar en cientos de pedazos, su respiración se torna violenta cada vez más. Porque te cagaste, primo; y de eso sí no te debes de acordar. Ahora no es cerveza lo que Francisco esparce generosamente sobre Florencia, con su propia saliva empapa de besos el cuerpo inerte y rígido de su mujer. (166)

Termina la historia con la eyaculación del personaje sobre el cadáver de su esposa y una despedida de Lolo al cuál también había asesinado. El crimen se revela en la confesión íntima del asesino y el lector tendrá que imaginarse si el criminal pagó por sus actos; un final abierto típico del género neopolicial.

Susana Pagano muestra que las mujeres también tienen el talento para crear historias despiadadas. Lejos ha quedado el estilo mesurado de las escritoras pioneras Bermúdez, Ochoa y Villanueva. En el post-neopolicial femenino, destaca el lenguaje sin tapujos, los personajes grotescos, las escenas escatológicas, el humor negro y la fragmentación rulfiana para exponer, sin necesidad de una crítica directa, las problemáticas que afectan a las mujeres. Sin duda alguna, tanto Myriam Laurini como Susana Pagano son dos de las mejores escritoras de principios del siglo veintiuno. Desafortunadamente, no han recibido la atención que merecen. Después de Pagano otras autoras también dejarían una huella imborrable en la literatura mexicana, como es el caso de Liliana Blum, quien en su novela *El monstruo pentápodo* (2017), demuestra que la violencia contra la mujer no se limita solamente a personas adultas; las niñas también son víctimas del maltrato y el abuso sexual. En el siguiente segmento nos enfocaremos en la violencia contra las niñas, aunque reconocemos que los niños también son víctimas de los pedófilos y pederastas.

La pedofilia en *El Monstruo pentápodo* de Liliana Blum

La duranguense Liliana Blum (1974) pertenece a la nueva generación de escritoras que ha ganado reconocimiento de la crítica por la crudeza de sus relatos, especialmente con su novela *El monstruo pentápodo* (2017). Entre sus obras cuenta con las novelas *Residuos de espanto* (2013), *Pandora* (2015), *Todas hemos perdido algo* (2020), *Cara de liebre* (2020), *El extraño caso de Lenny Goleman* (2022) y el libro de cuentos *Un descuido cósmico* (2023). Mientras que en *Pandora* trata la temática de la violencia de género desde un acercamiento psicológico (la víctima, una mujer obesa es manipulada por su amante al punto de inmovilizarla física y emocionalmente), en *El monstruo pentápodo*, la novela que aquí estaremos analizando, rompe el silencio sobre la violencia infantil contra las niñas mediante una temática escasamente abordada en la literatura mexicana: la pedofilia.

Capítulo nueve

De acuerdo con La Organización Mundial de la Salud y la Asociación Americana de Pediatría, la pedofilia se define como una parafilia en la cual los actos sexuales o las fantasías se llevan a cabo con menores de edad: "The children are usually many years younger that the pedophile (or pedophiliac). Sexual activity may consist of looking and touching, but sometimes includes intercourse, even with very young children" (Seto 3). El abuso sexual de menores es una problemática grave en México. La United Nations Children's Fund (UNICEF) ha situado a México en primer lugar a nivel mundial en abuso sexual infantil, violencia física y homicidios de menores de 14 años (Pirozzi, n.p.). Se estima que 4 de cada 10 delitos sexuales se cometen en contra de menores de edad. En la Encuesta Nacional de la Dinámica de las Relaciones Exteriores se encontró que, en el 2021, un 4.8% de mujeres mayores de 15 años manifestaron haber sufrido algún tipo de violencia durante la infancia. En ese mismo año, se registraron 18,903 casos de violencia sexual cometidos contra niñas y mujeres (INEGI, "Estadísticas" 2023 n. p.).[14]

Es importante mencionar que el anonimato dificulta la tarea de recabar el número exacto de abuso sexual de menores, como declara La INEGI: "los datos disponibles en el país son insuficientes para realizar un diagnóstico integral del problema" ("Estadísticas" 2023 n. p.). Las representaciones estéticas de la violencia sexual y física contra las niñas (y los niños) es una temática raramente tratada en la literatura mexicana. Sin embargo, a riesgo de caer en la pornografía, es imprescindible exponer la pedofilia en la narrativa si se desea retratar el alcance y gravedad de la violencia de género y otorgar voz a las víctimas.

Desde un corte psicológico y al estilo del post-neopolicial, en *El monstruo pentápodo* la autora recrea sin miramientos el abuso sexual de menores. Como observa Carlos Martín Briceño, Blum es "una escritora despiadada y madura, *rara avis* dentro de la literatura femenina mexicana contemporánea" (n. p.). El lente inquisitivo del narrador se aleja de las calles de la ciudad y se enfoca en el espacio privado para exponer la crueldad del abuso sexual infantil y sus consecuencias psicológicas. En las escenas de apertura se define la decadencia del perpetrador, permitiéndonos visualizar su interioridad. Raymundo Betancourt es un hombre de 40 años para quien la vida no tiene sentido: "Pus mental. Se sentía con ánimos de matar a quien fuera, solo porque sí. Ni siquiera habían pasado veinticuatro horas de que hubiera considerado el suicidio como buena idea" (14). A pesar de ser un profesional y ciudadano ejemplar, Betancourt mantiene en secreto sus fantasías sexuales con niñas: "Su tipo eran las niñas delgadas, atléticas, de facciones finas, ni muy blancas ni muy morenas. Las prefería en el rango de los cinco a los nueve años: niñas auténticas, no bebés grandes ni mujercitas en proceso" (27). Aunque al principio trata de rechazar sus tendencias, Betancourt cede a sus impulsos al conocer a Cinthia, una niña de cinco años a quien más tarde secuestra, la oculta en el sótano de su casa por casi un año, la aterroriza, la golpea y al final abusa de ella sexualmente. Cinthia, sin embargo, no es el único personaje femenino bajo el control del pedófilo. Raymundo envuelve en sus engaños a Aimeé, una enana cuyos servicios domésticos y de niñera sirven para sus propósitos.

Como texto representativo del post-neopolicial, en esta novela no existe un detective que investigue los delitos al no ser éste verosímil en el ambiente del pedófilo; un crimen complejo que en muchos casos se mantiene en secreto. Tampoco se sigue una narrativa lineal, más bien es fragmentada. Con un estilo realista, los hechos son denunciados por dos narradores: Aimeé, la novia de Betancourt y un narrador omnisciente. La trama está estructurada en once diarios, ocho cartas y veinte capítulos. Los diarios y las cartas escritas por Aimeé desde la prisión, le ofrecen la oportunidad de indagar en su psicología y exponer los detalles de su relación con Betancourt y el poder tóxico que éste ejercía sobre ella. En sus diarios, Aimeé exterioriza su soledad como sujeto aislado por la sociedad debido a su apariencia "anormal"; sin embargo, en las cartas dirigidas a Betancourt, confiesa sentimientos contradictorios: aunque reconoce que Betancourt es un criminal, declara que aún lo ama. Por otra parte, manifiesta su frustración y arrepentimiento por no haber denunciado al pedófilo desde el primer día que se dio cuenta del crimen. El narrador omnisciente expone la personalidad conflictiva de Betancourt, así como los detalles de su niñez y adolescencia que ya manifestaban su parafilia. Aunque los diarios, las cartas y la intervención del narrador omnisciente fracturan la narrativa, estos tres medios llenan los espacios informativos sobre el terror y el daño psicológico que Betancourt causa a sus víctimas.

En la mayor parte de la novela, Blum se mantiene un tanto distanciada del lenguaje obsceno típico del género criminal. Esto, sin embargo, cambia en las situaciones relacionadas con las tendencias

Capítulo nueve

del protagonista y el abuso sexual de sus víctimas. El narrador describe gráficamente cómo Betancourt viola a su hermana menor: "En el instante de eyacular por primera vez en su vida, Raymundo había insertado los dedos profundamente dentro de su hermanita, quien había dado un grito lleno de dolor y en seguida se dejó caer en el agua" (63). Betancourt supo mantener el abuso sexual de su hermana en secreto por más de veinte años. Paradójicamente, en la edad adulta ninguno de los dos encara la cuestión de la violación; más bien evitan el tema y lo mantienen en secreto.[15]

La violencia contra la mujer en sus diferentes dimensiones es representada estéticamente mediante tres puntos de vista: la niña secuestrada, su madre y Aimeé. Mediante la madre de Cinthia se representa el trastorno psicológico de cualquier madre que haya experimentado la pérdida de una hija: "imaginando los peores escenarios: su hija desmembrada en una bolsa de basura, su hija amarrada a la pata de una cama metálica en alguna ciudad asiática, su hija vagando por calles desconocida" (151). Se recrea así el daño psicológico que los feminicidios causan en los parientes cercanos de la víctima, especialmente las madres. Por otra parte, la novela también explora la inseguridad que algunas mujeres enfrentan ante el temor de vivir en la soledad. Este tema es personificado a través del terror psicológico de Aimeé ante el posible abandono de Betancourt: "Tengo que admitir que más que aterrorizarme por lo que estaba pasando en casa, me asustaba lo que no podría llegar a ser. Ya no pensaba: me volví irracional. ¿Cómo explicar que me importaba más que aquel hombre no me dejara, a permitir que esa niña estuviera soportando aquello?" (130).

El terror y la crudeza de la pedofilia y el abuso infantil es reproducido en el espacio del sótano, un símbolo de la bajeza del personaje masculino: "El cuerpo de Cinthia, enroscado sobre sí mismo, temblaba sin control. Trató de contenerse sin éxito. Si no bajaba, él subiría por ella. La lastimaría arriba de la cama y ella no quería que su olor quedara en las sábanas, su único refugio" (139). Con Betancourt se simboliza, como expresa José Revueltas en cuanto a las representaciones de las problemáticas nacionales en la literatura mexicana, "Este *lado moridor de la realidad,* en el que se la aprehende, en el que se la somete, no es otro que su lado dialéctico: donde la realidad obedece a un devenir sujeto a leyes, en que los elementos contrarios se interpenetran y la acumulación cuantitativa se transforma en cualitativa" (Énfasis del autor, citado por Ávila 5).

Los personajes femeninos construidos por Blum son complejos. No solamente hay una representación del sufrimiento humano, también se empodera la imagen de la mujer mediante la rebelión contra el personaje masculino. Al final de la novela Aimeé evoluciona hacia un personaje que toma cartas en el asunto. Temerosa de que su hija (la cual nace en la prisión) corra la misma suerte que Cinthia, Aimeé vence sus temores y denuncia a Betancourt ante las autoridades. Aunque la policía aprehende al malhechor después de que éste había violado a Cinthia, gracias al valor de Aimeé la niña pudo ser rescatada de una muerte segura (Betancourt ya había asesinado a otra niña anteriormente). Al mismo tiempo, Aimeé recobra su autoestima y su agencia, rescatándose a ella misma del abismo de la soledad y el abuso de Betancourt. En este sentido, Aimeé se convierte en una heroína y, a pesar de su corta estatura, metafóricamente se transforma en una gigante con la meta de proteger a su hija de su padre y a otras niñas.

El daño psicológico causado por el abuso sexual infantil jamás podría ser representado estéticamente en toda su realidad. Sin embargo, para las escritoras como Blum, es una cuestión que no puede seguirse ignorando. Betancourt, en ese caso, es el verdadero monstruo de la historia, una representación de los millones de pedófilos a nivel internacional. Si la literatura, en este caso el postneopolicial, ha de servir para concientizar a la sociedad en cuanto a la violencia sexual contra menores, así como la violencia contra la mujer, Blum ha logrado su cometido. Al enfocar el lente inquisitivo, ya no en los espacios abiertos como era el estilo del neopolicial del siglo veinte, sino en los espacios confinados del hogar, Blum deja a relucir la objetivización de la mujer y las niñas, así como la depravación de los predadores. Al mismo tiempo, mediante la temática de la pedofilia desde un estilo gráfico y descarnado el discurso femenino otorga voz a los menores de edad que de otra forma quedan silenciados con el potencial de convertirse a sí mismos en victimarios, perpetuando así el círculo vicioso del abuso sexual de menores. Por las variadas representaciones de la violencia contra las féminas, la novela de Blum es un texto universal.

Capítulo nueve

Deconstruyendo el canon literario en *La muerte me da* de Cristina Rivera Garza

Cristina Rivera Garza, nacida en Matamoros, Tamaulipas (1964), es una de las autoras mexicanas contemporáneas más reconocidas tanto en los Estados Unidos como en Latinoamérica. Entre su producción literaria destacan cuentos, poesía, novelas y textos no ficcionales lo cuales han sido traducidos en diferentes idiomas. Algunas de sus obras la han hecha merecedora de premios importantes: El Premio Sor Juana Inés de la Cruz, el cual ganó en el 2001 con *Nadie me verá llorar* (1999) y por segunda vez en el 2009 con *La muerte me da* (2007). La temática del feminicidio y la escritura esmerada del libro *El invencible verano de Liliana* (2021), la hicieron acreedora del Premio Xavier Villaurrutia en 2022 y el famoso Premio Pulitzer en 2024. El libro se basa en la exhaustiva investigación de la autora sobre el caso real del asesinato de su hermana por su novio en 1990 y la búsqueda del criminal.

Rivera Garza, es uno de los ejemplos más sobresalientes de una narrativa de alta calidad estética; una escritura consciente de sí misma y de los mecanismos de producción literaria. En *La muerte me da* la escritora subvierte el tema del feminicidio y minimiza el poder del "sexo fuerte" al crear una historia donde la asesina mutila los órganos sexuales de los personajes masculinos. En cuanto al estilo de Rivera Garza, Glen S. Close señala: "While not written exclusively from the point of view of the victim, the novel manifests the idea of the cut and the violent shock through a narrative discourse that lurches between sharply contrasting and unintegrated fragments" ("Antinovela" 393).[16] *La muerte me da*, se destaca por la creación de personajes femeninos definidos (una escritora que lleva el nombre de Rivera Garza y una detective que se interesa en la literatura). También sobresale la fragmentación narrativa mediante el jugueteo con la intertextualidad (los poemas de la argentina Alejandra Pizarnik), los aspectos metafóricos y las referencias a figuras femeninas destacadas del ambiente literario y artístico: (María Negroni, Marina Abramovic, Alejandra Pizarnik) así como alusiones a teoristas y filósofos universales (Kafka, Dostoievski, Freud, Cixous, Vladimir).

El propósito al escribir *La muerte me da*, declara Rivera Garza en la introducción del mismo libro, era "dinamitar la prosa, tirar el altar de la autoría individual y esculcar la narrativa por todos sus rincones para hacerla decir lo indecible" (9). Aunque el tema de la violencia y la mutilación es una alegoría de la fragmentación de la novela misma, por otro lado, también es un referente a la pugna de las escritoras por abrirse paso en un género literario dominado por hombres. El trabajo de la autora es insistir en la escritura que le otorgará autonomía intelectual para transformar el objeto (la escritura femenina) en el sujeto cuya resistencia le forjará un lugar sobresaliente en los estantes de las librerías y el imaginario social para así desmantelar el canon literario dominado por los hombres. Ya que existen numerosos estudios sobre *La muerte me da*, aquí solamente la mencionamos de paso para enfocarnos en otras autoras menos reconocidas.

Metaficción y feminicidio en *Muerte caracol* de Ana Ivonne Reyes Chiquete

Ana Ivonne Reyes Chiquete es oriunda de la ciudad de México y pertenece a la nueva generación de autoras nacidos en la década de 1970. Ha escrito dos obras de teatro: *Huele a chivo* y *El ajustador*. Ésta última, llevada a escena en el teatro Rodolfo Usigli, la hizo finalista del Concurso Elena Garro de Lectura Dramatizada. Sus cuentos han sido publicados en varias antologías de narrativa criminal. Entre estos podemos mencionar "Dos segundos" el cual fue publicado en la antología *Cuentos de Luz y sombra* (2005) y la hizo acreedora en el 2004 de la mención honorífica en el Concurso Interamericano de Cuentos Fundación Avon para la Mujer. "Principio de incertidumbre" se publicó en la *Antología de relato criminal, México Noir* (2016), mientras que "Modus operandi" y "California trippin" fueron publicados en la *Antología Latinoir: Muerte con pasaporte* (2018). Adicionalmente, en la antología *Cuentos cortos para tardes largas* (2017), se publicaron ocho cuentos más. En el 2009 ganó el Premio Una Vuelta de Tuerca con la novela *Muerte caracol* (2010).

Muerte caracol se basa en el leitmotiv del asesino serial al estilo cinematográfico estadounidense y se destaca por el énfasis en los aspectos formales y una estructura que se aleja de las convenciones del género neopolicial. Estamos ante una novela de una estructura compleja cuya historia es fracturada mediante la metaficción, la metahistoria y una polifonía de voces. La trama acontece en los Estados Unidos (no se especifica la ciudad) en un barrio hispano y oscila entre dos historias distintas: la de una novela negra titulada

Capítulo nueve

El asesino del caracol protagonizada por Jeffrey Dahmer, el asesino en serie estadounidense mejor conocido como el Caníbal de Milwaukee[17] quien en la vida real (entre 1978–1991) asesinara unos diecisiete jóvenes (todos varones) y practicara en sus víctimas la necrofilia y el canibalismo. El Dahmer en la novela de Chiquete, sin embargo, es un asesino de mujeres quien después de 20 años de haber asesinado a su última víctima, regresa a la actividad criminal. La segunda historia es la de Carlos Sobera, un personaje solitario y empleado en un hospital que está leyendo la novela *El asesino del caracol*.

La estructura se construye mediante un juego de espejos y una diégesis binaria que requiere la participación de un lector activo: hay dos lectores (nosotros y Sobera), dos criminales (Sobera y Dahmer) y dos historias (la de Sobera y la de Dahmer). Conjuntamente, insertado en este juego de reflejos, con un tono humorístico y paródico del asesino serial, la autora indaga en la temática del feminicidio y el acoso sexual para retratar la violencia que experimentan las mujeres en la sociedad mexicana bajo los conflictos contemporáneos (desigualdad social, aumento del crimen, inseguridad).

El trato del lenguaje también es innovador. La novela es una traducción del inglés al español y todos los personajes (excepto Sobera) tienen nombres estadounidenses. La traducción, hecha por alguna editorial en España, imita el aspecto lingüístico de este país (el voceo y el vocabulario). Además, semejante a una traducción verdadera, se incluyen algunas palabras en itálicas en inglés con una nota del traductor al pie de la página en donde se explica su significado. Por ejemplo, para la palabra *pennies,* la nota hace referencia a "Nombre común de las monedas de un centavo de dólar. [N. del t.]" (32). Estos detalles estilo borgiano a la par con la estructura y la polifonía otorgan a la novela cierta singularidad y riqueza literaria que la distinguen de otras novelas criminales cuya trama sigue la historia lineal tradicional.

Con un lenguaje breve y escueto, la autora hábilmente juega con la metaficción y entreteje ambas historias de manera que atrapa al lector en la trama de Dahmer y se olvida que ésta es una novela dentro de la novela. El aspecto lúdico se lleva a cabo desde las primeras páginas. En vez de empezar con el capítulo uno y la historia de Sobera, la novela inicia en el capítulo tres con Dahmer en su departamento planeando asesinar a su siguiente víctima.

El lector no se da cuenta que está leyendo la novela que Sobera está leyendo hasta que en la página 15 una mujer interrumpe al personaje: "Oiga, le estoy hablando. Carlos Sobera eleva la mirada con tedio. Debe dejar por un momento la historia que está leyendo para atender su propia historia" (15). Después de ayudar a la mujer, Sobera regresa a su lectura de *El asesino del caracol*: "Tiene prisa de seguir leyendo. Quiere acabar el capítulo III, pues sabe que pronto viene un asesinato. Son las 2:52, en ocho minutos será libre. Regresa la vista al libro. Página 31, mi mente... mi mente me..., aquí, tercer párrafo" (16). Después de este párrafo, continúa la historia de Dahmer en su camino a conocer a su siguiente víctima, Betty, una joven aspirante a ser modelo a la cual contacta mediante un anuncio en el periódico. Aunque la novela inicia en el capítulo tres, Sobera se encarga de informarnos lo que él ya había leído en los dos capítulos anteriores: el capítulo uno trata sobre la madre de Dahmer: "se terminó preguntando quién estaba más desquiciado, ella o el hijo" (40). Del capítulo dos, Sobera nos informa que trata sobre la esposa de Dahmer, quién no se daba cuenta de los asesinatos que cometía. Así, la perspectiva de Sobera va proveyendo las piezas del rompecabezas hasta conformar la historia completa.

La lectura sobre Dahmer embebida dentro de la novela (metahistoria y metaficción) se conforma a partir de una polifonía de narradores. Cada uno de los personajes narra desde su punto de vista su envolvimiento en el caso. La multiplicidad de voces compone el mosaico de la trama desde diversas perspectivas al estilo cinematográfico y el lector (como un detective) es el encargado de unir cada uno de los fragmentos para completar la historia. En primer lugar, tenemos a Dahmer como el narrador de su historia criminal. A éste se agrega la perspectiva de los personajes secundarios ya sea como testigos del asesinato de Betty o participantes en la investigación. Así, en el capítulo IV tenemos la voz de Betty en su departamento preparándose para encontrarse con Dahmer en un restaurante. También se narra las manías de Dahmer por la limpieza y cuando viene al departamento de Betty y la asesina.

En el capítulo V, tenemos el testimonio de Emily, amiga de Betty, quien narra el momento en que encuentra a Dahmer en su departamento comiendo el cadáver de Betty: "abres la puerta y ahí, en medio de tu cuarto de estar, en el piso, a menos de tres metros de ti, está un tío en cuatro patas, como un lobo arriba de

Capítulo nueve

un ciervo, mirándote. Está cubierto de sangre, gime, mirándote. Y debajo de él está el cadáver de una mujer, ¿Betty?" (36). Emily corre hacia la calle para pedir ayuda y aquí es encontrada por un policía. El capítulo VI se enfoca en el punto de vista del policía, apodado Halcón, quien relata cuando y como encontró a Emily. El policía, después de escuchar a Emily, se dirige al departamento y allí encuentra "el cadáver descuartizado de una mujer" (44). La historia sobre el asesinato cometido por Dahmer es de pronto interrumpida cuando Sobera deja de leer la novela. Cuando retoma la lectura, continúa en el capítulo VII con la voz de la reportera del periódico *Metrópolis*, Ailen Weiss, seguida por el capítulo VII con la voz de Halloway, un policía de la Central de Homicidios.

El capítulo VIII es el reportaje del caso en el periódico *Metrópolis* por Weiss en donde se describen los asesinatos de 6 mujeres cometidos por Dahmer, "el asesino del caracol" (recibe este sobrenombre porque en cada una de sus víctimas deja un caracol insertado en algún orificio corporal: el oído, la nariz, la vagina, etc.). Otros personajes que también dan su versión en un capítulo por separado son el Jefe Morgan, editor del periódico *Metrópolis* (capítulo X) y el detective Forester (capítulo XI). El capítulo XXI es el último de la novela y se enfoca en Lauren, la madre de Dahmer para revelar que era una "mujer cruel y codiciosa" (105).

Al final de cada capítulo Sobera interrumpe su lectura y el narrador omnisciente describe los sucesos de su niñez y adolescencia. Así, se informa al lector sobre sus deseos de asesinar a su tía Leonor, su noviazgo con una chica que está interesada en experimentar con el suicidio solamente para divertirse, su perra que come a su cachorro y los intentos de Sobera de asesinar a su vecina, doña Matilde. En las interrupciones, Sobera también reflexiona sobre su lectura y, a manera de crítico literario, analiza la historia, los personajes y la estructura espiral de la novela que está leyedo, la cual compone la misma estructura de la novela *Muerte caracol*. Los capítulos XII-XX no existen ya que Sobera se decepciona de su lectura, considera que todas las novelas negras son repetitivas, decide no leer esos capítulos y se brinca hasta el último capítulo: "Lleva el ejemplar hasta la repisa de libros ya concluidos. No necesita leer más. Sabe que finalmente el asesino morirá" (106).

En cuanto a la inclusión del detective, Chiquete también rompe con los parámetros del neopolicial. Foster, el detective, es un personaje pasivo: no hace una investigación del caso y es incluido solamente en el capítulo ya mencionado en donde hace algunas reflexiones sobre el fracaso de su vida amorosa, su desilusión con la justicia y la maldad en los humanos. Aunque conoce el caso del asesino serial, no lleva a cabo pesquisas e interrogaciones para dar con el criminal. Es un personaje desalentado con el mundo a quien ya no le importa lo que sucede a su alrededor: "Después de una vida de servicio se daba cuenta de que sus fundamentos siempre fueron erróneos. Finalmente, incluso el criminal más monstruoso había sido víctima de sus circunstancias" (94). Sobera se identifica con el "odio hacia la humanidad" (95) del detective y el asesino, sin embargo, hace una crítica a esta sección que está leyendo y lo considera repetitivo: "Esta novela lo está decepcionando. Es una idea ya muy manida esa de que el criminal en el fondo es igual al detective que intenta atraparlo" (95).

El último capítulo tiene un final sorprendente y también distinto a otras novelas criminales. Disgustado con la trama, Sobera decide escribir su propia novela negra: "Se sienta al escritorio y comienza a escribir: CRIMENES NECESARIOS POR CARLOS SOBERA" (107). Así, de crítico literario y asesino de mujeres fracasado, el personaje se convierte en escritor de género negro. En vez de incluir un final, inicia una segunda novela donde el protagonista escribe sobre como asesina a su tía Leonor. A nuestro juicio, la crítica de Sobera a la novela que está leyendo es una crítica implícita a las novelas que siguen la fórmula del género neopolicial ya trillada para la primera década del siglo veintiuno. Se expresa un deseo de renovación de la narrativa criminal mediante técnicas escriturales que atrapen al lector. En este sentido, por la renovación literaria de la estética del crimen, la novela de Chiquete se identifica con el post-neopolicial.

Resulta oportuno mencionar que *Muerte caracol* no solamente renueva la estética del crimen, también expone la violencia en contra de las mujeres ya sea en forma de acoso sexual, sexismo y feminicidios. El policía Halcón, por ejemplo, describe con falta de ética y respeto algunos casos en los cuales hubo féminas envueltas: "Estaba buena la tía" "estaba bien la tía y en la rumba, hubo buen toqueteo". En la descripción de Emily, se fija en sus muslos. Cuando describe a la reportera, se enfoca en su físico: "se veía maja con vaqueros y playera blanca" (46) en vez de sus calidades intelectuales. Su sexismo se expresa cuando considera que la reportera, por ser mujer, no tiene la habilidad para enfrentar casos criminales gro-

Capítulo nueve

tescos: "Nunca había entendido cómo una mujer como ésa, joven, maja, podía estar liada en este medio. A alguien así me la imagino vestida de novia, embarazada o trabajando, no sé, de secretaria, pero jamás entre cadáveres con cámara en mano" (44). Para burlarse de ella, le llama para pedirle que venga a ver el cadáver de Betty: "no podía esperar a ver la cara de la señorita 'nada me afecta' ante esa imagen de horror" (44). Al despedirse de la reportera hace un comentario inapropiado: "Ella me dio las gracias, se dio la vuelta y disfruté de su culo hasta que se perdió tras la puerta barnizada de azul" (47). Estos son solamente algunos ejemplos del sexismo y el acoso sexual que otros personajes masculinos también manifiestan.

La temática del feminicidio se expresa a través de los asesinatos brutales de Dahmer descritos en el periódico escrito por la reportera en el capítulo IX. Dichos asesinatos cometidos impunemente ante la indiferencia policiaca, nos trae reminiscencias de la ola de feminicidios que han estado ocurriendo en ciudad Juárez desde 1991. La reportera Weiss declara:

> Entre marzo y mayo de 1980, fueron encontrados los cadáveres de cuatro mujeres en diferentes sitios, desde un terreno baldío hasta las vías del ferrocarril. Pero lo que unía todos los casos, además de la saña con que eran ultimadas, era que siempre en alguno de los orificios corporales fue hallado un caracol de tierra. (73)

A las seis mujeres asesinadas por Dahmer impunemente, se agrega la muerte de la reportera Weiss quien es también ultimada después de publicar el caso de Dahmer. Sobera se une a Dahmer en su anhelo por asesinar a las mujeres y, aunque no logra su cometido, lleva a cabo sus fantasías mediante la escritura basada en la forma que él asesina a su tía. El drama de las mujeres desaparecidas y asesinadas en la realidad mexicana se recrea en la novela de Reyes Chiquete para recordarnos que la ficción tiene mucho de verdad. Muchas reporteras (y reporteros) en México viven ante la constante amenaza de muerte por cumplir con su trabajo. Lydia Cacho, por ejemplo, se encuentra exiliada del país después de varios intentos de asesinato por denunciar la trata de blancas y la prostitución forzada a cargo de los líderes del narcotráfico con la complicidad de las autoridades.

El estilo de representación estética de la violencia contra la mujer en la novela de Reyes Chiquete es, sin duda alguna, innovador.

Muerte caracol es una novela de alto contenido literario digna de un análisis cuidadoso desde la perspectiva estructural, la creación de los personajes y la temática de la violencia. Hasta donde sabemos, esta es la única novela de corte criminal de Reyes Chiquete aunque ha publicado un buen número de cuentos. Por la temática del feminicidio que la autora aborda en su novela, podemos agregar a Reyes Chiquete a la lista de autoras contemporáneas que contribuyen al discurso feminista (y femenino) en la ficción mexicana denunciador de las injusticias y violencia contra la mujer. Como veremos en el siguiente capítulo, algunas autoras están empezando a adentrase en la narconarrativa, un subgénero que emergió del neopolicial en la década de los años noventa, para hacer su denuncia de la violencia contra la mujer. Aunque desde sus inicios la narconarrativa ha sido dominada por los varones, las escritoras están derrumbando sus murallas y creando personajes femeninos empoderados para edificar otros significados de la representación de la mujer en la literatura.

Capítulo diez

Revalorización del personaje femenino: La incursión de las escritoras mexicanas en la narconovela

Como explicamos en el capítulo 2, la violencia generada por el narcotráfico sustentaría la narcocultura dando origen a la narconovela. En ambos contextos se recalca el dominio del más poderoso, los intereses monetarios, el abuso de las drogas y el sexo, los lujos excesivos, la violencia y la muerte. Además, predomina la masculinidad tóxica en un ambiente donde, por lo general, la mujer es cosificada como un objeto de lujo y servidora sexual de los narcotraficantes. La narcocultura se ha desarrollado en la música, la televisión, el cine y la literatura y ha configurado nuevos símbolos y significados que ensalzan la masculinidad y desvalorizan la imagen de la mujer al representarla como un ser inferior al hombre.

Al igual que el neopolicial, la narconarrativa o 'novela narco' ha sido un subgénero predominantemente masculino. Entre los autores mexicanos más relevantes hemos mencionado en capítulos previos a Élmer Mendoza, Eduardo Antonio Parra, Bernardo Fernández (BEF), Yuri Herrera y Leónidas Alfaro Bedolla.[1] Algunos escritores hispanos han creado figuras femeninas dominantes, como es el caso de los siguientes personajes: Teresa Mendoza en *La reina del sur* (2002) del español Arturo Pérez Reverte; Catalina en *Sin tetas no hay paraíso* (2005) del colombiano Gustavo Bolívar Moreno; Rosario Tijeras en *Rosario Tijeras* (1999) del colombiano Jorge Franco Ramos; Samantha Valdés en *Balas de plata* (2008), de Élmer Mendoza; Lizzy Zubiaga en *Hielo negro* y *Azul cobalto* de Bernardo Fernández, BEF. Sin embargo, la imagen sexista de la mujer predomina sobre las imágenes femeninas empoderadas. Por lo general, los personajes femeninos están bajo el control masculino y raramente logran imponerse sobre la subyugación. Como explica Silvia G. Alarcón Sánchez, "En la mayoría de las obras analizadas con tema de narcotráfico, ninguna se centra en la mente de los narcotraficantes, menos en la de una mujer aun cuando tenga títulos como *Las mujeres matan mejor* (2013) de Omar Nieto" (85). Más bien, la atención se presta a la belleza superficial. En la narconovela escrita por hombres, es común que los personajes femeninos sean construidos como objetos de lujo y cuerpos esculturales a base de cirugías plásticas. Estos son personajes sin inteligencia que se someten a las órdenes de los capos y su trabajo es obedecer sin cuestionar. Aunque no podemos negar que en la vida real algunas mujeres han caído en la trampa del deslumbramiento monetario que ofrecen los líderes del narcotráfico, la imagen idealizada de la mujer que se ha creado en la narconovela está alejada de la realidad de la mayoría de las mujeres mexicanas, incluso las consideradas "mujeres narco".[2]

Hasta ahora, en la narconarrativa mexicana ha imperado el discurso masculino. Es importante que las escritoras se adentren en este género literario y produzcan tramas que deconstruyan la cosificación de la mujer y desquebrajen las desigualdades de género generado a partir del discurso machista del ambiente del narcotráfico. Un discurso no se limita a un texto, señala Marta Lamas, "sino, como ha señalado Foucault, una estructura histórica social e institucionalmente específica de enunciados, categorías, creencias y términos" (10). Sin pretensiones de exclusión (seguramente habrá algunas escritoras de narconovela que todavía están en el anonimato) hasta donde sabemos solamente Orfa Alarcón con *Perra brava* (2010) y Jennifer Clement con *Ladydi* (2014) han incursionado en este subgénero.[3] Con sus historias, estas autoras contrarrestan las ideologías misóginas y ofrecen una imagen alternativa de la mujer para desmitificar la imagen de los líderes del crimen organizado, constituyendo así una forma de resistencia.[4] Desde diferentes perspectivas, ambas autoras abordan la temática de la violencia contra la mujer (los feminicidios, la violencia doméstica, la desigualdad de género). Mientras que Clement lo hace desde la perspectiva de las niñas raptadas y abusadas por los narcotraficantes, Alarcón lo hace desde el punto de vista de una joven universitaria. Ambas novelas merecen un estudio minucioso, sin embargo, por cuestión de espacio, aquí analizaremos más detenidamente *Perra brava* y dejaremos *Ladydi* para otro trabajo.

La subversión de la violencia contra la mujer en *Perra brava* de Orfa Alarcón

El discurso femenino en la novela criminal de la segunda década del siglo veintiuno adquiere, en el caso de algunas autoras, un sesgo subversivo sui géneris de la violencia contra la mujer. Se trata de desarticular el atavismo masculino (machismo, dominación) desde una posición reaccionaria a la sujeción hegemónica. En *Perra brava* (2010), la regiomontana, Orfa Alarcón (1979) escritora de la nueva generación de autoras mexicanas, expone la violencia contra el sector femenino desde su propia cosmovisión y, desde el espacio de los narcotraficantes, arma una historia en donde el poder del capo es subvertido. Ambientada en la ciudad de Monterrey y de corte psicológico, la trama trata sobre Fernanda, una joven universitaria que se enamora de Julio, un líder del narcotráfico. Aquí la historia de amor y la violencia doméstica es tratada desde un ángulo juvenil y actualizado. La narrativa es salpicada con música reggaetón y hip hop en los bares en donde los personajes lucen costosas vestimentas. Los automóviles, las mansiones, las joyas y el vestir de la última moda, adquiridos mediante la venta de drogas, recalcan el consumismo de la época neoliberal en contraste con la violencia extrema que rodea a la protagonista.

Aunque la historia inicia al estilo típico de la novela narco (la figura del narcotraficante es ensalzada bajo un ambiente machista que cosifica a los personajes femeninos), al final, Julio, el líder del cártel, es deconstruido por el personaje femenino quien, después de superar la violencia doméstica, se torna contra él y lo manipula psicológicamente hasta destruirlo. Fernanda evoluciona de una mujer débil, temerosa y dominada por su novio hacia la dominadora de los sentimientos, los personajes y las situaciones. La autora se vale de las relaciones sentimentales, un tópico por demás trillado en las novelas de todas las épocas, pero lo renueva y expone desde una intimidad donde el paroxismo de la violencia resultaría familiar para muchas de las lectoras. La relación enfermiza donde predomina la dominación entre la víctima (Fernanda) y el victimario (Julio) es descrita con lujo de detalle y un lenguaje sin miramientos:

Capítulo diez

> Entonces entendí las palabras de Julio: al tomar la pasta de dientes me descubrí frente al espejo con la cara llena de sangre. Los senos, las manos, la entrepierna. Grité. Como si viera el fantasma de mi madre. Grité tan fuerte que me quedé ronca. Julio entró al baño y me abofeteó.—Para que te lo sepas, traes encima la sangre de un cabrón con muchos huevos, y con todo y todo se lo cargó la chingada, porque la vida se gana a putazos. (13)

A diferencia de la mujer maltratada que queda confinada en el lugar que le asigna su agresor, Fernanda toma venganza de la violencia doméstica y los engaños amorosos de Julio mediante tener relaciones sexuales con sus hombres de confianza. Al final, después de haber quemado la casa de la amante de Julio y asesinado a su hijo, Fernanda lo enfrenta sin temor: "Ahora tenía a un hombre en la palma de la mano" (202). Al no poder contra ella, Julio se suicida y Fernanda queda triunfante: "Yo tenía piernas para correr, tenía un Ferrari. Tenía un padre encerrado en la cajuela" (204). Al estilo de *Bildungsroman* se construye la personalidad del personaje femenino; evoluciona en carácter de acuerdo con el mundo violento que la rodea. Con la muerte del líder del cártel de las drogas, Fernanda encuentra su identidad y el final abierto sugiere que ella será la que continuará con el legado de Julio en el negocio de la venta de droga y la violencia, subvirtiendo así el final feliz del *Bildungsroman* donde el personaje femenino termina felizmente casada.[5]

En cuanto a su estilo de escritura y la creación de personajes femeninos protagonistas, tanto en *Perra brava* como en *Loba* (2019), su novela más reciente, Orfa Alarcón declara: "Mi psique es femenina por lo que hacer un personaje masculino me saldría falso. No lo he intentado y no creo poder. Si hiciera un protagonista varonil caería en los estereotipos de género y para mí es más accesible darle vida a una mujer" (López Aguilar n. p). A esto habría que añadir que las escritoras mexicanas no solamente abordan el tema de la violencia o el machismo desde su propia cosmovisión, en las obras de algunas de ellas también sobresale un intento por cambiar la perspectiva del género como novela "light" o de quiosco mediante prestar más atención a los aspectos estéticos y literarios.

Violencia sexual y prostitución en *Crueldad en subasta* de Malú Huacuja del Toro

A pesar de ser una autora prolífica, Malú Huacuja del Toro (1961) no ha logrado el reconocimiento que merece. Decepcionada por las "mafias culturales", cómo ella ha catalogado a las editoriales y círculos literarios, se exilió en Nueva York desde donde continúa escribiendo. Entre sus novelas policiacas contamos con *Crimen sin faltas de ortografía* (1986); *Un cadáver llamado Sara* (1995) (novela de entregas en el suplemento *Sábado* del *Unomásuno*); *Un dios para Cordelia* (1995); *La lágrima la gota y el artificio* (2010); *La invención del enemigo* (2008); *Crueldad en subasta* (2015); y *Al final del patriarcado* (2021).

Tanto en sus novelas como en su blog, Huacuja del Toro aborda la temática del abuso de la mujer desde diferentes perspectivas: el ambiente literario, social y político. En su primera novela policiaca, *Crimen sin faltas de ortografía*, aborda las temáticas de la corrupción en la academia, el engaño, la manipulación, la decadencia sexual, el machismo y la represión femenina. Al menos en México, son pocos los autores y las autoras que han expuesto en sus obras la decadencia en el ambiente académico y literario. Huacuja del Toro, sin embargo, aborda esta temática sin tapujos. Como señala Víctor Roura en una entrevista con la autora: "Con la escritora era ineludible el tema de las mafias culturales, porque precisamente fueron éstas las que la orillaron a vivir fuera del país" ("Diálogos" n.p.).[6] Respecto a su decisión de vivir en New York, la autora declara:

> nos quedamos aquí porque desde este punto geopolítico yo tenía más movilidad para seguir denunciando lo que siempre he denunciado, escribiendo lo que otras escritoras poderosas de mi generación ocultaban en México y abriendo los espacios que otros y otras cierran en el quehacer artístico y cultural en nuestro país. (Blog, Huacuja n.p.)

Sin lugar a duda, la autora logra su objetivo en *Crimen sin faltas de ortografía*. Aunque no se indica la temporalidad, la trama ocurre en el espacio universitario de la Ciudad de México. Elia, la asesina, narra retrospectivamente la historia, sin embargo, su nombre

Capítulo diez

no se revela hasta el final. El lector solamente tiene las pistas para armar el rompecabezas de dos asesinatos: la doctora Isabel Nieto y el profesor de literatura, Ignacio Sepulcro.

Tanto los personajes femeninos como los masculinos son construidos con precisión. Cada uno de ellos tiene un papel estratégico en las coordenadas del crimen y sus personalidades varían desde la más fuerte hasta la más débil. Algunos de los nombres son irónicos o simbólicos en cuanto a la conducta de los personajes. Sepulcro, por ejemplo, hace honor a su apellido: es un personaje corrupto envuelto en negocios ilegales con algunos políticos. En el ambiente académico, Sepulcro manipula a sus alumnos y se aprovecha de su puesto como profesor para estafarlos (no les paga por su trabajo). Como escritor, plagia los poemas de Elía, quien termina asesinándolo. En el ambiente personal, engaña a su esposa Pilar con sus alumnas. Pilar (nombre irónico), es una mujer débil, reprimida y debilitada por su esposo. Es la principal sospechosa de la muerte de Isabel Nieto, pues ella y su criada Lucha (nombre irónico; ella nunca se defiende de las acusaciones) son las únicas que están con ella cuando muere. Isabel Nieto es la doctora de la familia y sostenía una relación amorosa con Sepulcro. Nieto es envenenada por José Carlos Niño, un discípulo y servidor de Sepulcro. José Carlos es un personaje machista y violento que mantiene relaciones sexuales con varias compañeras de clase y golpea salvajemente a Elía, su novia. Elía es alumna de Sepulcro; una mujer inteligente y calculadora. Asesina a Sepulcro y estratégicamente hace que Niño asesine a la doctora Nieto. Acevedo, el comandante a cargo de la investigación, es también un personaje corrupto. Su participación en la trama es mínima. Por intereses monetarios—le pagan para que no exponga la corrupción de Sepulcro—arresta a Lucha la criada y cierra el caso prematuramente para proteger el prestigio del occiso.

Aunque su segunda novela, *Un Dios para Cordelia*, no es necesariamente una novela policiaca, la autora trata el tema del crimen de sesgo para exponer las cuestiones que afectan a las mujeres en el ambiente artístico. La manipulación, la violencia contra la mujer, la represión femenina, el círculo vicioso de la maternidad temprana, y las pasiones mezquinas, son algunas de las temáticas centrales. Cordelia, la protagonista, es una mujer vacía y superficial que gana fama gracias a la corrupción de su madre quien paga a varios influyentes para que le construyan una carrera de cantante a pesar de que no tiene habilidad vocal. Iris es una cantante que, al no conocer ningún influyente que la empuje al éxito, queda reprimida y manipulada por el sistema. Los representantes de Cordelia compran la voz de Iris, engañando así al público. Cordelia, sin embargo, está celosa de Iris y a sabiendas que esto le costará su carrera artística, decide contratar a alguien para asesinarla.

Ambos personajes femeninos son cosificados por el sistema masculinizado que predomina en el ambiente artístico. Los líderes de la farándula manipulan a ambos personajes por intereses monetarios. Por una parte, mantienen a Cordelia bajo control al darle una voz falsa. Por otro lado, explotan a Iris al comprar su voz. Al mismo tiempo, la mantienen bajo sujeción al crear barreras para que ésta nunca alcance el reconocimiento del público. Así, ambos personajes pierden su identidad y son absorbidas por el ambiente masculino referido en la novela como los "Dioses" que manejan a su antojo a los seres que han creado:

> Durante la infancia y hasta la adolescencia de nuestros creadores, tenemos una sola forma, existimos en nuestro estado más simple y estamos compuestos de escasas características. Conforme crecen ellos, aumenta su perplejidad. Nos multiplican y nos transforman. Nos conceden o nos quitan poder, nos reducen a una inquietud o nos reinventan, dependiendo en su estado de ánimo. (40)

En *La lágrima, la gota y el artificio*, por otra parte, predomina la corrupción en el ambiente periodístico, las expectativas de la mujer en la sociedad mexicana tradicional, el fracaso de la mujer intelectual a pesar de su inteligencia, el machismo y los feminicidios. Estas son algunas de las temáticas que nos acercan a la realidad de la mujer mexicana contemporánea.

La novela trata sobre una investigadora mexicana, Inés Carrasco, quien indaga el caso de la desaparición de una joya artesanal argentina. La autora recurre a la narrativa densa, diversidad de espacios narrativos (México, Buenos Aires, New York) y unos veinticinco personajes para construir un discurso disidente que denuncia la violencia contra la mujer.

En *Crueldad en subasta*, aborda las intersecciones de la prostitución, el tráfico de drogas, la corrupción política mexicana y los feminicidios. La historia tiene efecto en New York y México, los espacios que parecen predominar en la narrativa más reciente de

Capítulo diez

Huacuja. El diputado Ezequiel Muñoz es un personaje corrupto que acude a los burdeles para comprar los servicios de las trabajadoras sexuales. Allí conoce a Brenda, a quien invita a venir a New York donde termina asesinándola. El cadáver de Brenda es traído a un hotel donde es pintado al óleo por Gustavo Valencia, un pintor tan corrupto como Muñoz. Su cuerpo es después transportado en un camión a México donde es sepultado clandestinamente. En New York, el cuadro de Brenda es subastado por millones de dólares ante un público morboso que se admira de lo real de la pintura sin imaginar que se trata de un cadáver verdadero. Así, la mujer es cosificada y violentada aún después de la muerte.

Por la heterogeneidad temática y un estilo altamente estético, las obras de Huacuja del Toro merecen un estudio minucioso. Al igual que María Elvira Bermúdez, Huacuja del Toro es quizás una de las pocas autoras con una larga trayectoria en la escritura del policial. El estilo templado de su primera novela policiaca, *Crimen sin faltas de ortografía*, en el trato del lenguaje y los personajes, se transforma en una narrativa feroz en *Crueldad en subasta*. La temática de la cosificación femenina y la violencia de género ha sido una constante desde su incursión en el policial desde 1986. No cabe duda de que su colección completa merece un estudio minucioso.

En el marco de las observaciones anteriores, cada cual, a su manera, las autoras aquí consideradas se encargan de contar las realidades actuales de la mujer mexicana contemporánea, demostrando así su talento para abordar temáticas que van más allá de las consideradas "femeninas". Se forjan así los nuevos caminos que las autoras de la segunda mitad del siglo veintiuno habrían de seguir. Seguramente con las nuevas generaciones de escritoras nacidas en el nuevo milenio y educadas en la era de la tecnología, las redes sociales y el feminismo de la cuarta ola, los estilos de escritura criminal cambiarán y las formas de contar la realidad que incumbe a las mujeres se tornará más agresiva a medida que las cuestiones del machismo y la violencia no sean resueltas por la sociedad y las instituciones correspondientes. Es nuestro deseo que la investigación sobre las novelas escritas por mujeres en este libro impulse a otros críticos a expandir el análisis del género criminal de autoría femenina; un estudio que ha quedado rezagado ante el apabullante peso de las publicaciones de los autores y el rechazo constante de las editoriales.

Observaciones finales

Como hemos visto en el recorrido de este libro, la evolución del género policial mexicano no ha cesado desde sus inicios en los años cuarenta del siglo veinte. De aquella época imitativa de los padres del género policial clásico, el norteamericano Edgar Allan Poe y el escocés Arthur Conan Doyle, surgen los primeros escritores mexicanos del género policial (María Elvira Bermúdez, Antonio Helú, Pepe Martínez de la Vega, Rodolfo Usigli). A pesar de su carácter imitativo, estos autores incorporaron en su policial escenarios, personajes, espacios y sucesos nacionales, abriendo así el rumbo que el género policial en México tomaría con el paso del tiempo.

En los Estados Unidos, década de los treinta, el policial clásico evolucionaría hacia el *hardboiled* (género negro) como una contestación a las nuevas realidades de ese país. Sin embargo, el género negro llegaría tardíamente a México en la década de los años setenta con Rafael Bernal como su líder. Los autores mexicanos encontraron en la nueva fórmula policial el vehículo literario que, por su realismo crudo, se prestaría para exponer las realidades del México (y América Latina) de los años setenta. El género negro, sin embargo, tendría que continuar evolucionando durante las décadas subsiguientes para reflejar con más verosimilitud los nuevos contextos sociales, políticos y culturales del país. En la década de los ochenta los autores mexicanos se vieron en la necesidad de acuñar un nombre específico que identificara su narrativa negra, diferenciándola del género negro anglosajón y europeo. Surge así, el neopolicial, término acuñado por Paco Ignacio Taibo II. A partir de entonces, los estudiosos del género negro adoptarían este término para identificar la narrativa negra de los autores hispanoamericanos: Manuel Vázquez Montalbán (España), Leonardo Padura Fuentes (Cuba), Ramón Díaz Eterovic (Chile), Horacio Castellanos Moya (Honduras), Mario Mendoza (Colombia), Ricardo Piglia (Argen-

Observaciones finales

tina), entre otros. Al igual que los autores mexicanos, los escritores latinoamericanos captarían las realidades sociopolíticas específicas de sus contornos geográficos, apropiándose así de un género extranjero y alejándose de la imitación de sus antecesores.

Como explicamos en la segunda sección de este libro, a pesar del éxito del género neopolicial, hasta la década de los noventa la ausencia de las escritoras fera notoria y la narrativa criminal seguía siendo dominada por los escritores. María Elvira Bermúdez fue por más de cuarenta años la única mujer con una vasta producción literaria en el policial clásico con sus cuentos y novelas. Sin embargo, nunca incursionó en el género negro al considerarlo demasiado violento. Sin descartar la posibilidad de la existencia de otras autoras que han quedado en la invisibilidad, entre 1940-2000 la lista de novelas publicadas por mujeres es sumamente limitada. Entre las pioneras de la época temprana de Bermúdez apenas contamos con Margos de Villanueva. Más tarde se les une Rosa Margot Ochoa y Ana María Maqueo. En comparación con la narrativa de Bermúdez y Villanueva, las novelas publicadas en la segunda década del siglo veinte manifestaban un cambio en la elaboración del crimen. A pesar de que las autoras se mantenían alejadas del lenguaje duro del género negro y sus ambientes decadentes y se apegaban más a la fórmula tradicional del policial clásico, se refleja cierta autonomía en la construcción de los personajes femeninos cuyas actitudes subvierten la imagen tradicional de la mujer mexicana. Si bien durante los años noventa la mujer todavía estaba un tanto alejada del neopolicial, esta década fue la más fructífera en cuanto al número de publicaciones de los varones (aunque hubo algunas novelas de baja calidad literaria).

A medida que nos acercábamos a finales del siglo veinte, y ante el nuevo contexto sociopolítico del neoliberalismo, empiezan a operar algunos cambios narrativos en el neopolicial, manifestando así el ocaso de sus mejores días y generando nuevas formas de contar las realidades de la sociedad mexicana. De esos años destacan Carmen Boullosa y Myriam Laurini cuyas novelas empiezan a apuntar hacia las innovaciones literarias y las nuevas vertientes que surgirían en la narrativa criminal del nuevo milenio. Sin abandonar los asuntos centrales del neopolicial (violencia, crimen, abuso del poder), estas autoras transgreden la fórmula del neopolicial mediante prestar más atención a los aspectos formales, el trato de los espacios narrativos, el lenguaje y los personajes, entre otros.

Observaciones finales

Entendiendo el prefijo *post* como algo que viene después, en este trabajo propusimos el término post-neopolicial para identificar la nueva narrativa criminal del siglo veintiuno que exhibe en conjunto, a mayor o menor grado, las características que hemos propuesto en nuestra teorización sobre el crimen literario mexicano: la denuncia sociopolítica implícita mediante la elaboración de imágenes impactantes fortalecedoras del efecto visual de las problemáticas nacionales; la descentralización de los espacios narrativos en las diferentes zonas geográficas del país, o en otros casos, la universalización de la narrativa criminal mediante el desvanecimiento de los espacios específicos identificadores de la historia nacional mexicana; la exclusión del detective y el otorgamiento del papel investigador al lector u otros personajes; la reelaboración del lenguaje mediante la poetización de los coloquialismos, la jerga mexicana y la sordidez de las situaciones; el uso de recursos retóricos en la composición de los ambientes y los espacios; el enfoque en la causa-efecto del abuso del poder hegemónico y la corrupción política; la narración desde el punto de vista del criminal; la elaboración de personajes alienados como seres abyectos y grotescos y la fragmentación de la estructura narrativa mediante el uso del pastiche o diferentes géneros literarios. En la primera sección de este libro ofrecimos una amplia lista de autores de la narrativa criminal mexicana y como prototipos del post-neopolicial analizamos detenidamente las novelas *La Mara* (2004) de Rafael Ramírez Heredia y *Yodo* (2003) de Juan Hernández Luna. De igual forma, se estudiaron las contribuciones de las escritoras bajo el rubro del post-neopolicial en *Qué raro que me llame Guadalupe* (2008) de Myriam Laurini; *Trajinar de un muerto* de Susana Pagano (2000); *El Monstruo pentápodo* (2017) de Liliana Blum; *Muerte Caracol* (2010) de Ana Ivonne Reyes Chiquete. De la narconarrativa analizamos las novelas *Perra brava* (2010) de Orfa Alarcón y en *Crueldad en subasta* (2015) de Malú Huacuja del Toro. En conjunto estos autores y autoras han enriquecido las letras mexicanas. Reconocemos que aún queda mucho por hacer en cuanto a los estudios de las obras que caben dentro del género post-neopolicial. Por lo tanto, esperamos que las aportaciones de este estudio impulsen las investigaciones de otros críticos interesados en las técnicas de las nuevas vertientes de la narrativa criminal del siglo veintiuno tanto en México como en otros países latinoamericanos.

Notas

Introducción

1. El estudio de Giardinelli sobre la evolución del género negro en Estados Unidos, Europa y Latino América ha sido una de las piedras angulares de cualquier estudio del género, incluyendo este proyecto. Su estudio sobre el género negro en México ofrece una vista panorámica de los autores más relevantes del siglo veinte, pero no incluye las tendencias más recientes del nuevo milenio.

2. *Perra brava* (2010) de Orfa Alarcón, por ejemplo, reduce el poder del narcotraficante a la nada ante el empoderamiento del personaje femenino. Para un acercamiento de su novela, véase el Capítulo 10.

3. Glen S. Close en "The Detective is Dead. Long Live the Novela Negra!", estudia la exclusión del detective; una de los primeros y más destacados cambios en el neopolicial. En cuanto a la descentralización de la narrativa y sus autores véase *El norte y su frontera en la narrativa policiaca mexicana* (2005) de Juan Carlos Ramírez-Pimienta y Salvador C. Fernández; "Conflictos y espejismos: la narrativa policiaca fronteriza mexicana" de Gabriel Trujillo Muñoz; y *Expedientes abiertos. Cuentos policiacos de la frontera México-Estados Unidos* (2014) de José Salvador Ruiz Méndez y Gabriel Trujillo Muñoz.

4. Otros estudios parecen indicar que las transgresiones del neopolicial se están dando simultáneamente en otros países latinoamericanos donde se toma en cuenta la importancia del género policial en su papel reconstructor de las realidades sociopolíticas (Argentina, Cuba, Chile, Colombia) como lo demuestran Javier Sánchez Zapatero y Alex Martín en su libro *Género negro para el siglo XXI* (2011). Para los cambios en la narrativa española, véase *Ortodoxia y heterodoxia de la novela policiaca hispana: variaciones sobre el género negro* (2002) de Genaro J. Pérez.

5. En las otras novelas de la serie, el autor se concentra más en el contenido y la temática de la denuncia sociopolítica que en los aspectos formales.

Notas

Capítulo uno

1. Existen varios sinónimos para identificar la novela policiaca. José F. Colmeiro explica que, del término genérico en inglés, *detective fiction*, se derivan otros nombres: novela detectivesca, de misterio, de crimen, policial y policiaca.

Capítulo dos

1. El éxito del género se debió a la demanda del público que gustaba de la lectura rápida y el misterio. Con la demanda creció también el interés comercial de las casas editoriales que exigía a los autores más producción literaria. La producción masiva de novelas y cuentos en papel *pulp* las hacían más accesibles al público lector por su bajo precio (Torres, *Muertos* 19).

2. No incluimos aquí el cine mexicano porque lo consideramos fuera del enfoque de este estudio. Sin embargo, podemos mencionar que las películas policiacas en México fueron muy escazas durante las décadas de los 40-60. Más bien predominaban las películas regionales y nacionalistas (producto de la Revolución Mexicana), un periodo conocido como la época dorada del cine mexicano, que se destacaba, como expresa Ignacio Sánchez Prado, con "heavy legacy of *Mexicanidad* and other cultural imperatives of identity and politics" (*Screening Neoliberalism* 12).

3. Según Colmeiro, en Latinoamérica es más común utilizar el término "novela policial", mientras que en España "novela policiaca" es usado con más frecuencia. Por esa razón en este estudio nos apegaremos al término novela policial cuando así se requiera (54).

4. En el capítulo 6 nos enfocamos con más detalle en los cuentos de Bermúdez.

5. En su ensayo "On Murder, Considered as One of the Fine Arts" (1817), De Quincey separa el crimen estético de la ética y plantea la eliminación de cualquier juicio moral ante el asesinato, el cual se comete solamente por razones estéticas o artísticas "con premeditación, armonía, ingenio y poesía" (Colmeiro 58).

6. El énfasis en los aspectos psicológicos y los trastornos emocionales como causa-efecto de una sociedad alienada se recrudecerían en el postneopolicial para representar al criminal como una víctima más de la sociedad, asunto que analizaremos con detalle en el capítulo dedicado a *Yodo* (2003) de Juan Hernández Luna.

7. Las represiones gubernamentales en contra de los izquierdistas se dieron efecto en los países del Cono Sur en los años setenta bajo la llamada "Operación Cóndor" la cual fue una conspiración entre los servicios de inteligencia entre los Estados Unidos y los dictadores latinoamericanos con el objetivo de eliminar a cualquier activista de la izquierda que se opusiera a las dictaduras o gobernantes de estos países. Importantes funcionarios militares y políticos estuvieron implicados en la violación de los derechos humanos. Se calcula que bajo la Operación Cóndor unas 50.000 personas fueron asesinadas y 30.000 desaparecidas (Calloni n.p.). A diferencia de Sudamérica, la Operación Cóndor en México durante esa época se relacionó con la lucha contra el tráfico de drogas (véase nota 25).

8. En la actualidad hay un interés por la investigación y reconstrucción histórica de la guerra sucia y el establecimiento de procesos penales para los culpables. Con este propósito, bajo el gobierno de Vicente Fox (2000–2006), el 27 de noviembre de 2001 fue creada la Fiscalía Especial para Movimientos Sociales y Políticos del Pasado (FEMOSPP). Para facilitar la investigación, en el 2002 se transfirieron al Archivo General de la Nación los archivos de las instituciones envueltas en la guerra sucia. Además, se ha invitado a los ciudadanos a presentar sus denuncias. Hasta la fecha se han denunciado más de 400 desapariciones solo en el estado de Guerrero y, aunque aún predomina el escepticismo hacia las oficinas a cargo de las investigaciones, éstos siguen tratando de ganarse la confianza de los ciudadanos (Ruiz Guerra 233–235). En el 2006, el expresidente Luis Echeverría fue arrestado por su envolvimiento en la masacre de Tlatelolco y El Halconazo. Sin embargo, usando su derecho de protección bajo el artículo 20 de la Constitución, Echeverría se negó a contestar las 195 preguntas del Ministerio Público de la Federación. Tres años más tarde fue exonerado de los cargos al no encontrarse suficiente evidencia (Ruiz Guerra 230).

9. La novela fue llevada en 1975 al ambiente cinematográfico por Felipe Cazals (Rosado, "Los años setenta" 337, 38).

10. El género policial ha coincidido desde sus principios con los acontecimientos políticos de cada época: las historias policiacas de Poe—con París como espacio central (aunque Poe nunca estuvo en Francia)—coinciden con los movimientos revolucionarios europeos de 1848; las historias del padre Brown de Chesterton concuerdan con el inicio de la Primera Guerra Mundial en 1914; y la novela negra en España corresponde con la era de la transición (1975–1982) después de la dictadura franquista (Braham 68). En Latinoamérica, la novela negra en Chile emerge después de la dictadura de Pinochet (1973–1990); en Cuba a raíz de la dictadura de Fidel Castro (1958–2008) y en México de la represión gubernamental en 1968.

11. La serie completa de Belascoarán fue publicada en el 2009: *Días de combate, Cosa fácil, Algunas nubes, No habrá final feliz, Regreso a la misma ciudad y bajo la lluvia, Amorosos fantasmas, Sueños de frontera, Desvanecidos difuntos, Adiós Madrid*.

12. Las Poquianchis fue un grupo de cuatro hermanas originarias del estado de Guanajuato que poseían varios burdeles en Guanajuato y Jalisco y ofrecían empleo a las jóvenes provincianas recién inmigradas a la ciudad. Se calcula que en un período de catorce años (1950–1964), torturaron, explotaron sexualmente y asesinaron más de noventa personas, entre ellas prostitutas, sus bebés recién nacidos y algunos clientes. Las Poquianchis fueron juzgadas y sentenciadas a cuarenta años de prisión y son consideradas las asesinas en serie más importantes del siglo veinte en Latinoamérica.

13. A finales del siglo veinte emergerían en Latinoamérica importantes escritores del género negro tales como Leonardo Padura Fuentes (Cuba), Santiago Gamboa (Colombia) y Ramón Díaz Eterovic (Chile), Ricardo

Notas

Piglia (Argentina), Horacio Castellanos Moya (El Salvador), para mencionar solo algunos. Más tarde, algunos críticos también adoptarían el término neopolicial para referirse a la narrativa negra de sus respectivos países.

14. El proceso de las votaciones se truncó cuando de pronto el conteo digital de las votaciones cesó de funcionar. A pesar de que los conteos anteriores al incidente señalaban al representante izquierdista Cuauhtémoc Cárdenas como el ganador, la victoria fue otorgada a Salinas de Gortari.

15. En el Capítulo 3 analizaremos con detalle la contribución de Taibo II al neopolicial.

16. Ciudad Juárez fue una de las primeras urbes en registrar los ataques físicos y sexuales a las trabajadoras de las maquiladoras ante la indiferencia de las autoridades. Fuentes oficiales declaran que entre 1993 (año en que iniciaran los feminicidios) hasta el 2010 murieron más de 887 mujeres asesinadas violentamente. Un número que contrasta con los más de 1,700 casos reportados por el Instituto Nacional de Estadística y Geografía (INEGI). Para un estudio exhaustivo sobre la explotación de las mujeres en la industria maquiladora, véase *Women and Globalization* (2004) de Delia Aguilar y Anne E. Lacsamana. A nivel nacional, el panorama no es alentador. De acuerdo con esta misma fuente, unas 3,752 mujeres fueron asesinadas en el 2018 (INEGI, "Estadísticas, 2019" n.p.). Las encuestas más recientes revelan que en el 2023 entre 9 y 10 mujeres fueron asesinadas cada día (ONU Mujeres, "Sembrando semillas" n/p).

17. Con el apoyo de George W. Bush en el 2008, Calderón firmó la Iniciativa Mérida. Estados Unidos proporcionó 400 millones de dólares en equipo para entrenar a los soldados militares mexicanos y continuar con la lucha en contra del narcotráfico (Astorga 109).

18. El Diccionario de la Real Academia Española (DRAE) define el término 'capo' como "Jefe de una mafia, especialmente de narcotraficantes." Entre los capos mexicanos más importantes se encuentran los hermanos Arellano Félix, Joaquín "El Chapo" Guzmán y Rafael Caro Quintero. Para un estudio histórico, sociológico y cultural del narcotráfico y los narcotraficantes, véase *Mitología del "narcotraficante"* (1995) en México de Luis Astorga, así como *Los cárteles no existen: narcotráfico y cultura en México* (2018) de Oswaldo Zavala. En *Los señores del narco* (2010), Anabel Hernández hace una investigación sobre la complicidad de los políticos y el narcotráfico desde 1970 y en *Emma y las otras señoras del narco* (2021), hace un estudio minucioso de las esposas y amantes de los narcos.

19. Desde la década de los años cuarenta del siglo veinte, el estado de Sinaloa se convirtió en el lugar estratégico en la producción y venta de estupefacientes. Aunque algunos políticos trataron de destruir los plantíos de mariguana, éstos fueron aniquilados por los líderes del narcotráfico (tal es el caso del gobernador de Sinaloa, Rodolfo T. Loaiza, asesinado en 1944). Luis Astorga señala que: "Al prohibir lo que antes era permitido se traza el límite que separa lo criminal de lo que no lo es, lo legítimo de lo ilegítimo. Los Empresarios y consumidores de antes, se convierten en 'traficantes', y en 'enfer-

Notas

mos' y 'viciosos'" (27–28). En la década de los sesenta se formó la "Operación Cóndor", una estrategia y acuerdo entre los Estados Unidos y México para luchar contra el narcotráfico. Operación Cóndor se utilizó principalmente en las zonas montañosas de los estados norteños de Durango, Chihuahua y Sinaloa, así como en los estados sureños de Guerrero y Oaxaca. Aunque durante esta década los militares mexicanos y la Fuerza Aérea Norteamericana decomisaron toneladas de narcóticos y destruyeron plantíos, esto no significó el fin del narcotráfico. Al contrario, originó el crimen organizado bajo el liderazgo de los capos, intensificando la violencia extrema y la inseguridad en diversas áreas geográficas del país.

20. Para una descripción completa de la narconarrativa, véase Santos, et al.

21. Otros narcotraficantes, como el colombiano Pablo Escobar, fundador del cártel de Medellín, son considerados villanos. Sin embargo, es importante aclarar que, a diferencia del Chapo Guzmán, la imagen de Escobar es negativa: sembró el terror de forma directa en la población mediante ataques terroristas y asesinatos de inocentes (Newman n.p.). Escobar terminó asesinado en 1993 por el gobierno colombiano. Guzmán, por su parte, aunque no se niega que también ha causado miles de muertes y muchos mexicanos lo ven de forma negativa, otros le construyeron una imagen de santo a la cual veneran.

22. Para un resumen de las novelas narco mexicanas más relevantes y sus autores, se recomienda leer "Las novelas que el narco ha dejado" de Roberto Pliego, así como "Una cartografía de la narco-narrativa en Colombia y México (1990–2010)" de Alberto Fonseca.

23. En *Cuentos policiacos de la frontera México-Estados Unidos. Expedientes abiertos* (2014), José Salvador Ruiz Méndez y Gabriel Trujillo Muñoz organizaron una valiosa compilación de cuentos de escritores norteños.

Capítulo tres

1. Bajo el título *No habrá final feliz* (2009), la colección cuenta con nueve novelas: *Días de combate* (1976); *Cosa fácil* (1977); *Algunas nubes* (1985); *No habrá final feliz* (1989); *Regreso a la misma ciudad y bajo la lluvia* (1989); *Amorosos fantasmas* (1990); *Sueños de frontera* (1990); *Desvanecidos difuntos* (1991) y *Adiós Madrid* (1993).

2. En "Ustedes que jamás han sido asesinados" (1973) Monsiváis hace un recuento de los autores anglosajones y británicos más importantes del policial clásico y el género negro. Al final de su ensayo el autor menciona brevemente a los pioneros del policial clásico mexicano, pero lo hace desde una visión negativa al considerar la literatura policial mexicana imitativa, arbitraria y forzada y, además, ignora por completo la novela de Rafael Bernal, *El complot mongol* (1969).

3. Este capítulo es una versión modificada levemente del artículo "Heteroglosia y dialogía en *Días de combate* de Paco Ignacio Taibo II" publicado en el 2018 por la *Revista de Literatura Mexicana Contemporánea*, vol. 24, no 74, pp. 124–40.

Notas

4. De igual importancia son los discursos de los personajes secundarios (los compañeros de oficina de Belascoarán, su hermano Carlos y otros). Sin embargo, no se han incluido aquí por falta de espacio, pero ciertamente valdría la pena analizar ya que también contribuyen a la heteroglosia de la novela.

5. La mayor parte del pueblo mexicano confiaba que Andrés Manuel López Obrador (AMLO), el presidente izquierdista (2018–2024), solucionaría la pobreza durante su mandato. Como iniciativa para implementar sus propósitos, en julio del 2018 AMLO se reunió en la ciudad de México con una delegación estadounidense dirigida por el Secretario de Estado, Mike Pompeo. Entre los principales asuntos se discutieron los problemas migratorios, de seguridad y el tratado de libre comercio, temas que han causado tensiones entre ambos países bajo la administración del presidente Donald Trump (2016–2020). Al terminar el sexenio de AMLO en 2024, sin embargo, las problemáticas continuaban sin resolver.

6. Se calcula que entre 1993 a 2007 hubo 499 feminicidios, cifra que se multiplicó en los siguientes años. De acuerdo con la base de datos del Colegio de la Frontera, entre el 2008 al 2017 se documentó en Ciudad Juárez el asesinato de unas 1270 mujeres (Suárez n.p.). Mientras que el gobierno no aplique leyes que protejan a la mujer, declara Julia Monárrez Fragoso, profesora e investigadora del Colegio, la violencia de género continuará incrementando (Citado por Suárez n.p.).

7. Siguiendo el modelo de Taibo II, otros autores continuarían con la renovación del género mediante una elaboración de los aspectos formales. Entre los escritores más relevantes se encuentran Rafael Ramírez Heredia (*La esquina de los ojos rojos*, 2006) y Juan Hernández Luna (*Tabaco para el puma*, 1996).

8. Tomando en cuenta que la ocurrencia de los feminicidios inició en Cd. Juárez en 1993 a partir del crecimiento de la industria maquiladora que llegó con NAFTA, sería irrelevante aplicar la temática de los feminicidios en la novela de Taibo II ya que ésta se publicó en 1976.

9. Publicado entre 1883 y 1891, el libro contiene historias independientes relacionadas con el personaje Zarathustra. El tema gira alrededor de la negación del más allá y es una reflexión sobre la vida y la naturaleza del hombre.

10. El existencialismo, un término acuñado por Sartre, se define como una actitud filosófica que analiza la condición humana, presta atención al significado de la vida y promueve la autonomía del sujeto (Honderich 260).

11. "Voz narrativa" se define como "the speech or other overt means through which events and existents are communicated to the audience" (Flew 24).

12. En *No habrá final feliz* (1989) Belascoarán es víctima de la violencia y es asesinado por los Halcones, un grupo paramilitar establecido por el presidente Gustavo Díaz Ordaz para acallar las voces de los manifestantes.

Capítulo cuatro

1. Para más detalles sobre los logros y las fallas durante el sexenio de Fox, se recomienda consultar el artículo "La historia de un voto, seis años después. El gobierno del president Vicente Fox Quezada, 2000–2006. Cuarta parte" de Manuel Aguirre Botello.

2. Ramírez Heredia fue un autor fructífero. Su obra cuenta con trece novelas, una veintena de cuentos y algunas crónicas. Recibió numerosos premios y menciones honoríficas, entre ellos el Premio Internacional Juan Rulfo (1984), el Premio Nacional de novela (1978) y el Premio Dashiell Hammett (2005) por su novela *La Mara*. Algunas de sus novelas fueron publicadas en Chile, Colombia, Argentina, Honduras, Cuba, Francia, Alemania y los Estados Unidos.

3. Para un análisis comparativo sobre la violencia en *La esquina de los ojos rojos* y *La virgen de los sicarios* (1994) del colombiano Fernando Vallejo, véase "Violencia y devoción en la reciente narrativa Latinoamericana" de Ernesto Pablo Ávila.

4. Antes de escribir *La Mara* el autor estuvo viviendo en el sur de México y acudía a las cantinas donde tenía la oportunidad de hablar con los migrantes y residentes locales sobre las problemáticas locales. También descendió a los desagües de aguas negras de la ciudad de México para familiarizarse con este ambiente y construir su personaje del "buzo" en la novela *La esquina de los ojos rojos* (2006).

5. En "*La Mara*, la historia interminable: la migración centroamericana en el relato neopolicial de Rafael Ramírez Heredia", Jaime Alberto Galgani analiza la problemática de las pandillas desde un punto de vista que se acerca más a lo sociológico que lo literario. Por su parte, Claudia María Sosa Cárdenas en "Aproximaciones a la obra de Ramírez Heredia", escribe una vista panorámica de los textos más emblemáticos, incluyendo *La Mara*.

6. Para otros autores del post-neopolicial véase el Capítulo 2 de este libro.

7. Un rizoma es un tipo de planta cuyas raíces crecen horizontalmente y se multiplican en el subsuelo de manera impredecible y de sus ramificaciones se producen plantas nuevas que crecen hacia el exterior.

8. La migración centroamericana hacia los Estados Unidos y su concerniente proceso social ha originado algunos estudios etnográficos y de seguridad pública. Por su parte, La Comisión Nacional de Derechos Humanos y otras organizaciones no gubernamentales, han denunciado la violación de los derechos de los centroamericanos en su paso por México (Benítez 181). Después de 20 años de la publicación de la novela de Ramírez Heredia, la problemática de la migración centroamericana no ha mejorado y es aún relevante. El 13 de octubre del 2018, se formó la primera caravana de mil hondureños que, tratando de huir de la pobreza y violencia en su país de origen, atravesaron México con el objetivo de llegar a los Estados Unidos.

Notas

Aunque éstos fueron acogidos por México, la resistencia de Donald Trump, quien fuera presidente de USA en esos años, resultó en la creación de un discurso anti migratorio y racista. A pesar del asilo político ofrecido durante la administración de Joe Biden (2021–2024), la mayoría de los migrantes, terminan siendo deportados a sus países desde donde inician la travesía de nuevo (Sandoval n.p).

9. Para una consideración sobre la desaparición del detective, tendencia de finales del siglo veinte, recomendamos leer "The Detective is Dead: Long Live the Novela Negra!" de Glen S. Close.

10. A esta se unieron una segunda caravana de guatemaltecos y en enero del 2019, partió una tercera caravana de salvadoreños. En marzo del 2019, ante rumores sobre la organización de una nueva caravana masiva de 20.000 migrantes de origen hondureño, Olga Sánchez Cordero, secretaria de Gobernación en México, informó al periódico *El País* que México "creará un cerco migratorio en el istmo de Tehuantepec, localizado al sur del país, la zona más angosta entre las costas del Pacífico y el Atlántico, con una anchura de 200 kilómetros y que es un importante paso migratorio." También afirmó: "No vamos a militarizar nuestra frontera sur ni el Ejecutivo que encabeza el presidente López Obrador seguirá entregando "visas humanitarias de forma masiva", pero sí dará permisos temporales y visas de trabajo en la zona sureste del país, ordenadamente y en forma segura" (Maldonado, *El País* n.p.). El gobierno hondureño, por su parte, niega la formación de esta caravana y asegura que "no hay indicativo" de que se esté formando dicha caravana." Además, afirma que es un mito creado por el gobierno de Donald Trump como parte de su argumento para crear ansiedad en los ciudadanos y promover la construcción del muro entre México y los Estados Unidos (Maldonado, *El País* n.p.).

11. Para estadísticas sobre esta problemática en la vida real, véase el capítulo 9 de este libro, donde tratamos la violencia contra las mujeres en la literatura.

12. Ramírez Heredia residió por algunos meses en la frontera sur para conocer personalmente el lenguaje y las costumbres de algunos miembros de la Mara Salvatrucha. El autor reconoce el temor que le produjo el estar cerca de los pandilleros durante su investigación: "Todos los días ponía mis veladoras, rezaba y salía pensando que podía no volver" (Garzón n. p.).

13. La Mara Salvatrucha es considerada una de las pandillas más peligrosas. Se compone en su mayor parte de jóvenes centroamericanos que se identifican socialmente por medio de tatuajes específicos (lágrimas en las mejillas, puntos en los nudillos), gestos, uso de drogas y violencia. Debido a sus prácticas ilícitas, un buen número de pandilleros han sido confinados a prisión y finalmente deportados a sus países de origen, trayendo consigo sus ideologías y problemáticas a los países centroamericanos. Wim Savenije efectuó un estudio minucioso sobre las pandillas de las maras y la violencia urbana en Centroamérica y explica que en Guatemala existen unos 14,000 pandilleros pertenecientes a La Mara, mientras que en México cada año continúa aumentando el número y es ahora considerado un asunto de "seguridad nacional" debido a la violencia con la que actúan y el terror que imponen en los habitantes (638–40). Savenije asegura que estos grupos se originaron principalmente en los barrios pobres de Los Ángeles, California con la migración de cientos de jóvenes centroamericanos durante los años ochenta. También menciona que el propósito primordial de estos jóvenes era "escapar de la creciente pobreza, represión política y conflictos militares en sus países de origen. Aun así, en los lugares de destino, muchos de ellos llegaron a vivir en barrios marginados, con pobreza y hacinamiento, a sufrir discriminación por sus orígenes y a encontrar difíciles condiciones de trabajo, con relativamente pocos ingresos" (641).

Capítulo cinco

1. En *Chaos Bound: Orderly Disorder in Contemporary Literature and Science* (1990), Katherine Hayles propone un paralelismo entre la teoría del caos, el post-estructuralismo y el deconstruccionismo. Otros autores que explican la teoría del caos, sus conceptos y principios son James Cleick en *Chaos: Making a New Science*, así como Tien-Yin Li y James A. Yorke en *Period Three Implies Chaos* (citado por Khamees 2).

2. El orden matemático del universo es una instancia de estabilidad (la rotación de la tierra, el movimiento de las estrellas y las galaxias); sin embargo, dentro de este orden emergen estructuras de desorden (la extinción de las estrellas, los cambios climáticos imprevisibles), manteniendo así el ciclo orden-caos-orden que impera en el universo como resultado de la causa y el efecto entre los elementos (Cazau n.p.).

3. En el campo de la psicología, desde la perspectiva de Piaget, la inteligencia humana se desarrolla mediante desestructuraciones y reestructuraciones. Es decir, al enfrentarse a nuevas situaciones o condiciones (agentes externos), la mente no regresa a su estado original de equilibrio, más bien busca nuevas estructuras o estímulos (asimilación) para acomodarse a la nueva situación (también llamado proceso de retroalimentación).

4. La aplicación de la teoría del caos en la literatura inició en 1990, no sin producir desacuerdos entre algunos eruditos que no ven la posibilidad de una aplicación directa por pertenecer ésta a las ciencias. Algunos consideran que esta falta de aplicación directa no hace la teoría del caos automáticamente irrelevante al estudio literario. Otros (Stephen H. Keller, por ejemplo) creen que la teoría se puede aplicar en la literatura en forma metafórica para desarrollar nuevos pensamientos. William Paulson, sugiere que "methaphorical uses of chaos theory can help us learn more about literature and its study as general cognitive and aesthetic phenomena (citado en Polvinen 280). Por su parte, Katherine Hayles, en *Chaos Bound* (1990) analiza las formas en que ambos campos, la literatura y las ciencias, se relacionan (citado por Polvinen 278).

5. Uno de los principales escritores de este tipo de literatura es James Joyce con sus juegos de azar, estructuras y lenguaje que construyen un conglomerado de circunstancias caóticas que, sin embargo, encierran un complejo orden interno. Otros ejemplos del caos en la literatura son la escritura automática

Notas

de las vanguardias con el surrealismo de Bretón y el dadaísmo de Tzara, así como la narrativa de Borges y Rulfo donde se juega con la fractalización del tiempo mediante la inclusión de laberintos y la yuxtaposición del tiempo y el espacio (Romero Bonilla 116).

6. En *El buscador de cabezas* (2006) de Antonio Orduño, sigue una tendencia similar: la violencia como sostén de la narración, los espacios mexicanos son diluidos y la historia es representativa de cualquier país.

7. Glen S. Close señala que la desaparición del detective en el neopolicial es un fenómeno que inicia a partir de la última década del siglo veinte: "It is my contention that in Spanish America the private-eye paradigm still propagated by several of the original and most prolific practitioners of the neopoliciaco, including Taibo and Díaz Eterovic, began to be eclipsed during the 1980s" (22–23). En el siglo veintiuno, el detective tiende a ser eliminado en casi la mayoría de los textos criminales.

8. Entre otros autores que siguen esta la línea se encuentran Rafael Ramírez Heredia, Cristina Rivera Garza y Élmer Mendoza.

Capítulo seis

1. Aunque algunas mujeres lograron cierta educación en el área de la pedagogía, este no era el caso en todo el país, especialmente en las áreas rurales, cuyo analfabetismo perduró hasta la segunda década del siglo veinte.

2. Gabriela Cano en "Las mujeres en el México del siglo XX. Una cronología mínima," realiza un valioso estudio cronológico de la participación de las mujeres en los diferentes ámbitos de la sociedad mexicana contemporánea.

3. Las obras de Bermúdez se pueden acceder gratuitamente en www.holaebook.com. La novela de Margos de Villanueva es difícil de encontrar.

4. Es interesante notar que en *Latin American Mystery Writers. An A-to-Z Guide* (2004) editado por Darrell B. Lockhart, se reconocen 54 autores latinoamericanos de novela policial o negra, pero solamente se incluye a 6 mujeres. Esto demuestra la falta de estudios de la escritura femenina.

Capítulo siete

1. La detective de Christie, Miss Marple, apareció por primera vez en *The murder at the Vicarage* (1930). Protagonizó una docena de novelas y varios libros de cuentos, desafiando así las convenciones del policial clásico cuyas historias eran lideradas por el detective y otros personajes masculinos.

2. Para un análisis de estos tres cuentos, véase "María Elvira Bermúdez (1916–1988)" de J. Patrick Duffey.

3. Posición que más tarde Rosario Castellanos adoptaría en la mayoría de sus obras: los ensayos "El escritor y su público" (1958) y "Costumbres mexicanas" (1974), las novelas *Balún Canán* (1957) y *Oficio de Tinieblas* (1962), las colecciones de cuentos *Los convidados de agosto* (1975) y *Álbum de familia* (1971), así como la obra teatral *El eterno femenino* (1975).

4. Las intersecciones fue una cuestión poco abordada durante la época de Bermúdez. Aunque bell hooks en *Feminist Theory: from Margen to Center* (1984) fue una de las primeras feministas en traer a luz las intersecciones de la mujer negra, el concepto ha ganado más atención recientemente por las feministas de la cuarta ola. Véase el ensayo "Toward a Decolonial Feminism" (2010) de María Lugones.

5. En diciembre de 2009, la asamblea legislativa de la Ciudad de México aprobó la reforma al Código Civil y el Código de Procedimientos Civiles para legalizar el matrimonio entre personas del mismo sexo. En octubre de 2022, La Suprema Corte de Justicia legalizó el matrimonio igualitario en toda la nación (Gaceta UNAM, n/p).

6. Betty Friedan con *The Feminine Mystique* (1963), Kate Millett con *Sexual Politics* (1969) y Shulamith Firestone con *The Dialectic of Sex* (1970).

7. A raíz de las políticas implementadas por el gobierno durante el sexenio de Adolfo Ruiz Cortines (1952–1958) para promover la urbanización, la industrialización, la nacionalización del petróleo y la educación, México experimenta un período de auge económico que se extendería hasta la crisis de 1982 (Kehoe y Meza 237, 240).

Capítulo ocho

1. Para más información sobre la Suprema Corte de Justicia de la Nación, consultar www.scjn.gob.mx/conoce-la-corte

2. El gobierno de Gustavo Díaz Ordaz prohibió el Rock and Roll en lugares públicos debido a las acusaciones de algunos conservadores quienes consideraban esta música como una amenaza a la cultura mexicana y los buenos modales de los jóvenes, sobre todo las mujeres. A pesar de esto, los y las jóvenes frecuentaron los conciertos clandestinos locales, desafiando a "la momiza" (término que utilizaban para referirse a las personas mayores).

3. Esta es una dinámica similar a la que la norteamericana Gloria Jean Watkins (bell hooks) señalaba en cuanto a la situación de la mujer negra en los Estados Unidos. A juicio de hooks, para encontrar igualdad de género, el feminismo debe "dirigir nuestra atención hacia los sistemas de dominación y hacia la interracionalidad de la opresión sexual, racial y de clase" (31)

4. Aunque hay desacuerdos sobre la definición del posfeminismo, Nuria Varela define el postfeminismo como un movimiento de la tercera ola que "asumen una postura crítica ante los movimientos feministas anteriores, al tiempo que reivindican la diversidad de identidades (y la libertad para elegirlas), más allá de la heterosexualidad y el binarismo sexo-género" (69).

5. En *Cuerpo: diferencia sexual y género* (2002) Marta Lamas realiza un estudio bastante completo sobre la influencia dominante de la cultura y la sociedad en las actitudes y percepciones de las personas.

6. Es digno de mencionar que entre 1960–1980 las escritoras se mantuvieron al margen de la escritura comprometida que emerge a raíz de la masacre de Tlatelolco en 1968 y la violación a los derechos humanos durante la guerra sucia (1970–1980) bajo el gobierno de Gustavo Díaz Ordaz (1964–1970) y Luis Echeverría (1970–1976). Elena Poniatowska con su libro *La noche de Tlatelolco* (1971) fue una de las únicas escritoras de la época que se une a la lista de escritores (Carlos Monsiváis, José Revueltas, Paco Ignacio Taibo II y otros) para recrear en la literatura el abuso gubernamental y dar voz a las minorías.

7. Se cree que los primeros asentamientos humanos datan alrededor de 550 a. C.

8. Autora de *¿Quién desapareció al comandante Hall?* (1998).

9. Al no poder encontrar esta novela, contactamos a Huacuja del Toro, quien nos explicó: "La historia del manuscrito perdido de Un cadáver llamado Sara da para otra novela. Todos los ejemplares del suplemento Sábado que dirigía el maestro Huberto Batis (quien me invitó a escribir la novela por entregas de 33 capítulos, y que cada semana ilustraba EKO) se quedaron en el edificio del periódico Unomásuno cuando fue declarado en huelga y así se cerró."

10. Para un acercamiento a las novelas de Reyes y Huacuja del Toro, véase *Muertos de papel* de Vicente Francisco Torres. En el capítulo 9 de este trabajo se analizan con más detalle las novelas de Huacuja del Toro.

11. Para un análisis de los aspectos intertextuales en La Milagrosa, consúltese "Defying Boundaries: Metatext and Intertext in Two Novels by Carmen Boullosa" de Maria Akrabova.

12. *Romper con la palabra. Violencia y género en la obra de escritoras mexicanas contemporáneas* (2017) bajo la coordinación de Adriana Pacheco Roldán, es una recopilación de estudios monográficos que revisan las obras de autoras desde 1970 al 2010 en los diversos géneros literarios y temáticas. En su apéndice incluye una lista muy valiosa de 100 autoras (canónicas y desconocidas) con el fin de dar visibilidad a aquellas que han permanecido en el anonimato.

Capítulo nueve

1. En 1993 la ONU declaró su compromiso para eliminar la violencia contra la mujer y lanzó una campaña mundial, refiriéndose a la problemática como un asunto que no puede esperar. Además, estableció el 25 de noviembre como el Día Internacional de la Eliminación de la Violencia contra la Mujer.

2. Para un estudio sobre la violencia contra la mujer mexicana en diversas áreas geográficas de México, véase *Violencia contra las mujeres en contextos urbanos y rurales* (2004) de Marta Torres Falcón.

3. Para un estudio sobre la historia e implicaciones culturales del acoso sexual, así como las diversas perspectivas feministas, véase *Acoso ¿Denuncia legítima o victimización?* (2018) de Marta Lamas.

4. La INEGI (Instituto Nacional de Geografía e Historia) publicó los resultados de las encuestas realizadas en el 2016 concerniente a la violencia que las mujeres mexicanas han sido objeto durante su vida. A nivel nacional 19.1 millones de mujeres mexicanas reportaron haber enfrentado algún tipo violencia de parte de su pareja. Entre las agresiones más frecuentes se encuentran las de carácter emocional (insultos, humillaciones y amenazas) con un porcentaje de 40.1%, mientras que el abuso físico (17.9%) y de carácter sexual (6.5%) son las de mayor gravedad. Más de la mitad de estas mujeres declararon haber sufrido múltiples tipos de violencia severa. Entre las agresiones que ocasionan mayor daño físico varían desde "empujones hasta golpes, patadas, intentos de asfixia o estrangulamiento e incluso las agresiones con arma de fuego" ("Encuesta" 2019, 1–6).

5. Para un análisis más detallado se recomienda leer "La cultura del feminicidio en Ciudad Juárez, 1993–1999" de Julia Estela Monárrez Fragoso.

6. Una de las primeras marchas tuvo efecto el 2 de febrero del 2019 en la ciudad de México. Con el eslogan "#Niunamás" y "#VivasNosQueremos", una muchedumbre (en su mayoría mujeres) expresó públicamente y por las redes sociales, la urgencia de encontrar una solución a la problemática de los abusos sexuales, desapariciones y secuestros de mujeres en el metro (*El Sol de México*, "Mujeres marchan" n.p.). El primero de octubre del 2024, Claudia Sheinbaum Pardo, se convirtió en la primera presidenta en la historia de México. Las mujeres esperan que esta defensora de los derechos femeninos y mentalidad izquierdista logre cumplir su propósito de erradicación del feminicidio.

7. Para un estudio de la contribución de escritoras mexicanas de la clase trabajadora y la clase media, véase *Mythological Constructs of Mexican Femininity* (2015) de Pilar Melero.

8. En "Vivir a muerte," Oswaldo Estrada hace un estudio sobre los feminicidios en el libro de cuentos *El silencio de los cuerpos. Relatos sobre feminicidios* (2018).

9. Aunque los movimientos de liberación de la mujer serían adoptados por algunas mujeres mexicanas durante los sesenta, los problemas políticos de algunos países latinoamericanos (Chile, por ejemplo) retardarían el proceso. Más tarde, con los denominados "feminismos decoloniales" de la influencia de una de las feministas más importantes del tercer mundo, Chandra Talpade Mohanty, algunas feministas (Francesca Gargallo, Nelly Richard, Marta Lamas) tratarían de definir el feminismo latinoamericano mediante señalar los factores culturales de clase, raza y religión en su proceso moldeador, recalcando así las diferencias entre el feminismo latinoamericano, anglosajón y europeo.

10. Esto es patente en las ferias del libro llevadas a cabo en varias ciudades importantes del país (Guadalajara, ciudad de México, etc.) donde la mayoría del público lector son jóvenes entre 18 y 35 años. En marzo del 2019 en la Feria del Libro Minería en la ciudad de México, por ejemplo, durante la presentación de su novela más reciente *Loba* (2019), Orfa Alarcón comentó sobre el interés de un público lector joven en sus novelas cuyas temáticas se basan en la violencia generada por la narco cultura.

11. La violencia contra la mujer también ha sido retratada por algunos escritores. Entre aquellos que tratan el tema del feminicidio, podemos mencionar a Jorge Ibargëngoitia (*Las muertas*, 1977); Paco Ignacio Taibo II (*Días de combate*, 1976); Roberto Bolaño (*2666*, 2004). Por su parte, Rafael Ramírez Heredia, como explicamos en el capítulo dedicado a *La Mara*, en esta novela expone el abuso sexual, la violencia y la muerte que las mujeres y niñas centroamericanas enfrentan en la frontera sur entre Guatemala y México. La violencia contra las mujeres también ha sido expuesta en la cinematografía, sin embargo, este género está fuera del enfoque de este trabajo.

12. Es digno de mencionar que estas reformas se llevaron a cabo debido a la iniciativa de Amalia García, diputada del Partido de la Revolución Democrática (PRD), y el apoyo de 61 legisladoras de varios partidos políticos llamado "Grupo Plural" (Cano 66–67).

13. Las características del post-neopolicial las analizamos con más detalle en los capítulos 4 y 5 respectivamente en las novelas *La Mara* (2006) de Rafael Ramírez Heredia y *Yodo* (2003) de Juan Hernández Luna.

14. Esta misma fuente reporta que entre 2010 y 2015 en México se cometieron cerca de 3 millones de delitos sexuales contra menores de edad.

15. En una entrevista personal con Liliana Blum, me explicó que no fue fácil para ella describir las escenas de violación: "Sí, es una novela perturbadora. Para mí escribir ciertas partes fue muy difícil porque yo misma soy mamá de una niña…Es un tema tabú en México. Nadie habla de eso, pero en todas las familias hay casos". Las descripciones crudas, sin embargo, son necesarias para dislocar los temas prohibidos y poco abordados en la literatura, pero apremiantes en una sociedad neoliberal cuya decadencia se acentúa ante el acceso fácil (y secreto) a la pornografía mediante el internet.

16. Para un estudio más completo sobre las estrategias narrativas de la autora, véase "Antinovela negra. Cristina Rivera Garza's *La muerte me da* and the Critical Contemplation of Violence in Contemporary Mexico" de Glen S. Close.

17. Para más sobre Dahmer, véase "Quién era Jeffrey Dahmer" publicado por BBC News Mundo (www.bbc.com/mundo/noticias-63092702).

Capítulo diez

1. Oswaldo Zavala asegura que las novelas *Tierra blanca* (1996) y *La maldición de Malverde* (2005) de Alfaro Bedolla inician la mitificación del narcotraficante como "un redituable motivo literario que relocalizó la figura del narco en un contexto urbano y cosmopolita de interés para los lectores de la clase media alta" (*Los cárteles* 36). Para un resumen de las narconovelas mexicanas más relevantes véase "Las novelas que el narco ha dejado" de Roberto Pliego, así como "Una cartografía de la narco-narrativa en Colombia y México (1990–2010)" de Alberto Fonseca.

2. Sobre las mujeres de los narcotraficantes en la vida real, véase *Emma y las otras señoras del narco* (2021) de la reportera Anabel Hernández.

3. Vale la pena analizar *36 toneladas ¿Cuánto pesa una sentencia de muerte?* (2011) de Iris García Cueva y *Crueldad en subasta* (2015) de Malú Huacuja del Toro. Aunque ambas novelas abordan el tema del narcotráfico, no caben en los parámetros de la narconovela al no incluir la figura del narcotraficante como el eje central de la narración.

4. Para un estudio sobre la mitificación del discurso del narcotraficante de parte del gobierno y el refuerzo del arquetipo machista del narcotraficante de parte de los escritores, véase *Los cárteles* de Oswaldo Zavala.

5. Para un análisis completo de *Perra brava*, véase "La desmitificación del narcotraficante en *Perra brava* de Orfa Alarcón" (2020) de María Carpio Manickam.

6. Para más información, véase el blog de la autora: malu-huacuja-del-toro.blogspot.com/.

Obras citadas

Aguilar, Delia y Anne E. Lacsamana. *Women and Globalization*. Humanity Books, 2004.

Aguirre Botello, Manuel. "La historia de un voto, seis años después. El gobierno del presidente Vicente Fox Quezada, 2000–2006. Cuarta parte." *México Mágico*, 2007, mexicomaxico.org

Akrabova, Maria. "Defying Boundaries: Metatext and Intertext in Two Novels by Carmen Boullosa." *Proceedings*: 16th *National Conference, National Association of Hispanic &Latino Studies (NAAAS & Affiliates)*, 2008, pp. 1066–86.

Alarcón, Orfa. *Perra brava*. Planeta, 2010.

———. *Loba*. Penguin, 2019.

Alarcón Sánchez, Silvia G. "Deshumanización en la literatura con tema del narcotráfico." *Logos: Revista de Lingüística, Filosofía y Literatura*, vol. 28 no.1, 2018, pp. 75–89.

Alfaro Bedolla, Leónidas. *Las amapolas se tiñen de rojo*. Godesca, 2006.

———. *El casi ombligo del mundo*. Godesca, 2006.

———. *La maldición de Malverde*. Godesca, 2004.

———. *Tierra blanca*. Fantasma, 1996.

Altisent, Marta. *La narrativa breve de Gabriel Miró y antología de cuentos*. Anthropos, 1988.

Álvarez, Jorge Eduardo. *Río de Redes*. Yoremito, 1998.

Amparán, José Francisco. *Algunos crímenes norteños*. U de Zacatecas, 1992.

———. *Otras caras del paraíso*. Almadía, 1995.

Arredondo, Inés. *La señal*. Era, 1965.

Arteaga Botello, Nelson y Jimena Valdés Figueroa. "Contextos sociales de los feminicidios en el Estado de México: Nuevas subjetividades femeninas." *Revista mexicana de sociología*, vol. 72, no. 1, 2010, pp. 5–35.

Obras citadas

Astorga, Luis. *Mitología del "narcotraficante" en México*. Plaza y Valdés Editores, 1995.

Ávila, Ernesto Pablo. "Violencia y devoción en la reciente narrativa latinoamericana." *Latinoamérica. Revista de estudios latinoamericanos*, vol. 58, 2014, pp. 271–303.

Bakhtin, Mikhail. "Discourse in the Novel." *Literary Theory: An Anthology*, editado por Julie Rivkin y Michael Ryan. Blackwell Publishing, 2004, pp. 674–85.

———. *Problems of Dostoevsky's Poetics*. U of Minnesota P, 1984.

Balibrea-Enríquez, María Paz. "Paco Ignacio Taibo II y la reconstrucción del espacio cultural mexicano." *Confluencia: revista hispánica de cultura y literatura*, vol. 12, no.1, 1996, pp. 38–55.

Beauvoir de, Simone. *The Second Sex*. Vintage Books, 1949.

BBC News Mundo. "Quién era Jeffrey Dahmer, el llamado "monstruo de Milwaukee" a quien retrata la polémica serie de Netflix." bbc.com/mundo/noticias-63092702

Belsey, Catherine. "Constructing the Subject Deconstructing the Text." *Feminisms. An Anthology of Literary Theory and Criticism*, editado por Robyn R. Warhol y Diane Price Herndl. Rutgers, 1991, pp. 593–609.

Benítez, Raúl. "México, Centroamérica y Estados Unidos: migración y seguridad." *Migración y seguridad: nuevo desafío en México*, editado por Natalia Armijo. Cadese, 2011.

Bermúdez, María Elvira. *Detente, sombra: cuentos de misterio*. U Autónoma Metropolitana, 1984.

———. *Diferentes razones tiene la muerte*. Talleres Gráficos de la Nación. 1943.

———. *Los mejores cuentos policiacos mexicanos*. Libro-Mex, 1955.

———. *Muerte a la zaga*. Premiá, 1985.

———. "La novela 'negra' y la literatura social." *La palabra y el hombre*, 1987, no. 62, pp. 119-122.

———. "Novelas policiacas mexicanas." *La palabra y el hombre*, 1985, no. 53–54, pp. 32–36, cdigital.uv.mx/handle/123456789/2346

———. *Soliloquio de un muerto*. Los Epígrafes, 1951.

———. *La vida familiar del mexicano*. Antigua Librería Robredo, 1955.

Bernal, Rafael. *Caníbal. El infierno verde*. La Prensa, 1954.

———. *El complot mongol*. J. M. Ortiz, 1969.

———. *El extraño caso de Aloysius Hands*. Jus, 1946.

Obras citadas

———. *El fin de la esperanza*. Capullic, 1948.
———. *Federico Reyes, el cristero*. Ediciones Canek, 1941.
———. *Su nombre era muerte*. Jus, 1946.
———. *Un muerto en la tumba*. *Novela policiaca*. Jus, 1946.
———. *Tres novelas policiacas*. Jus, 1946.
Blum, Liliana. *Cara de liebre*. Seix Barral, 2020.
———. *El extraño caso de Lenny Goleman*. Planeta, 2022
———. *El monstruo pentápodo*. Tusquets, 2017.
———. *Pandora*. Tusquets, 2015.
———. *Residuos de espanto*. Ficticia, 2013.
———. *Todas hemos perdido algo*. Planeta, 2020
———. *Un descuido cósmico*. Tusquets, 2023
Bolívar Moreno, Gustavo. *Sin tetas no hay paraíso*. Quintero, 2005.
Borch-Jacobsen, Mikkel, and Douglas Brick. "The Oedipus Problem in Freud and Lacan." *Critical Inquiry*, vol 20, no. 2, 1994, pp. 267–82.
Boullosa, Carmen. *La Milagrosa*. Era, 1993.
Bourdieu, Pierre. *Habitus and Field*. Polity P, volume 2, 2020.
Braham, Persephone. *Crimes against the State, Crimes against Persons: Detective Fiction in Cuba and Mexico*. U of Minnesota P, 2004.
Briceño, Carlos Martín. "El monstruo pentápodo: una novela funesta y despiadada." *Soma, arte y cultura*, 2017, carlosmartinbriceno.com
Brushwood, John S. *Narrative Innovation and Political Change in Mexico*. P. Lang, 1989.
Bürki, Yvette. "Representaciones estéticas de la oralidad en *La Mara* de Rafael Ramírez Heredia." *Lexis XXIX*, no. 2, 2005, pp. 219–46.
Cacho, Lydia. *Esclavas del poder. Un viaje al corazón de la trata sexual de mujeres y niñas en el mundo*. Penguin, 2010.
Calloni, Stella. "Los Archivos del Horror del Operativo Cóndor." 1998, derechos.org/nizkor/doc/condor/calloni.html
Calva, José Luis. "México: la estrategia macroenonómica 2001–2006. Promesas, resultados y perspectivas." *Problemas del desarrollo. Revista latinoamericana de Economía*, vol. 36, no. 143, 2005, pp. 59–87.
Cano, Gabriela. "Las mujeres en el México del siglo XX. Una cronología mínima." *Miradas feministas sobre las mexicanas del siglo XX*, Marta Lamas coordinadora. Consejo Nacional para la Cultura y las Artes, 2007.

Obras citadas

Carpio Manickam, María. "Heteroglosia y dialogía en *Días de combate* de Paco Ignacio Taibo II." *Revista de Literatura Mexicana Contemporánea*. vol. 24, no 74, 2018, pp. 124–40.

———. "La desmitificación del narcotraficante en *Perra brava* de Orfa Alarcón." *Revista deEstudios de Género y Sexualidades*. vol. 46, no. 1–2, 2020, pp. 107–28.

Carriedo Castro, Pablo. "Breve aproximación al proceso económico de la globalización en Latinoamérica y el papel de su literatura." *Nómadas. Critical Journal of Social and Juridical Sciences*, no. 15, n.p., 2007.

Castañeda, Marina. *El machismo invisible*. Penguin, 2013.

Castellanos, Rosario. Álbum de familia. Planeta, 1971.

———. *Balún Canán*. Fondo de Cultura Económica, 1957.

———. *Ciudad Real*. Ficción, 1960.

———. "El escritor y su público." 1958. ensayistas.org/antologia/XXA/castellanos/

———. *Los convidados de agosto*. Editoriales Era, 1964.

———. "Costumbres mexicanas." *Voces de Hispanoamérica. Antología Literaria*, editado por Raquel

Chang-Rodríguez y Malva E. Filer, Boston: Heinle, 2013.

——— *El eterno femenino*. Fondo de Cultura Económica, 1975.

———. *Oficio de tinieblas*. J. Mortiz, 1962.

Castillo, Debra A. *Talking Back. Toward a Latin American Feminist Literary Criticism.*

Cornell U Press, 1992

Cawelti, John. *Adventure, Mystery, and Romance: Formula Stories as Art and Popular Culture*. U of Chicago P, 1976.

Cazau, Pablo. "La teoría del caos." Buenos Aires, marzo, 1995. uca.edu.sv/facultad/chn/c1170/Teoria%20del%20caos.pdf

Chandler, Raymond. *The Simple Art of Murder*. Vintage Books, 1988.

Chodorowf, Nancy. "Pre-Oedipal Gender Configurations. *Literary Theory: An Anthology*, editado por Julie Rivkin y Michael Ryan. Blackwell Publishing, 2004, pp. 470–86.

Choi, Myung N. *La mujer en la novela policial: evolución de la protagonista femenina en cinco autoras hispanas*. Palibrio, 2012.

Christie, Agatha. *The Murder at the Vicarage*. Collins Crime Club, 1930.

Cixous, Hélène. "The Laugh of the Medusa." *New French Feminisms, An Anthology*, editado por Elaine Marks y Isabelle de Courtivron. Schocken Books, 1981, pp. 245–64.

Obras citadas

Clement, Jennifer. *Ladydi*. Penguin Random, 2014.

Close, Glen S. "Antinovela negra. Cristina Rivera Garza's *La muerte me da* and the Critical Contemplation of Violence in Contemporary Mexico." *MLN*, vol. 129, no. 2, 2014, pp. 391–411.

———. "The Detective is Dead: Long Live the Novela Negra!" *Hispanic and Luso-Brazilian Detective Fiction: Essays on the Género Negro Tradition*, editado por Renée W. Craig-Odders y Jacky Collins. McFarland & Company, Inc., 2006, pp. 148–70.

Colmeiro, José, F. *La novela policíaca española: teoría e historia crítica*. Anthropos, 1994.

Collera, Virginia. "Rafael Ramírez Heredia observa los claroscuros de la realidad mexicana." *El País*, junio 2006, elpais.com/diario/2006/06/01/cultura/1149112809_850215.html

Córdova Solís, Nery. "La narcocultura: poder, realidad, iconografía y 'mito'." *Cultura y representaciones sociales*, vol. 6, no. 12, 2012, pp. 209–37.

Correa-Cabrera, Guadalupe. "Seguridad y migración en las fronteras de México: Diagnóstico y recomendaciones de política y cooperación regional." *Migración y desarrollo*, no. 22, 2014, pp. 147–71.

Corona, Ignacio. "Violencia, subjetividad y mediación cultural: un abordaje al neopoliciaco a través de la narrativa de Élmer Mendoza." *El norte y su frontera en la narrativa policial mexicana*, editado por Juan Carlos Ramírez-Pimienta y Salvador C. Fernández. Plaza y Valdés, 2005.

Deleuze, Gilles and Felix Guattari. *A Thousand Plateaus: Capitalism and Schizophrenia*. *Critical Theory Since Plato, 3rd ed.*, editado por Adams Hazard y Searle Leroy. Thompson Wads, 2005, pp. 1442–56.

Díaz, Antonio. "Inequidad y desinterés propician escasez de autoras de novela negra policiaca." Crónica, Cultura, junio 2017. cronica.com.mx/notas inequidad_y_desinteres_propician_escasez_de_autoras_de_novela_negra_y_policiaca-1030373-2017.html

Diez, Rolo and Nick Caistor. *Tequila Blue*. Bitter Lemon P, 2004.

Doyle, Arthur C. *Estudio en escarlata*. Alianza Editorial, 1989.

Doyle, Kate. "The Corpus Christi Massacre. Mexico's Attack on Its Student Movement, June 10, 1971." *The National Security Archive*, junio 2003, nsarchive2.gwu.edu/NSAEBB/NSAEBB91/

Duffey, J. Patrick. "María Elvira Bermúdez (1916–1988)." *Latin American Mystery Writers: An A-to-Z Guide*, editado por Darrell B. Lockhart. Greenwood Press, 2004.

Obras citadas

El sol de México. "Con #MeTooEscritoresMexicanos denuncian agresores en la comunidad Literaria." Marzo 2019. elsoldemexico.com.mx/cultura/con-metooescritoresmexicanos-denuncian-a-agresores-en-la-comunidad-literaria-3224396.html

———. "Mujeres marchan al unísono de #NiUnaMás en la CDMX." 2 de febrero de 2019, elsoldemexico.com.mx/metropoli/cdmx/mujeres-marchan-al-unisono-de-niunamas-vivasnosqueremos-en-la-cdmx-3008407.html

Escritores.org. escritores.org/libros/index.php/item/susana-pagano

Espinasa, José María. *Historia mínima de la literatura mexicana del siglo XX*. El colegio de México, 2015.

Estrada, Oswaldo. "Ráfagas de crueldad y pobreza en la literatura mexicana de la violencia." *Pobreza y precariedad en el imaginario latinoamericano del siglo XXI*, editado por Stephen Buttes y Diana Niebylski. Cuarto Propio, 2017. 139–55.

———. *Ser mujer y estar presente. Disidencias de género en la literatura mexicana contemporánea*. Universidad Autónoma de México, 2012

———. *Troubled Memories. Iconic Mexican Women and the Traps of Representation*. State U of New York P, 2018.

———. "Vivir a muerte: escrituras dolientes y denuncias de género en *El silencio de los cuerpos*." *Letras Femeninas*, vol. 43, no. 2, 2018, pp. 68–83.

Esquinca, Bernardo. *Carne de ataúd*. Almadía, 2016.

———. *La octava plaga*. Zeta, 2011.

———. *Toda la sangre*. Almadía, 2013.

Fallarás, Cristina. *Las niñas perdidas*. Roca Editorial, 2011.

Fernández, Bernardo. *Azul cobalto*. Océano, 2016.

———. *Gel azul*. Suma de Letras, 2006.

———. *Hielo negro*. Océano, 2011.

———. *Tiempo de alacranes*. J. Mortis, 2005.

Finnegan, Nuala y Jane E. Lavery, editores. *The Boom Femenino in Mexico: Reading Contemporary Women's Writing*. Cambridge Scholars, 2010.

Firestone, Shulamith. *The Dialectic of Sex*. W Morrow, 1970.

Flew, Antony. *A Dictionary of Philosophy. Second Ed*. St. Martin's P, 1984.

Fonseca, Alberto. "Una cartografía de la narco-narrativa en Colombia y México (1990–2010)." *Mitologías hoy*, no. 14, 2016, pp. 151–71.

Fourez, Cathy. "Mujer y violencia en México en la novela negra." *La República Cultural*. Agosto de 2015. larepublicacultural.es/article10405

Obras citadas

Franco, Jean. *Plotting Women: Gender and Representations in Mexico.* Columbia U P, 1989.

Franco Ramos, Jorge. *Rosario Tijeras.* Siete Cuentos, 1999.

Friedan, Betty. *The Feminine Mystique.* Norton & Company, 1963.

Fuentes, Carlos. *La cabeza de la hidra.* J. Mortiz, 1978.

———. *La región más transparente.* Fondo de Cultura Económica, 1958.

———. *Tiempo mexicano.* J. Mortiz, 1971.

Fuentes, Felipe Oliver. "Narconovela mexicana: ¿moda o subgénero literario?" *Taller de Letras*, vol. 50, 2012, pp. 105–18.

Gaceta, UNAM. "Matrimonio igualitario, un derecho en todo el país". 3 de noviembre de 2022. gaceta.unam.mx/matrimonio-igualitario-un-derecho-en-todo-el-pais/

Galgani, Jaime Alberto. "*La Mara*, la historia interminable. La migración centroamericana en el relato neopolicial de Rafael Ramírez Heredia." *Literatura y Lingüística*, no. 20, 2009, pp. 13–40.

Gámez, Silvia Isabel. "¿Dónde están ellas?" Blog, silviaisabelgamez.com/

García Cuevas, Iris. *36 toneladas ¿Cuánto pesa una sentencia de muerte?* Ediciones B, 2011.

———. *Tercera antología de narrativa policiaca y criminal Acapulco Noir.* Iris García Cuevas, editora. Nitro P, 2018.

García Márquez, Gabriel. *Cien años de soledad.* Argentina: Sudamericana. 1967.

Gargallo, Francesca. *Ideas feministas latinoamericanas.* U Autónoma de la Ciudad de México, 2006.

Garro, Elena. *Los recuerdos del provenir.* J. Mortiz, 1963.

Garzón, Raquel. "Ramírez Heredia recrea en 'La Mara' un mundo de pandillas y Esoterismo." *El País*, May 2014, elpais.com/diario/2004/05/20/cultura/1085004012_850215.html

Giardinelli, Mempo. *El género negro: orígenes y evolución de la literatura policial y su influencia en Latinoamérica.* Buenos Aires: Capital Intelectual, 2013.

González Boixo, Juan Carlos. *Tendencias de la narrativa mexicana actual.* Iberoamericana, 2009.

González Harbour, Berna. *El sueño de la razón.* Destino, 2019.

González Rodríguez, Sergio. *La pandilla cósmica.* Random House, 2005.

Gregoriou, Christiana. *Language, Ideology and Identity in Serial Killer Narratives.* Routledge, 2011.

Gual, Enrique F. *Asesinato en la plaza.* Albatros, 1946.

Obras citadas

———. *El caso de la fórmula española*. Albatros, 1947.

———. *El caso de los Leventheris*. Albatros, 1944.

———. *El crimen de la obsidiana*. Minerva, 1942.

———. *La muerte sabe de modas*. Albatros, 1947.

Guerra, Lucía. "La problemática de la representación en la escritura ensayo." *Debate Feminista*, vol. 9, no. 5, 1994, pp. 183–92.

Hammett, Dashiell. *Cosecha roja*. Alianza Editorial, 2000.

———. *The Maltese Falcon*. San Francisco: North Point P, 1984.

Hawkins, Harriett. *Strange Attractors. Literature, Culture and Chaos Theory*. Prentice Hall/Harvester Wheatsheaf, 1995.

Hayles, Katherine. *Chaos Bound: Orderly Disorder in Contemporary Literature and Science*. Cornell UP, 1990.

Helú, Antonio. *El crimen de insurgentes: Comedia policiaca en tres actos*. Sociedad General de Escritores de México, 1935.

———. *El cuento enigmático*. Compilador. Subsecretaría de Asuntos Culturales, 1968.

———. *La obligación de asesinar*. Consejo Nacional para la Cultura y las Artes, 1991.

Hernández, Anabel. *Emma y las otras señoras del narco*. Grijalbo, 2010.

———. *Los señores del narco*. Debolsillo, 2020.

Hernández Borbolla, Manuel. "Peña y Calderón suman 234 mil muertos y 2017 es oficialmente el año más violento." *Mucd. México Unido Contra la Delincuencia*. 23 Nov. 2017. mucd.org.mx/2017/11/pena-calderon-suman-234-mil-muertos-2017-oficialmente-ano-mas-violento/#:~:text=Donativos

Hernández-Bringas, Héctor and José Narro-Robles "El homicidio en México, 2000–2008." *Papeles de población*, vol. 16, no. 63, pp. 243–71. SCIELO.

Hernández Dávila, Rossana y Ricardo Soto Ramírez. *Estadísticas e indicadores sobre violencia de género*. Centro de Estudios para el Adelanto de las Mujeres y la Equidad de Género, 2012.

Hernández, Luisa Josefina. *Apocalipsis cum figuris*. U Veracruzana, 1982.

———. *Apostasía*. Dirección General de Publicaciones, 1978.

———. *La cabalgata*. Océano, 1988.

———. *La cólera secreta*. Veracruz: Ficción, 1964.

———. *El lugar donde crece la hierba*. Veracruz: Ficción, 1959.

———. *La memoria de Amadís*. J. Mortiz, 1967.

Obras citadas

———. *Nostalgia de Troya.* Siglo XXI Editores, 1970.

———. *Los palacios desiertos.* J. Mortiz, 1963.

———. *El valle que elegimos.* J. Mortiz, 1965

Hernández Luna, Juan. *Cadáver de ciudad.* Mexico: Ediciones B, 2006.

———. *Las mentiras de la luz.* Ediciones B, 2004.

———. *Me gustas por guarra, amor.* Ediciones B, 2005.

———. *Naufragio.* EDUG, 1991.

———. *Quizá otros labios.* Ediciones B, 1994.

———. *Tabaco para el puma.* Roca, 1996.

———. *Tijuana Dream.* Barcelona: Ediciones B, 1998.

———. *Yodo.* Ediciones B, 2003.

Herrera, Yuri. *Señales que precederán al fin del mundo.* España: Periférica, 2009.

———. *Trabajos del reino.* Tierra Adentro, 2004.

Honderich, Ted. *The Oxford Companion to Philosophy.* Oxford UP, 1995.

hooks, bell. *Feminist Theory: From Margin to Center.* Routledge, 1984.

Horsley, Lee. *Twentieth-Century Crime Fiction.* Great Britain: Oxford U Press, 2005.

Huacuja del Toro, Malú. *Al final del patriarcado.* Barcelona: Oblicuas, 2021

———. Blog, malu-guacuja-del-toro.blogspot.com

———. *Crimen sin faltas de ortografía.* Plaza y Valdés, 1986.

———. *Crueldad en subasta.* Amazon, 2015.

———. *La lágrima, la gota y el artificio.* Plaza y Valdés, 2010.

———. *Un cadáver llamado Sara.* Unomásuno, 1988–99.

———. *Un dios para Cordelia.* Océano, 1995.

Huhn, Sebastian, Anika Oettler, and Peetz Peter. "La telaraña de los discursos sobre la violencia en Centroamérica." *Iberoamericana,* vol. 5, no. 19, 2005, pp. 188–93.

Humprey, Roberto. *Stream of Consciousness in the Modern Novel.* Berkeley: U of California P, 1954.

Ibargüengoitia, Jorge. *Las muertas.* J. Mortiz, 1977.

INEGI (*Instituto Nacional de Estadística y Geografía*). "Encuesta Nacional sobre la Dinámica de las Relaciones en los Hogares 2016. Tabulados básicos sobre Familia de Origen." 2017. beta.inegi.org.mx/programas/endireh/2016/

———. "En la ciudad de México somos 9 200 944 habitantes: Censo de

Obras citadas

Población y vivienda 2020. Ciudad de México." 2021. inegi.org.mx/app/saladeprensa/noticia.html?id=6288

———. "Estadísticas a propósito del Día Internacional de la Eliminación de la Violencia contra la Mujer (25 de noviembre)," 2023. inegi.org.mx/contenidos/saladeprensa/aproposito/2023/EAP_VCM_23.pdf

———. "La guerra contra las mujeres: crecieron los feminicidios con armas de fuego y en la vía pública." *Infobae*, 11 Sept. 2020, infobae.com/america/mexico/2020/09/11/la-guerra-contra-las-mujeres-crecieron-los-feminicidios-con-armas-de-fuego-y-en-la-via-publica/

Isaacs, Jorge. *María*. Colombia: Imprenta Gaytán, 1867.

Jaiven, Ana Lau. "Feminismos.". *Conceptos claves en los estudios de género*, coordinadoras Hortensia Moreno y Eva Alcántara, vol. 1. UNAM, 2016.

Kandell, Jonathan. *La Capital: The Biography of Mexico City*. Random House, Inc., 1998.

Kehoe, Timothy y Felipe Meza. "Crecimiento rápido seguido de estancamiento: México (1950–2010)." *El trimestre económico*, vol. LXXX (2), núm. 318, 2013, pp. 237–80.

Khamees Ragab Aman, Yasser. "Chaos Theory and Literature from an Existentialist Perspective." *Comparative Literature and Culture*, vol. 9, no. 3, 2007, pp. 1–8.

Knight, Stephen T. *Form and Ideology in Crime Fiction*. Bloomington: Indiana UP, 1980.

Kolk, Van y McFarlane, Alexander. "The Black Hole of Trauma." *Literary Theory: An Anthology*, editado por Julie Rivkin y Michael Ryan. Blackwell Publishing, 2004. 487–502.

Kristeva, Julia. *Los poderes de la perversión: ensayo sobre Louis-Ferdinand Céline*, editado y traducido por Nicolás Rosa y Viviana Ackerman. : Siglo veintiuno editores, 2000.

Kunz, Marco. "La frontera del sueño americano: *La Mara* de Rafael Ramírez Heredia." *Negociando identidades, traspasando fronteras. Tendencias en la literatura y el cine mexicanos en torno al nuevo* milenio, editado por Susanne Igler y Thomas Stauder. Iberoamericana, 2008.

Kurzen, Franken y Clemens, A. *Crimen y verdad en la novela policial chilena actual.* Santiago de Chile: U de Santiago de Chile, 2003.

Lagarde, Marcela. *Para mis socias de la vida.* Horas y Horas, 2005.

Lamas, Marta. *Acoso. ¿Denuncia legítima o victimización?* Fondo de Cultura Económica, 2018.

———. "Cuerpo: diferencia sexual y género." *Debate feminista*, vol. 10, 1994, pp. 3–31.

Lara Bermúdez, Isaí T. "Hubo más ejecuciones con Enrique Peña Nieto que con Felipe Calderón." *Proceso*. 5 Dic. 2018, proceso.com.mx/562597/hubo-mas-ejecuciones-con-enrique-pena-nieto-que-con-felipe-calderon

Laurini, Myriam. *Morena en rojo*. : J. Mortiz, 1994.

———. *Qué raro que me llamen Guadalupe*. : J. Mortiz, 2008.

Lavín, Mónica. *Café cortado*. : Plaza y Janés, 2001.

———. *Despertar de los apetitos*. : Alfaguara, 2005.

Leñero, Vicente. *El garabato*. : J. Mortis, 1967.

———. *Los albañiles*. Barcelona: Seix Barral, 1964.

Lockhart, Darrell B, ed. *Latin American Mystery Writers: An A-to-Z Guide*. Westport, Greenwood P, 2004.

López Aguilar, Daniel. "Orfa Alarcón lanza 'Loba', novela sobre la corrupción." March, 2019. jornada.com.mx/ultimas/cultura/2019/03/04/orfa-alarcon-lanza-2018loba2019-novela-sobre-la-corrupcion-8759.html

López Cuadras, César. *La novela inconclusa de Bernardino Casablanca*. U. de Guadalajara, 1994.

Lugones, María. "Toward a Decolonial Feminism." *Hypatia* vol. 25, no. 4, 2010, pp. 742–759.

Maldonado, C. S. "México se prepara ante una supuesta caravana de migrantes centroamericanos." *El País*, March 2019, elpais.com/internacional/2019/03/28/mexico/1553801582_667183.html

Maqueo, Ana María. *Amelia Palomino*. Editorial Diana, 1989.

———. *Crimen de color oscuro*. EOSA, 1986.

———. *Los peligros del cristal*. Grijalbo, 1990.

Marrujo Ruiz, Olivia. "Los riesgos de cruzar. La migración centroamericana en la frontera México-Guatemala." *Frontera Norte*, vol. 13, no. 25, 2001, n.p.

Martínez de Codes, Rosa María. "La libertad religiosa en México." *Anales de Historia Contemporánea*, no. 17, 2001, pp. 525–29.

Medeiros-Lichem, María Teresa. *La voz femenina en la narrativa latinoamericana: una relectura crítica*. Santiago de Chile: Cuarto Propio, 2006.

Melchor, Fernanda. *Temporada de huracanes*. Penguin, 2017

Melero, Pilar. *Mythological Constructs of Mexican Femininity*. Palgrave Macmillan, 2015.

Mendoza, Élmer. *Asesinato en el Parque Sinaloa*. Random House, 2017

———. *Balas de plata*. Tusquets, 2008.

Obras citadas

———. *Besar al detective.* Random House, 2015

———. *El amante de Janis Joplin.* Tusquets, 2001.

———. *Ella entró por la ventana del baño.* Alfaguara 2021

———. *Firmado con un klínex.* Tusquets, 2009.

———. *La prueba del ácido.* Tusquets, 2010

———. *Nombre de perro.* Tusquets, 2012

———. *Un asesino solitario.* España: Tusquets, 1999.

Mendoza García, Jorge. "La tortura en el marco de la guerra sucia en México: un ejercicio de memoria colectiva." *Polls*, vol 7, no. 2, pp. 139–79.

Messent, Peter. *The Crime Fiction Handbook.* Chichester, West Sussex: Wiley-Blackwell, 2013.

Millett, Kate. *Sexual Politics.* Doubleday & Company, 1970.

Monárrez Fragoso, Julia Estela. "La cultura del feminicidio en Ciudad Juárez, 1993–1999. " Frontera Norte, Vol. 12, 2000, No. 23. Ene/Jun.

Monsiváis, Carlos. *Dias de guardar.* Ediciones Era, 1971.

———. *Misógino feministas.* Editorial Océano, 2013.

———. "Ustedes que jamás han sido asesinados." *Revista de la Universidad de México*, 1973, pp. 1–11.

Mossello, Fabián, and Marcela Melana. *El discurso del policial: Reconfiguraciones del género en la sociedad contemporánea.* Editorial Universitaria Villa María, 2014.

Nettel, Guadalupe. *El cuerpo en que nací.* Anagrama, 2011.

———. *El huésped.* Anagrama, 2006.

Nexos. "Tendencias: los logros de Vicente Fox." 1 agosto, 2012, nexos.com. mx/?p=1102

Nichols, William J. *Transatlantic Mysteries. Crime, Culture, and Capital in the "Noir*

Novels" of Paco Ignacio Taibo II and Manuel Vázquez Montalbán. Bucknll UP, 2011.

Nietzsche, Friedrich. *Thus Spoke Zarathustra. A Book for All and None*, traducido por Alexander Tille. The Macmillan Company, 1896.

Ochoa, Rosa Margot. *Corrientes secretas.* Alfabeto, 1978.

Orduño, Antonio. *El buscador de cabezas.* J. Mortiz, 2006.

———. *La fila india.* Océano, 2013.

Organización Mundial de la Salud (OMS). "Violencia contra la mujer." who.int/topics/gender_based_violence/es/

Obras citadas

ONU Mujeres. "Sembrando semillas de Esperanza contra la violencia de género en México. " 7 de marzo, 2024. news.un.org/es/

O'Toole, Gavin. *The Reinvention of Mexico. National Ideology in a Neoliberal Era.* Liverpool UP, 2010.

Padura Fuentes, Leonardo. "Modernidad y postmodernidad: la novela policial en Iberoamérica." *Hispamérica*, vol 28, no. 84, 1999, pp. 37–50.

Pacheco Roldán, Adriana. Coordinadora. *Romper con la palabra. Violencia y género en la obra de escritoras mexicanas contemporáneas.* Ediciones Eón, 2017.

———. "Las escritoras mexicanas de hoy: invisibles a plena luz." *Letras Libres*, 1 April, 2018. letraslibres.com/mexico/revista/las-escritoras-mexicanas-hoy-invisibles-plena-luz.

Pagano, Susana. *En tus ojos un rostro.* Edición Kindle, 2018.

———. *La pitonesa de Aguaprieta.* México, Planeta, 2010.

———. *Palabras en el fuego.* Edición Kindle, 2018.

———. *Si yo fuera Susana San Juan.* Tierra Adentro, 1998.

———. *Trajinar de un muerto.* Océano, 2000.

Parra, Eduardo Antonio. *Nostalgia de la sombra.* J. Mortiz, 2022.

———. *Sombras detrás de la ventana.* Edictiones Era, 2009.

———. *Tierra de nadie.* Ediciones Era, 1999.

Paso, Fernando del. *Palinuro de México.* Ediciones Alfaguara, 1977.

Paz, Octavio. *El laberinto de la soledad.* Fondo de Cultura Económica, 1959.

Peña, Hilario. *Pégale al diablo.* Nitro, 2016.

Pérez, Genaro J. *Ortodoxia y heterodoxia de la novela policía hispana: variaciones sobre el género negro.* Delaware: Juan de la Cuesta, 2002.

Pérez Reverte, Arturo. *La reina del sur.* Alfaguara, 2002.

Pirozzi, Giacomo. "Protección contra la violencia. Todos los niños, niñas y adolescentes tienen derecho a una vida libre de cualquier tipo de violencia." UNICEF, 2019. unicef.org/mexico/protección-contra-la-violencia

Piñeiro, Claudia. *Catedrales.* Argentina: Alfaguara, 2020.

Pliego, Roberto. "Las novelas que el narco ha dejado." *Nexos*, 7 Dec. 2017, nexos.com.mx/?p=30830

Pluta, Nina. "El género seudocriminal. Inspiraciones policiacas del cambio de siglo." *Tendencias de la narrativa mexicana actual*, edited by Juan Carlos González Boixo. Iberoamericana, 2009.

Obras citadas

Poe, Edgar A. *Murders in the Rue Morgue*. *Graham's Magazine*, 1841.

Polvinen, Merja. "The Ends of Metaphor. Literary Analysis and Chaos Theory." *European Journal of English Studies,* vol 11, no. 3, 2007, pp. 273–84.

Poniatowska, Elena. *La noche de Tlatelolco: testimonios de historia oral*. Era, 2012.

Pritchett, Kay. "La Milagrosa by Carmen Bullosa." *World Literature Today*, vol. 68, no. 4, 1994, p. 788, JSTOR, libproxy.library.unt.edu:2389/stable/pdf/40150646.pdf?refreqid=excelsior%3A8ead3 6416456b4812439a89cfd18c4bf

Quincey De, Thomas. "On Murder Considered as One of the Fine Arts." *Blackwood Magazine*, 1827.

Quiñónez, Isabel. "Los setenta." *La literatura mexicana del siglo XX*, edited by Manuel Fernández Perera. Fondo de Cultura Económica, 2008.

Rama Ángel. *Transculturación narrativa en América Latina*. Montevideo: Fundación Angel Rama, 1989.

Ramírez Heredia, Rafael. *La esquina de los ojos rojos*. Alfaguara, 2006.

———. *La Mara*. Alfaguara, 2004.

———. *Muerte en la carretera*. J. Mortiz, 1985.

———. *Trampa de metal*. Universo, 1979.

Ramírez-Pimienta, Juan C. and Salvador C. Fernández. *El norte y su frontera en la narrativa policiaca mexicana*. Plaza y Valdés, 2005.

Ramos, Samuel. *El perfil del hombre y la cultura en México*. Imprenta Mundial, 1934.

Real Academia Española. *Diccionario de la lengua española*. 1970.

Revueltas, José. *El apando*. Era, 1969.

Reyes, Alicia. *Aniversario número 13*. autopublicado, 1988.

———. *El almacén de Coyoacán*. Premiá, 1990.

Reyes Chiquete, Ana Ivonne. *Muerte Caracol*. Instituto Queretano de la Cultura y las Artes, 2010.

Reyes, Juan José. "María Elvira Bermúdez, la "Agatha Christie mexicana"." *Letras libres*, octbre de 2015, letraslibres.com/mexico-espana/libros/maria-elvira-bermudez-la-agatha-christie-mexicana.

Richard, Nelly. *Feminismo, género y diferencia(s)*. Santiago: Palinodia, 2008.

Rivera, Garza Cristina. *El invencible verano de Liliana*. Penguin Random House, 2021.

———. *La muerte me da*. Tusquets, 2007.

———. *Nadie me verá llorar*. Tusquets, 1999.

Obras citadas

Rodríguez, Juan José. *Asesinato en una lavandería china*. Tierra Adentro, 1996.

Rodríguez, Julia. *¿Quién desapareció al comandante Hall?* Siglo Veintiuno, 1998.

Rodríguez Lozano, M. G. *Pistas del relato policial en México: somera expedición*. U Nacional Autónoma de México, 2008.

Romero Bonilla, Diego Germán. "Caos creativo." *El artista*, no. 5, 2008, pp. 111–23.

Rosado, Juan Antonio y Adolfo Castañón. "Los años sesenta: liberación y ruptura." *La literatura mexicana del siglo XX*, coordinado por Manuel Fernández Perera. Fondo de Cultura Económica, 2008.

Rosado, José A. *El Cuerpo del delito, el delito del cuerpo: la literatura policial de Edgar Allan Poe, Juan Carlos Onetti Y Wilfredo Mattos Cintrón*. San Juan: Ediciones Callejón, 2012.

Roura, Victor. "Diálogos del miedo: entrevista con Malú Huacua del Toro." Blog, malu-guacuja-del-toro.blogspot.com

Ruiz Guerra, Rubén. *Entre la memoria y la justicia. Experiencias latinoamericanas sobre Guerra Sucia y defensa de los derechos humanos*. U Nacional Autónoma de México, 2005.

Ruiz Marrujo, Olivia. "Los riesgos de cruzar: La migración centroamericana en la frontera México-Guatemala." *Frontera norte,* vol 13, no. 25, 2001, pp. 7–41.

Ruiz Méndez José S. and Trujillo Muñoz, Gabriel, compiladores, *Expedientes abiertos: Cuentos policiacos de la frontera México-Estados Unidos*. Artificios, 2014.

Said, Edward. *Orientalismo*. Pantheon Books, 1978.

Salinas, Gilda. "In Memoriam. Rafael Ramírez Heredia. Exceptionally Seductive." *Voices of Mexico*, no. 79, 2013, pp. 77–79.

———. *Screening Neoliberalism: Transforming Mexican Cinema, 1988–2012*. Vanderbilt U P, 2014.

Sánchez Zapatero, José and Álex Martín Escribà. *Género negro para el siglo XXI: nuevas tendencias y nuevas voces*. Editorial Laertes, 2011.

Sandoval, Elvin. "Hondureños reportados parten de nuevo hacia EE.UU. minutos depués de aterrizar." *CNN Lationoamerica*. 24 Jan. 2020, cnn.com/videos/spanish/2020/01/24/deportados-insisten-llegar-estados-unidos-caravana-migrantes-honduras-pkg-elvin-sandoval. cnn.

Santiago, Rosario. "Del silencio privado a las agendas públicas: el devenir de la lucha doméstica en México." *Violencia contra las mujeres en contextos urbanos y rurales*, editado por Marta Torres Falcón. El Colegio de México, 2004, pp. 417–47.

Obras citadas

Santos, Danilo, Ainhoa Montserrat Vásquez Mejías, e Ingrid Urgelles. "Lo narco como modelo cultural. Una apropiación transcontinental." *Revista de pensamiento, crítica y estudios literarios latinoamericanos*, vol. 14, 2016, pp. 9–23.

Savenije, Wim. "Las pandillas trasnacionales o 'maras': violencia urbana enCentroamérica." *Foro internacional*, vol 47, no. 3, 2007, pp. 637–59.

Schwarz, Mauricio-José. *La música de los perros*. Roca, 1996.

Segura, Gerardo. *Todos somos culpables: entrevistas con escritores policiacos mexicanos*. Fondo Estatal para la Cultura y las Artes de Coahuila, 1996.

———. *Yo siempre estoy esperando que los muertos se levanten*. Baja California: CNCA, 1998.

Seto, Michael C. *Pedophilia and Sexual Offending Against Children. Theory, Assessment, and Intervention*. Washington: American Psychological Association, 2008.

Simpson, Amelia. *Detective Fiction from Latin America*. Fairleigh Dickinson UP, 1990.

Solares, Martín. *Los minutos negros*. Barcelona: Mondadori, 2006.

Song, Rosi H. "El neopolicial de Paco Ignacio Taibo II: ¿Una resolución de la historia?"

Hispamérica: revista de literatura, vol. 32, no. 96, 2003, pp. 91–96.

Sosa Cárdenas, Claudia María. "Aproximaciones a la obra de Rafael Ramírez Heredia." *Tiempo Laberinto*, no. 89, June, 2006, pp. 19–25.

Stavans, Ilan. *Antihéroes: México y su novela policial*. Planeta, 1993.

Steele, Cynthia. *Politics, Gender, and the Mexican Novel, 1968–1988: Beyond the Pyramid*. U of Texas P, 1992.

Suárez, Karina. "Los feminicidios no cesan en Ciudad Juárez." *El País*. noviembre de 2017, elpais.com/internacional/2017/11/22/mexico/1511307168_804661.html

Suprema Corte de Justicia de la Nación. scjn.gob.mx/conoce-la-corte

Taibo II, Paco Ignacio. *Algunas nubes*. Leega, 1985.

———. *Cosa fácil*. Grijalbo, 1977.

———. *Días de combate*. Barcelona: Grijalbo, 1976.

———. "La otra novela policiaca." *Los cuadernos del norte*, vol. 8, no. 41, 1987, pp. 36–41.

———. *No habrá final feliz*. Lasser Press, 1981.

———. *Regreso a la misma ciudad y bajo la lluvia*. Planeta, 1989.

Obras citadas

Talpade Mohanty, Chandra. *Feminism Without Borders. Decolonizing Theory, Practicing Solidarity.* Durham: Duke UP, 2004.

———. "Bajo los ojos de Occidente: academia feminista y discursos coloniales. *Decolonizando el feminismo: teorías y prácticas desde los márgenes*, editado por Liliana Suárez Navaz y Aída Hernández. Cátedra, 2008

Todorov, Tzvetan. *The Poetics of Prose,* traducido por Richard Howard. Cornell UP, 1977.

Torres Falcón, Marta. *Violencia contra las mujeres en contextos urbanos y rurales.* Colegio de México, 2004.

Torres Pastrana, Sandra. "Pocas escritoras de género negro porque nos enseñaron a "ser buenas"." *Cimacnoticias*, Sept, 2008, cimacnoticias.com.mx/noticia/pocas-escritoras-de-genero-negro-porque-nos-ensenaron-a-ser-buenas/

Torres, Vicente Francisco. *Muertos de papel: un paseo por la narrativa policial.* México, D. F.: CONACULTA, 2003.

Trelles Paz, Diego. "Novela policial alternativa hispanoamericana (1960–2005)." *Aisthesis: Revista chilena de investigaciones estéticas,* no. 40, 2006, pp. 79–91.

Treviño, Blanca Estela, ed. *Catorce escritoras mexicanas frente a sus lectores,* UNAM, 2010.

Trujillo Muñoz, Gabriel. "Conflictos y espejismos: la narrativa policiaca fronteriza mexicana." *El norte y su frontera en la narrativa policial mexicana,* edited by Juan Carlos Ramírez-Pimienta y Salvador C. Fernández. Plaza y Valdés, 2005.

———. *El festín de los cuervos. La saga fronteriza de Miguel Ángel Morgado.* Editorial Norma, 2002.

———. *Testigos de cargo: la narrativa policiaca mexicana y sus autores.* CONACULTA, 2000.

———."Juan Hernández Luna." *Latin American Mystery Writers: An A-to-Z Guide,* editado por Darrell B. Lockhart. Greenwood Press, 2004.109–10.

———. *Mezquite Road.* Planeta, 1995.

U.S. ICE, Immigration and Customs Enforcement. "Joaquín "El Chapo" Guzmán, cabecilla del cartel de Sinaloa, condenado a cadena perpetua más 30 años." 17 de julio de 2019. ice.gov/es/news/releases/joaquin-el-chapo-guzman-cabecilla-del-cartel-de-sinaloa-condenado-cadena-perpetua

Usigli, Rodolfo. *Ensayo de un crimen: novela.* America, 1944.

Valdés, Hugo. *El crimen en la calle de Aramberri.* Castillo, 1994.

Obras citadas

Valiña, Carmen V. "¿Qué es la tercera ola del feminismo?" *Escuela de feminismos alternativos*, 8 de agosto de 2018, perifericas.es/blogs/blog/que-es-la-tercera-ola-delfeminismo.

Valladares, Patricia. *Tan frío como el infierno*. Planeta, 2014.

Varela, Nuria. *Feminismo 4.0. La cuarta ola*. Litográfica Ingramex, 2019.

Vicens, Josefina. *El libro vacío*. Compañía General de Ediciones, 1958.

Villafuerte, Nadia. *Por el lado salvaje*. Ediciones B, 2011.

Villalobos, Juan Pablo. *Fiesta en la madriguera*. Anagrama, 2010.

Villanueva de, Margos. *22 horas*. Obregón, 1955.

———. *La muerte nos visita*. Helio, 1956.

Watson, Ian. *Rethinking the Politics of Globalization. Theory, Concepts and Strategy*. Burlington, VT: Ashgate Publishing Co, 2002.

Yates, Donald A. *Latin Blood: The Best Crime and Detective Stories of South America*. Herder and Herder, 1972.

Zavala, Iris. *La postmodernidad y Mijail Bajtin: una poética dialógica*. Espasa-Calpe, 1991.

Zavala, Oswaldo. *Los cárteles no existen: narcotráfico y cultura en México*. Malpaso Ediciones, 2018.

———. "Imagining the US-Mexico Drug War: The Critical Limits of Narconarratives." *Comparative Literature*, vol. 66, no. 3, 2014, pp. 340–60.

Índice

Acoso sexual 36, 163, 164, 190, 193, 220
Archivo General de la Nación 211
Asesino serial 41, 48, 189
Asociación Cívica Nacional Revolucionaria 27
Asociación Internacional de Escritores Policiacos 167
Autores narconovela: Bernardo Fernández (BEF) 167, 197; Eduardo Antonio Parra 3, 40, 41, 44, 66, 167, 197; Élmer Mendoza 3, 41, 85, 167, 197; Gabriel Trujillo Muñoz 3, 5, 8, 14, 41, 64, 88, 95, 209; Jennifer Clement 40, 69, 108, 198; Leónidas Alfaro Bedolla 40, 41, 197; Orfa Alarcón 166, 199, 200, 209, 221, 223; Yuri Herrera 40, 44, 197

Bakhtin 46, 48, 52, 55; Dialogía 49, 56; Heteroglosia 11, 45, 213, 214

Ciudad de México 24, 28, 31, 32, 33, 42, 43, 45, 77, 89, 112, 121, 137
Clasismo 130, 131
Complejo de Edipo 96, 100, 103
Consenso de Washington 35
Corrupción política 1, 4, 21, 76, 89, 140, 145, 155, 157, 175, 203, 207

Crecimiento urbano 24, 121
Críticos género policial: Amelia Simpson 5, 14, 19, 24, 27; Glen S. Close 216; Illan Stavans 5, 45, 128; José F. Colmeiro 210; Mempo Guiardinelli 5, 14, 17, 64; Padura Fuentes 5, 14, 26, 32, 45, 205, 211; Persephone Braham 5, 14; Ramírez Pimienta 14, 209; Rodríguez Lozano 5, 8, 14, 88, 128; Ruiz Méndez 14, 209, 213; Salvador C. Fernández 14, 209; Trujillo Muñoz 3, 5, 8, 14, 41, 64, 209, 213; Tzvetan Todorov 19; Vicente Francisco Torres 8, 14, 109, 128, 129, 220; Yates 14, 128
Cuauhtémoc Cárdenas 157, 212

Décadas sesenta 2, 28, 29, 30, 88, 123, 136; setenta 31, 52, 88, 137, 138, 140, 162, 205, 210; ochenta 2, 34, 35, 45, 68, 138, 145, 170, 217; noventa 3, 4, 8, 39, 41, 42, 48, 153, 154, 155, 169, 179, 195
(de)construcción 84, 88, 92
Deleuze y Guattari 67, 68, 73, 78; Rizomas 66, 68, 76, 77
Dialogía textual 11
Dictaduras 24, 28, 210

Índice

Discurso: del criminal 8; femenino 141, 151, 168, 187, 199; híbrido 54, 55; disidente 14, 147, 170, 203; autoritativo 48, 49, 51, 52, 60, 62
Deconstrucción 84
Denuncia: explícita 4, 42, 64; implícita 5,43, 77, 81, 108
Desaparición del detective 5, 8, 26, 43, 66, 216, 218
Desigualdad: género 112, 121, 131, 153, 159, 169, 198; social 4, 27, 190
Detectives literarios: Armando Zozaya 25, 128; Auguste Dupin 18; Edgar "El Zurdo" Mendieta 40; Filiberto García 3; Hector Belascoarán Shayne 2, 32, 45, 47, 62; Ifigenio Clausel 32, 64; José Silvestre 26, 129; María Elena Morán 25, 118, 119; Máximo Roldán 25; Miss Marple 127, 218; Obdulio Campos 144; Péter Pérez 24; Philip Marlowe 21; Roberto Alatorre 146; Sam Spade 21; Sherlock Holmes 18, 21, 24, 45, 47

Efecto Tequila 37
Escatológico 92
Escritoras: Alicia Reyes 35, 42, 145; Ana Ivonne Reyes Chiquete 7, 44, 107, 189; Ana María Maqueo 135, 145, 146; Carmen Boullosa 7, 13, 42, 135; Cristina Rivera Garza 13, 69, 188, 222; Fernanda Melchor 44, 107, 108; Jennifer Clement 108, 166, 198; Iris García Cuevas 44, 108; Liliana Blum 7, 13, 42, 108, 183, 222; Rosa Margot Ochoa 32, 107, 135, 136, 140; Malú Huacuja del Toro 40, 93, 145, 152, 166, 201; María Elvira Bermúdez 2, 12, 13, 23, 25, 32, 107, 140, 145, 153; Margos de Villanueva 107, 114, 115, 117, 128; Mónica Lavin 44, 166; Myriam Laurini 151, 153, 170; Nadia Villafuerte 44, 166; Orfa Alarcón 108, 166, 198, 199; Patricia Valladares 44, 108; Susana Pagano 7, 44, 167, 175
Estética del crimen 4, 193
Estudios de género 139
Existencialismo 55, 214

Feminismo 13, 137, 138, 139, 162, 169, 221; #MeToo 164 #MeTooEscritoresMexicanos 164
Feministas: bell hooks 139, 168, 219; Betty Friedan 137, 138, 162, 219; Chandra Talpade Mohanty 139, 163, 168, 221; Dianna Russell 164; Francisca Gargallo 108, 162, 221; Jill Radford 164;Kate Millet 137, 138, 162, 219; Marcela Lagarde 168: María Lugones 168, 219; Marina Castañeda 139, 162, 180; Marta Lamas 120, 138, 153, 168, 198, 219, 220, 221; Rosario Castellanos 109, 113, 135, 138, 153, 165, 218; Shulamith Firestone 137, 138, 162, 219
Femme fatale 41, 141
Feria Internacional del Libro Guadalajara (FILA) 167, 221
Festival de Avándaro 137
Flashback 74, 94, 123, 148
Fluir de la conciencia 90, 94
Fraude electoral 157
Freud 96, 97, 100, 188
Frontera; literatura 3,15, 42, 68,

244

69, 209; norte 41; sur 41, 65, 66, 216, 222

Género negro; Dashiell Hammett 1, 3,10, 20, 21, 31;Premio Dashiell Hammett 87, 167, 215; Raymond Chandler 10, 20, 53; "Simple Art of Murder" 21, 53; Editorial Gallimard 20; Revista Black Mask 20; Rafael Bernal 23, 24, 31, 64, 85; Complot mongol 2, 31, 46, 48, 62, 65, 213; Thriller 2, 6, 21, 67, 70, 89, 92, 136, 143; *Hardboiled* 20, 31, 205; Vicente Leñero 31, 65; Jorge Ibargüengoitia 32, 65; Carlos Fuentes 30, 32, 135; Carlos Monsiváis 23, 30, 45, 135, 220; Guerra sucia 2, 29, 88, 211, 219; Grupos guerrilleros; Ejército Zapatista de Liberación Nacional 63; Líderes 27, 29
Grupos pandilleros 65, 67, 73, 74, 78
Grupos paramilitares: Los Halcones 29, 47, 214; El Halconazo 29, 47, 211; La matanza del Jueves de Corpus 29; Cárceles clandestinas 29; Desapariciones forzadas 29, 37, 211, 221; Torturas 29
Guerra Fría 35

Habitus 140, 179
Hegemonía 8, 170
Huelgas 28

Imágenes 4, 72, 75, 77, 108, 207
Intersecciones 140, 203, 218
Iniciativa Mérida 212
Industrialización 18, 20, 24, 26, 121, 219
Intertextualidad 188

Kristeva Julia 88, 93, 94, 99; Abyecto 12, 87, 88

Ley seca 20
Libertad religiosa 155
Liga Comunista 28

Machismo invisible 139, 162, 180
Mara Salvatrucha 78, 82, 216
Masacre de Tlatelolco 28, 211, 219, 29, 45
Maquiladoras 36, 179, 212
Masculinidad tóxica 39, 197
Metaficción 189, 190, 191
Metahistoria 189, 191
Migrantes: salvadoreños 216; guatemaltecos 216; hondureños 215; caravanas 215, 216; visas humanitarias 216
Milagro Mexicano 27, 130
Misoginia 52, 54, 165
Movimiento Revolucionario del Magisterio 27
Movimientos: obreros 28; estudiantil 30
Mujer mexicana: sociedad 5, 111, 203; ambito literario 112, 151; política 111, 112, 118, 139, 152, 158, 162, 163, 169; campo laboral 36, 119: educación 111, 112, 140, 218, sexualidad 43, 119, 120, 123, 136, 138, 139, 219; matrimonio 120, 138, 139, 150, 158, 219; maternidad 138, 148, 162, 202; virginidad 120, 138, 139, 157; derechos femeninos 111, 117, 162, 165, 221; sufragio 111, 112; Revolución Mexicana 112; desigualdad 131; organizaciones de protección 163; subordinación 139, 161, 162

Índice

NAFTA 35, 214
Narrativa siglo veintiuno 154, 159, 162, 165, 166, 168, 169, 175
Narcotráfico: guerra en contra 3, 37, 64, 212, 213; crimen organizado 11, 20, 37, 38, 64, 154 198, 213; desmitificación del narcotraficante 223; mitificación del narcotraficante 39, 222; Joaquín "Chapo" Guzmán 39, 212, 213; Pablo Escobar 213; impacto en la sociedad 38, 194
Narrativa 3, 14, 38, 39, 40, 41, 222
Narconovela 197, 198, 199
Necrofilia 181, 190
Neoliberalismo 11, 12, 33, 35, 36, 154, 206
Neopolicial 23, 32, 34, 35, 41; Taibo II 42, 45, 46, 47,50; Martin Solares 3, 41 69, 167; Juan Hernández Luna 42, 66, 69, 87; Rafael Ramírez Heredia 3, 6, 10, 11, 32, 41, 44, 63, 207, 214, 215
Nueva narrativa criminal 4, 104, 207

Operación Cóndor 210, 211, 213
Operativo Conjunto Michoacán 37
Oralidad 77, 78, 79, 80
Orden simbólico 93, 122, 153, 158, 174

Partidos políticos: Partido Revolucionario Institucional (PRI) 29, 37, 45, 63, 154; Partido Acción Nacional (PAN) 37, 63; Partido de Regeneración Nacional (MORENA) 64; Partido de los Pobres 27; Partido Comunista Mexicano 137; Prosperidad económica 24, 26, 27, 36, 121, 130, 154

Petróleos Mexicanos (PEMEX) 33
Propuestas neoliberales 33, 35, 36, 154, 206
Privatización de empresas 33, 35
Polifonía 32, 49, 146, 189, 190, 191
Postfeminismo 139, 219
Premios literarios 87, 167; Premio Dashiell Hammett 87, 167, 215
Personajes: fragmentados 4, 93; alienados 5, 92, 108, 183, 207; femeninos 5, 31, 43, 118, 141, 148, 166, 179, 187, 188, 195, 197, 202, 206
Policial Clásico: Estados Unidos 17, 18, 19, 20: Edgar Allan Poe 1, 10, 18, 23, 114; Conan Doyle 1,10, 18, 205; Agatha Christie 18, 114, 117, 118, 127; Thomas de Quincey 26
Policial clásico mexicano 1, 24, 114, 213; Martínez de la Vega 1, 23, 24, 117, 205; Usigli 1, 24, 25, 26, 53, 64, 128, 189; Helú 1, 23, 24, 64, 117, 205; María Elvira Bermúdez 1, 8, 12, 23, 117, 119, 129, 136, 153, 204; Mujer detective 25, 117, 118, 119
Post-neopolicial: características 5, 175, 183, 210, 222; teoría 5, 6, 7, 9, 11; *La Mara* 11; *Yodo* 12, 103; autoras 170, 184, 185, 193, 207
Poquianchis 48, 211
Presidentes mexicanos: Ávila Camacho 24; Alemán Valdés 26; Díaz Ordaz 28, 52, 137, 214, 219; Luis Echeverría 29, 52, 57, 211, 219; López Portillo 33, 63; De la Madrid 33; Salinas de Gortari 33,

35, 36, 42, 63, 154, 212; Ernesto Zedillo 36, 63; Vicente Fox 37, 63, 211, 215; Felipe Calderón 37, 63; Peña Nieto 38, 63; López Obrador 64, 214, 216; Claudia Sheinbaum 64, 221

Racismo 21, 130
Represión gubernamental 211
Revolución Cubana 27
Revolución Mexicana 26, 30, 46, 112, 130
Rubén Jaramillo 27
Redes sociales 168, 169, 204
Revista *El Séptimo Círculo* 23
Revista *Selecciones Policiacas y de Misterio* 23, 117
Revolución sexual 140

Segunda guerra mundial 24, 112
Sociedad fragmentada 43, 91

Temáticas: aborto 12, 43, 138, 162, 166, 172, 176, 177, 180; feminicidio 5, 12, 36, 186, 188, 189, 203, 212, 214, 221; machismo 42, 113, 117, 120, 121, 139, 162, 168, 175, 177, 178, 180, 182, 199, 203; objetivación femenina 14, 138; pedofilia 5, 13, 42, 166, 176, 181, 183, 184, 186; Prostitución infantil 42, 43, 75, 170; sexualidad femenina 43, 119; trata de blancas 5, 13, 42, 154, 170, 173, 194;
Terremoto de San Juanico 33
TLCAN 35, 36
Tecnología 163, 169
Teoría del caos y el orden 88, 89, 90, 98, 101, 102
Trastorno de estrés postraumático (PTSD) 93, 94, 95
Tren de la Muerte 70, 71

Violencia: doméstica 83, 89, 107, 120, 138, 140, 146, 163, 164, 165, 170, 175, 179, 181, 199; contra la mujer 161, 163, 164, 165, 166, 169, 171, 186, 194, 199, 202, 203, 220, 221; de género 12, 42, 154, 161, 162, 163, 183, 214; sexual 107, 184, 187, 201; psicológica 84, 89, 164, 173, 179, 184, 199
Victimarios 81, 87, 90, 162

Yuxtaposición 11, 49, 55

Sobre el libro

María Carpio-Manickam
Del policial clásico al post-neopolicial: La estética del crimen en la narrativa mexicana, 1940–2020
PSRL 93

Del policial al post-neopolicial: La estética del crimen en la narrativa mexicana, 1940-2020 es un estudio comprensivo de la narrativa criminal mexicana desde una perspectiva cultural, de género, social, política y literaria. Este libro abarca las diferentes facetas de la evolución de la narrativa criminal mexicana durante los últimos ochenta años: el policial clásico (1940–1960s), el género negro (1970s), el neopolicial (1980–2000), la narconarrativa (1990s-presente), y el post-neopolicial (2000-presente). La primera sección del libro ofrece una vista panorámica del inicio y evolución de la narrativa criminal en los Estados Unidos, su adopción por los escritores mexicanos en los años 1940s y los sucesivos cambios por los cuales el género ha atravesado durante sus diferentes facetas. Entre los escritores que se analizan en detalle en esta sección se encuentran Paco Ignacio Tabo II, Rafael Ramírez Hereda y Juan Hernández Luna. Cabe destacar que la autora de este libro ha acuñado un término nuevo, el *post-neopolicial*, para describir las formas más vigentes de la narrativa criminal mexicana del siglo veintiuno, ejemplificada en un corpus de novelas que retratan las realidades contemporáneas. La segunda mitad del libro se enfoca en la evolución de la narrativa criminal escrita por mujeres desde 1940 hasta el tiempo presente: de la fórmula clásica a las narrativas realistas contemporáneas protagonizadas por personajes femeninos subversivos en las obras de María Elvira Bermúdez, Margos de Villanueva, Rosa Margot Ochoa, Ana María Maqueo, Carmen Boullosa, Myriam Laurini, Susana Pagano, Liliana Blum, Cristina Rivera Garza, Ana Ivonne Reyes Chiquete, Orfa Alarcón, Malú Huacuja del Toro y otras.

About the book

María Carpio-Manickam
Del policial clásico al post-neopolicial: La estética del crimen en la narrativa mexicana, 1940–2020
PSRL 93

Del policial clásico al post-neopolicial: La estética del crimen en la narrativa mexicana, 1940-2020 is a comprehensive study of Mexican crime fiction from cultural, gender, social, political, and literary perspectives. This book covers the different phases Mexican crime fiction has evolved through in the past eighty years: classical detective fiction (1940–1960s), género negro (1970s), neopolicial (1980–2000), narconarrative (1990s to the present), and post-neopolicial (2000 to the present). The first half of the book offers an overview of the development of crime fiction in the United States, how it was adopted by Mexican writers in the 1940s, and the changes it went through in its various phases. Writers studied include, among others, Paco Ignacio Taibo II, Rafael Ramírez Heredia, and Juan Hernández Luna. In addition, the author of this book coins a new term, *post-neopolicial*, to describe the most current form of crime fiction in the twenty-first century as exemplified in a corpus of novels that depict the realities of contemporary Mexico. The second half of the book focuses on the evolution of crime fiction by Mexican women writers from the 1940s to the present: from the classic detective formula to contemporary realistic narratives protagonized by subversive female characters in the works of María Elvira Bermúdez, Margos de Villanueva, Rosa Margot Ochoa, Ana María Maqueo, Carmen Boullosa, Myriam Laurini, Susana Pagano, Liliana Blum, Cristina Rivera Garza, Ana Ivonne Reyes Chiquete, Orfa Alarcón, Malú Huacuja del Toro, and others.

Sobre la autora

María Carpio-Manickam
Del policial clásico al post-neopolicial: La estética del crimen en la narrativa mexicana, 1940–2020
PSRL 93

María Carpio-Manickam recibió su doctorado en University of Oklahoma. En la actualidad es profesora de español (Senior Lecturer) en University of North Texas en Denton, TX. Carpio-Manickam se especializa en la cultura y narrativa mexicana siglos XX y XXI y ha publicado sus artículos en revistas importantes de doble arbitraje tales como *Chasqui, Revista de Literatura Mexicana Contemporánea* y *Revista de Estudios de Género y Sexualidades*. Su investigación se enfoca en las intersecciones de género, clase y cultura como los factores principales de opresión femenina y las representaciones estéticas en la narrativa criminal de las escritoras mexicanas.

About the author

María Carpio-Manickam
Del policial clásico al post-neopolicial: La estética del crimen en la narrativa mexicana, 1940–2020
PSRL 93

Maria Carpio-Manickam earned her Ph.D. from the University of Oklahoma. She is a Senior Lecturer professor of Spanish at the University of North Texas in Denton, Texas. She specializes in twentieth- and twenty-first-century Mexican literature and culture and has published scholarly articles in important peer-reviewed journals such as *Chasqui, Revista de Literatura Mexicana Contemporánea,* and *Revista de Estudios de Género y Sexualidades*. Her research focuses on the intersections of gender, class, and culture as the main factors that repress women and the aesthetic representations in crime fiction by Mexican women authors.

www.ingramcontent.com/pod-product-compliance
Lightning Source LLC
Chambersburg PA
CBHW061438300426
44114CB00014B/1743